새로 쓴

북한의 생각
북한의 생활
북한의 사람들

새로 쓴

북한의 생각
북한의 생활
북한의 사람들

■ 이경식 지음

2009년 12월 '북한의 생각 북한의 생활 북한 사람들'을 출간한 지도 10년이 더 지났다. 책을 출간한 이후 미진하고 아쉬운 점도 있었고 그동안 북한이 변한 점도 있다. 그래서 기존 내용에 새로운 내용을 보완하여 개정판을 발행하게 되었다.

이 책은 북한 주민들의 삶을 정치, 경제, 사회, 문예로 나누어서 설명하고 그 속에 흐르는 북한 주민들의 사고방식이 드러나도록 하였다. 독자들의 이해를 돕기 위해서 주제에 대한 직접적인 설명도 하였고 책을 읽으면서 북한 주민들의 삶과 생각이 자연스럽게 느껴지도록 시도한 것도 있다.

분단이 길어지면서 남과 북의 문화도 많이 이질화되었으며 사람들의 사고방식도 많이 바뀌었다. 이제는 같은 민족이라는 의식조차 희미해지고 통일을 원하지 않는 사람도 많은 실정이다. 따라서 이대로 통일이 된다면 많은 혼란이 올 것이다. 실제로 남한에서 탈북자들의 자살률이 남한 사람들보다 월등히 높고, 탈북 후 다시 북으로 돌아가는 사람도 생기고 있다. 우리는 남북한의 이질화가 상당하다는 것을 인식하고 이질화된 북한 주민들의 삶과 생각을 이해할 필요가 있다.

이 책은 기존 북한 연구물, 북한 소식지, 북한 문헌, 탈북자들과의 대화, 필자의 군생활 경험 등을 토대로 쓰였다. 되도록 북한을 이해하기 쉽게 쓴 이 책이 북한을 이해하는 데에 조그마한 도움이 되기를 바랄 뿐이다.

목차

II. 경제

III. 사회

Ⅰ. 정치

1. 어버이 수령

　1994년 7월 김일성 사망 이후 김정일이 97년 10월 당 총비서에 취임할 때까지 3년 3개월에 걸쳐 조선노동당 총비서가 공석에 있었고, 98년 9월 5일 개최된 최고인민회의 제10기 1차 회의에서 국가주석직을 폐지하고 국방위원장이 사실상 국가수반임을 명백히 밝힐 때까지 공식적인 국가원수의 자리(주석)도 공석이었지만 북한의 통치행위는 그동안 무리 없이 진행되고 있었다.

　남한에 비유하자면 대통령이 없어도 나라가 잘 돌아가는 형국이다. 이런 현상은 북한에만 존재한다. 다른 사회주의 국가에서도 없었던 일이다. 최고지도자가 죽으면 권력투쟁이 일어나는 것이 상식인데, 북한은 새로운 지도자를 뽑지 않는 상황에서도 나라가 정상적으로 통치되고 있었다.

　북한을 다스리는 지배자는 수령이다. 김일성 시절에는 주석, 김정일 때는 국방위원장, 현재는 국무위원장이 공식적인 국가의 최고 권력자이다. 그리고 조선노동당의 최고지도자는 총비서이다. 사회주의 국가에서는 당이 국가 기관보다 상위에 있기에 조선노동당 총비서가 실질적인 북한의 최고지도자가 된다. 하지만 북한 주민들은 김일성, 김정일, 김정은을 공식적인 직함보다 수령과 그 후계자로 인식하고 있다. 따라서 김정은이 선대 수령의 후계자이면서 당대 수령으로 주민들에게 확고하게 인식되면 북한을 통치하는 데에는 문제가 없다.

수령은 주체사상에 그 지위와 역할이 설명되어 있다. 현재 주체사상은 북한의 통치이념으로 북한의 모든 부분을 통제하고 있다. 실제로 망명한 북한의 황장엽도 북한을 '사상의 나라'로 이야기했다. 그런데 주체사상의 핵심 이론이 바로 '수령론'이다. '수령론'은 역사발전과 사회변혁 운동에서 수령이 차지하는 지위와 역할에 대한 견해와 관점에 관해 북한이 제시하는 이론이다. 수령론은 혁명적 수령관, 사회정치적 생명체론의 2가지 핵심 이론과 하위 이론으로 분류되는 후계자론으로 구성되어 있다.

혁명적 수령관은 '혁명 투쟁에서 수령이 차지하는 지위와 역할'에 대해서 북한이 제시하고 있는 견해와 관점을 의미한다. 여기서 수령은 혁명의 뇌수이다. 마치 인간의 몸에서 일어나는 여러 욕구가 뇌수에 반영되고 뇌수는 그 요구를 실현하도록 몸의 각 부분에 지시하는 것처럼, 인민대중의 의사와 요구를 집대성하고 그것을 정확히 반영하여 인민대중이 자기의 의사와 요구를 실현할 수 있는 방향과 방도를 제시하는 것이 수령이라는 것이다.

사회정치적 생명체란 정치적 생명을 매개로 수령, 당, 대중이 '혈연적 관계'의 통일체를 이루어 사회 전체가 하나의 생명체로 생사를 같이 한다는 것이다. 이 사회정치적 생명체에서 생명의 중심은 수령으로 규정된다.

후계자론은 혁명계승론, 혈통계승론, 세대교체론, 준비단계론, 김일성화신론 등으로 구성되어 있다. 혁명계승론과 혈통계승론은 통치사상과 통치방식 등 후계자가 견지해야 할 이념에 대해, 세대교체론과 준비단계론은 후계자의 연령과 선출 시기 등 후계자 선출과 관련한 정치적 조건에 대해, 그리고 김일성화신론은 후계자가 갖추어야 할 자격조건에 대해 각각 정의하고 있다.

북한에서 수령은 한 개인이 아니라 제도로 인식된다. 수령은 노동계급을 비롯한 근로인민대중 전체의 의사와 요구의 최고 체현자이면서 또한 그들의 이익의 최고 대표자이며 천재적인 능력을 지닌 존재이다. 남한에 대통령이 있고 대통령을 뽑기 위해 선거를 하듯이, 북한에는 수령이라는 제도가 있고 그 수령의 역할을 김일성이 수행했으며, 김정일과 김정은은 수령의 후계자이면서 당대의 수령이 되는 것이다.

북한 주민들은 조선 왕조 이후 일본 천황의 지배를 받다가 해방이 되었다. 그들은 왕과 천황에 대한 절대적인 복종에 익숙하다가 시민사회를 경험하지 못하고 바로 사회주의를 건설하였다. 그러므로 왕-천황-수령으로 이어지는 절대적인 존재를 쉽게 받아들일 수 있었다. 만약, 북한 주민들이 서구식 민주주의를 경험하는 시기를 겪고 김일성이 최고지도자가 되었다면, 북한의 상황은 지금과는 많이 달랐을 것이다.

북한 당국은 수령의 절대적인 권위 확립을 위해서 봉건적인 가족제도를 이용하여 '사회주의대가정'을 도입하였다. 봉건 시대 때 부모는 자식들이 절대적으로 복종해야 하는 존재였음을 상기한다면, '어버이 수령'이라는 말에서 북한 주민들이 수령을 어떻게 인식하는지 알 수 있다. 부모를 선택할 수 없는 것처럼 수령은 무조건 받아들여야 하는 존재이다.

남한에서는 대통령도 한 명의 국민이며 선거로 선출되는 존재지만, 북한에서 수령은 주민들과 생과 사를 같이하는 존재이며 부모와 같은 존재이다. 그러니 북한 주민들에게 김일성과 그 후계자인 김정일, 김정은을 욕하는 것은 자기 부모를 욕하는 것으로 인식한다. 또한, 생명체의 뇌수가 잘못되었다는 것은 생명이 끝나는 것을 의미하기에 최고지도자를 욕하는 것은 북한으로서는 절대로 받아들일 수 없는 일이다. 2003년 대구 유니버시아드대회에 온 북한 응원단이 김정일의 사진이 인쇄된 환영 플래카드가 비를 맞고 있자, 플래카드를 울면서 떼어 가는 모습은 수령을 떼놓고는 이해하기 힘들다.

수령은 물론 그 후계자에게 인민대중은 무조건 복종해야 한다. 김정일이 국방위원장에 선출되었을 때, 미국 언론에서는 'elect'를 사용한 적이 있다. 하지만 수령의 후계자는 선거로 뽑는 대통령이 아니다. 북한도 김정일 국방위원장을 선출하였다고 하지 않았고 추대하였다고 선전했다. 그러므로 차라리 'support'를 사용하는 것이 더 나았을 것이다. 인민대중은 수령과 그 후계자를 무조건 믿고 따라가면 된다.

북한 헌법에는 김일성이 '사회주의조선의 시조'로 나와 있다. 그리고 북한 주민들은 김일성을 영원한 수령으로 인식하고 있다. 김정일과 김정은은 수령의 후계자이다. 물론, 후계자로 등극하더라도 선대 수령의 사망 이후 당대 수령의 임무를 수행하는 것도 사실이다. 하지만 선대 수령의 혁명사상을 계승하는 것을 사명으로 삼는 것을 고려한다면, 후계자가 선대 수령의 혁명사상과 어긋나는 정책을 펼 수가 없다. 김정일이 등극하고 '유훈통치'를 내세울 수밖에 없었던 것도 이와 같다. 너무 오랜 세월 동안 김일성의 후광을 이용하였고 그를 계승한다는 논리로 입지를 다진 자의 한계이다. 마찬가지로 김정일의 후계자인 김정은이 기존 노선과 반대되는 정책을 펼 수가 없다. 그것은 정통성을 스스로 부정하는 결과이기 때문이다.

필자는 군대에 있을 때 비무장지대에서 마이크로 북한의 정치 군관(적공조)과 대화하는 대면병으로 복무했다. 그때 북한 군관이 한 말을 생생히 기억한다. "우리도 김정일 동지를 수령으로 생각하지는 않는다. 수령의 후계자이다." 성분이 좋다는 사람을 뽑아 놓은 곳이 민경 초소이다(우리의 G. P). 그곳에서 마이크를 잡고 체제 선전을 하는 북한의 군관(장교)이 대놓고 한 말이다. 당시 북한 주민에게 김정일이 어떻게 인식되었는지 여실히 나타내고 있다.

　　김일성 시절에는 배급, 교육제도, 의료 체계 등등 사회제도가 정상적으로 가동되었다. 수령의 은덕을 주민들이 직접 느낄 수 있었다. 하지만 김일성 사망 이후 북한은 '고난의 행군'으로 알려진 극심한 경제난에 시달렸다. 굶어 죽는 사람들이 생겨나는 상황 속에서 김정일에 대한 자발적인 충성심을 가지기는 힘들었다. 대놓고 말을 못 했을 뿐이지 속으로 김정일에 대한 실망감과 회의감이 들기 시작했다. 그래서 김일성이 사망한 후 북한 당국은 마을마다 영생탑('위대한 수령 김일성 동지는 영원히 우리와 함께 계신다'고 쓰여 있다)을 세웠다. 김정일이 김일성의 권위에 기대어 자신의 권력을 유지한 셈이다.

　　젊은 나이에 권력의 정점에 선 김정은은 초창기에 할아버지 김일성을 많이 흉내 냈다. 김일성이 사망 직전인 1994년 신년사에 했던 연설과 김정은이 2012년 4월 15일 한 연설의 목소리를 비교한 결과 두 사람의 발성 속도와 방법, 목소리의 파장 형태 등에서 85~92% 수준의 유사성을 보였다. 목소리뿐만 아니라 복장도 청년 김일성을 연상시킬 정도로 따라 하였으며, 그의 동작도 할아버지가 했던 모습을 연상시켰다. 선대 수령의 충실한 계승자임을 주민들에게 인식시킨 것이다.

　　그런데 김정은이 권력을 완전히 장악한 이후에는 독자적인 모습을 보이기도 한다. 지금까지 북한에서 '수령'은 김정은의 할아버지인 김일성에게만 허락된 호칭이었으며, 김정일도 생전에 이를 쓰지 못했다. 그런데 2021년 10월 16일 노동신문 논설에는 "혁명의 위대한 수령이신 김정은 동지를 결사옹위"라는 표현이 처음 등장했다. 그리고 10월 22일 자 노동신문 논설에는 김정은을 수령으로 지칭한 표현이 세 군데 등장했다. '혁명의 걸출한 수령이시며 인민의 위대한 어버이이신 경애하는 김정은 동지' '또 한 분의 위대한 수령' '경애하는 총비서 동지를 혁명의 위대한 수령으로' 등이다.

북한 매체들 가운데 가장 권위 있는 노동신문이 김일성의 타이틀인 수령을 김정은에게 붙인 것은 매우 이례적이다. 김정일의 경우 생전엔 '장군님'으로 불렸고 사후에야 '선대 수령'이란 호칭을 받았다. 그렇다면, 김정은은 김정일에 비해 홀로서기를 빨리했다고 볼 수도 있다. 하지만 북한은 주체사상의 나라이다. 앞으로 본격적으로 등장할 '김정은주의'가 주체사상의 틀을 벗어날 수는 없다. 권력의 정통성은 어디까지나 수령의 혁명사상을 계승한다는 명분에서 시작되기 때문이다. 어쩌면 아직도 북한은 김일성의 그늘에서 벗어나지 못했다고 볼 수 있다.

전직 대통령들이 교도소에 들어가는 모습이 낯설지 않은 남한과 수령과 그 후계자들을 무조건 믿고 따르는 북한은 너무나 다르다. 최고지도자를 숭배의 대상으로 바라보는 북한 주민들과 대화할 때는 그들의 지도자를 비방하면 절대 안 된다. 그런 일이 발생한다면 그 이후의 대화는 아마 불가능할 것이다.

김일성, 김정일, 김정은을 찬양하는 노래를 소개한다. 이러한 노래를 부르는 북한 주민들의 사고방식이 어떠한지 간접적으로 경험할 수 있을 것이다.

해빛같은 미소 그립습니다

우리에게 조국을 찾아주시고 이 행복 안겨주신 어버이 수령님

해빛같은 미소 그립습니다 따뜻한 그 품 그립습니다

천만년 세월 흐른대도 수령님을 못잊습니다

우리에게 혁명정신 심어주시고 조선을 빛내이신 어버이 수령님

해빛같은 미소 그립습니다 따뜻한 그 품 그립습니다

천만년 세월 흐른대도 수령님을 못잊습니다

우리에게 영원한 태양 주시고 주체의 대 이어주신 어버이 수령님

해빛같은 미소 그립습니다 따뜻한 그 품 그립습니다

천만년 세월 흐른대도 수령님을 못잊습니다

아 못잊습니다 수령님을 못잊습니다

당신이 없으면 조국도 없다

사나운 폭풍도 쳐몰아내고 신념을 안겨준 김정일장군

당신이 없으면 우리도 없고 당신이 없으면 조국도 없다

미래도 희망도 다 맡아주는 민족의 운명인 김정일장군

당신이 없으면 우리도 없고 당신이 없으면 조국도 없다

세상이 열백번 변한다 해도 인민은 믿는다 김정일장군

당신이 없으면 우리도 없고 당신이 없으면 조국도 없다

아- 우리의 김정일장군 당신이 없으면 조국도 없다

복받은 인민의 노래

정다운 그 손길 꼭 잡고서 순간도 못 놓습니다

친근한 그 미소 가슴에 안고 만복의 꿈을 꿉니다

우리에겐 제일 고마운 원수님이 계십니다

천만소원 모두 꽃펴줄 원수님이 계십니다

포성이 울려도 마음든든해 락원을 꾸려갑니다

눈바람 세차도 봄날에 살며 래일을 마중갑니다

우리에겐 제일 강하신 원수님이 계십니다
천만운명 모두 지켜줄 원수님이 계십니다
대대로 안겨사는 태양의 그 품 따르며 받드옵니다
세상에 우리만 누리는 행운 인민은 노래합니다
우리에겐 제일 위대한 원수님이 계십니다
천만심장 바쳐 모셔갈 원수님이 계십니다

2. 백두의 혈통으로 영원히 이어나가며

　북한은 2013년 8월 당의 유일사상체계확립 10대 원칙을 당의 유일적령도체계확립의 10대 원칙으로 개정하면서 10조 2항에 "우리 당과 혁명의 명맥을 백두의 혈통으로 영원히 이어나가며"라는 대목을 새로 집어넣었다. 사실상 노동당 규약보다 상위 규범으로 인식되는 10대 원칙에 '백두의 혈통'이 북한을 영원히 통치하는 것을 명문화한 것이다.

　북한은 김일성에서 김정일로 이어지는 권력승계를 주체사상에서 이론적으로 완성하였다. 후계자가 갖추어야 할 요건을 정립한 후계자론은 혁명계승론, 혈통계승론, 세대교체론, 준비단계론, 김일성화신론으로 구성되어 있다.

　혁명계승론은 혁명의 연속성을 주장한 논리이다. 수령의 혁명 위업은 장기간에 걸쳐 투쟁해야 하는 사업이므로 수령의 대에 완수할 수 없다. 따라서 수령의 후계자가 수령의 혁명 위업을 대를 이어 계속하여 혁명을 수행해야 한다는 논리이다.

　혈통계승론은 수령의 핏줄을 이어받은 자가 후계자가 되어야 한다는 논리이다. 수령의 혈통을 계승한 후계자라야 누구보다도 인민대중의 기대와 신뢰를 받으며 인민대중과 혼연일체를 이루게 된다는 것이다. 그런데 여기서 주장하는 혈통은 일반적인 혈통의 의미와는 다르다. 북한이 민족 문제를 설명할 때의 혈통은 일반적인 핏줄을 의미하지만, 후계자론에서 의미하는 혈통이란 '김일성 사상과 이론, 그가 이룩한 혁명업적과 투쟁 경험 그리고 김일성의 사업 방법'을 의미한다. 북한에서는 김정일과 김정은을 김일성의 사상을 이어받는 백두의 혈통으로 선전하고 있다.

세대교체론은 후계자는 수령의 다음 세대에서 나와야 한다는 것을 밝힌 후계자의 연령적 자격조건에 관한 것이다. 즉 후계자는 수령의 혁명 위업을 계승·완성해야 하므로 수령과 함께 혁명 활동을 해온 세대에서 나올 수 없다. 따라서 후계자는 수령의 다음 세대에서 나와야 한다는 논리이다.

가끔 언론에서 김여정을 김정은의 후계자로 인식하는 보도가 나온다. 하지만 원칙적으로 수령의 후계자는 수령의 다음 세대에서 나와야 한다. 실제로 북한은 김일성-김정일-김정은으로 권력을 승계하였다. 따라서 김정은의 후계자는 김정은 다음 세대에서 나와야 한다. 김여정은 김정은이 허락하는 범위 내에서 자신의 임무를 수행하는 것으로 보는 것이 타당하다.

준비단계론은 후계자는 수령의 혁명 위업을 계승·완성해야 하므로 수령 생존 때에 결정되어 수령에 의해 일정 기간 육성되고 준비되어야 한다는 논리로서 후계자 선출의 시기에 대한 것이다. 김정일은 후계자로 옹립된 70년대부터 오랜 준비 기간을 거쳤다. 그래서 권력승계 이후 권력이 안정화되었다. 이에 비해 김정은은 후계자로 옹립된 후 육성되는 시기가 무척 짧았다. 그 결과 잔혹한 숙청이 계속 이어졌다. 그러므로 앞으로 북한은 김정은의 후계자를 빨리 결정하고 오랫동안 후계자 수업을 시킬 가능성이 크다.

김일성화신론은 수령의 후계자는 수령의 모든 것을 체현하고 있어야 할 뿐 아니라 김일성에게 충실한 자라야 한다는 논리로서 후계자가 지녀야 할 자질에 관한 것이다. 북한은 이러한 후계자의 자질을 갖춘 전형으로 김정일을 내세우고 있다. 그 이유는 김정일이 김일성을 가장 가까이서 모시면서 그의 사상과 사업 방법을 체득했을 뿐 아니라 김정일 자신의 비범함으로 혁명 투쟁에서 수령이 지닌 역할의 중요성을 확고하게 견지했기 때문이라는 것이다. 이 논리는 김정은에게도 그대로 이어진다.

북한은 항일 빨치산 시절에 축적한 사업방식과 사상을 지금까지 계승하고 있다. 그리고 김일성의 사상을 그대로 계승하는 후계자가 통치하고 있다. 북한에서는 '혈통'을 육체적 핏줄이라고 하지 않지만, 아들과 손자까지 권력이 승계되는 것이 엄연한 현실이다. '대를 이은 충성'이 오늘날에도 강조되는 북한은 영원히 김일성의 그늘에서 벗어날 수가 없다. "우리 당과 혁명의 명맥을 백두의 혈통으로 영원히 이어나가며 주체의 혁명 전통을 끊임없이 계승 발전시키고 그 순결성을 철저히 고수하여야 한다."라고 주장하는 북한이 순결성을 더럽히는 길로 나가지는 않을 것이기 때문이다.

3. 수령님은 언제나 옳다

　북한에서 수령은 오류가 없다. 그래서 수령의 권위는 절대적이다. 손과 발이 실수할 수는 있지만, 뇌가 실수해서는 안 된다. 뇌가 실수한다는 것은 치매에 걸렸다는 것이며 이는 북한 체제가 붕괴함을 의미한다. 때로는 당 간부가 실수를 할 수 있고 인민대중이 과오를 저지를 수는 있지만, 뇌에 해당하는 수령은 무오류가 되어야 한다. 이와 마찬가지로 수령의 혁명 사상을 계승하는 수령의 후계자도 오류가 있으면 안 된다. 이런 점들은 남한 사람들이 이해하기 힘든 북한의 모습이다.

　북한 전역에 설치된 김일성과 김정일의 동상, 현지지도 기념비, 바위에 새긴 글귀, 공식 문헌에 등장하는 교시 등 북한에서 수령과 그 후계자의 권위는 누구도 넘볼 수 없으며 무조건 따라야 한다. 그러므로 김정은이 지도자로 등극하자 북한 당국은 김정은 띄우기에 본격적으로 나섰다. 북한은 김정은을 "경애하는 김정은동지의 비범한 사상리론적 예지와 특출한 정치실력, 고매한 인덕은 우리 당의 조직사상적 단결과 전투적 위력을 천백배로 강화하는 근본원천으로 되고 있다."라고 칭송했다. (「로동신문」 2013. 10. 10.) 그리고 영도자의 자질과 능력에서 중요한 것은 '사상리론적 예지'인데, 김정은을

"비범한 예지로 우리 군대와 인민이 나아갈 길을 휘황히 밝혀주시는 사상리론의 영재"라고 한다. (「로동신문」 2014. 1. 6.) 또한, 김정은 은 "천재적인 예지와 선견지명, 비범한 령도력을 지니신 사싱리론의 영재이시며 희세의 걸출한 정치가"로 묘사되며(「로동신문」 2014. 2. 27.), 그의 예지는 "멀리 앞을 내다보고 백승의 진로를 밝혀주시 는 비범한 선견지명이며 그 어떤 복잡한 문제도 단번에 바로잡아나 가시는 사상리론적 예지"라고 한다. (「로동신문」 2014. 1. 6.)

수령은 오류가 없고 언제나 옳다는 무오류성(無誤謬性)은 북한만 이 가지는 특징이다. 중국에서조차 이런 경향은 없다. 덩샤오핑(鄧小 平)이 권력을 잡은 후 마오쩌둥을 평가하기로 "마오는 70%는 옳았 고 30%는 잘못되었다"라는 이른바 중국인들의 전통적인 역사 인식 인 '삼칠개(三七開) 정신'을 적용하면서 반인반신의 위치를 인간의 위치로 끌어내렸다. 그는 "혁명의 수령에게 결함과 오류가 없을 것 을 요구한다면 그것은 마르크스주의가 아니다"라고 말하면서 오류 없는 지도란 불가능한 것으로 판단했다. 즉, 중국에서의 최고지도자 는 걸출한 개인을 의미한다. 사람은 아무리 뛰어나더라도 신이 아닌 이상 실수도 하고 결점을 지닐 수밖에 없다. 그러므로 오류란 필연 적으로 발생할 수밖에 없다. 여기에서 북한의 수령과는 차이가 난다. 북한에서 수령은 걸출한 한 개인이 아니라 하나의 제도이다.

항일무장투쟁 때부터 신성시된 김일성은 권력투쟁에서 한 번도 패하지 않았고 자기 아들에게까지 권력을 승계했다. 그리고 김정일 도 자기 아들인 김정은에게 권력을 승계했다. 따라서 김일성의 사상 은 항상 옳은 것으로 간주되었다. 정권의 변동이 있었던 여타 사회 주의 국가와는 차이가 있다. 북한에서는 수령의 사상에 대해 비판할 기회가 없었다.

김일성이 수령에 걸맞은 고매한 인격과 걸출한 능력을 갖추고 있기에 수령으로 추대되었다면, 후계자가 수령의 혁명사상을 그대로 계승한다면 후계자도 절대적인 위치에 서게 된다. 물론, 북한에서는 수령의 후계자를 선택할 때 인물 본위로 뽑는다고 하여 김정일과 김정은이 김일성의 혁명사상을 계승할 수 있는 능력이 있다고 한다. 하지만 어디까지나 수령의 후계자는 수령의 사상을 계승할 때 그 권위가 절대적인 것으로 인정된다.

북한이 최고지도자를 절대적인 존재로 내세우는 것은 체제의 생존과 밀접하게 관련이 있다. 미국과의 대결로 북한 체제가 위기에 처했을 때 단결의 구심으로 내세우는 인물이 수령이고 그런 수령은 한 명의 개인이 아니라 북한 전체 인민들의 상징이다. 북한 곳곳에 걸려 있는 김일성과 김정일의 초상화는 북한식의 논리대로라면 개인으로 숭배되는 것이 아니며 종교적으로 숭배받는 지도자도 아니다. 그것은 전체 인민을 상징하는 존재이다. 이런 현상을 이해하기 위해서는 북한이 건국 이후 미국과 적대적인 관계로 지내왔음을 이해해야 한다. 전시상태가 되면 최고지도자는 평시와는 비교할 수 없는 엄청난 권한을 가지게 된다. 북한은 지금까지 준전시 상태로 버티어 왔다.

김일성과 김정일 그리고 김정은은 개인적으로는 실수할 수 있다. 하지만 수령의 지위에서 내린 교시는 전체 인민들의 이해와 요구를 받아안고 토론을 거쳐서 내린 지침이다. 개인적인 지시사항이 아니다. 그래서 수령은 오류가 없다는 수령 무오류성이 등장한다.

수령을 이해할 때 놓쳐서는 안 되는 점이 있다. 수령도 주체사상의 시스템 속에서 존재하고 있다. 수령이 내린 교시는 개인이 내린 명령이 아니다. 인민들의 요구를 받아안고 당에서 충분히 논의한 지침이다. 전체 인민과 당원들의 토론 결과를 수령의 이름으로 교시로 내리는 것이다. 물론 김일성, 김정일, 김정은의 개인적 의견도 반영되지만, 즉흥적으로 정책을 결정하는 것이 아니라 기본적으로 노동당에서 충분히 토의하는 절차를 거친다. 현지지도에서 수령이 인민들의 생활을 파악하고 개선책을 제시하면 당에서는 그것을 시행하기 위해 토의를 한다. 그리고 그것을 수령의 이름으로 집행한다. 또한, 하급 당에서 올라오는 의견을 중앙당에서 토론하고 수령의 교시로 결과물을 내놓는다. 그러므로 수령의 교시는 그 시점에서는 가장 합리적인 지침이 된다. 그래서 오류가 있을 수가 없다.

혹자(或者)는 "수령이 문화대혁명과 같은 오류를 범하려고 하면 어떻게 하겠느냐?"는 질문을 하지만, 북한에서 중요한 의사 결정은 노동당에서 집단적 토론을 거쳐 이뤄진다. 수령 개인이 자기 마음대로 결정을 내리는 것이 아니다. 그리고 문화대혁명기의 오류는 사전에 현실을 조사하고 충분한 토론을 거치지 않고 내린 결정으로 권력투쟁의 산물이며 홍위병의 성급한 행동으로 많은 부작용이 발생한 것이다. 이를 인민을 당의 두리에 묶어 당의 지도를 받게 하는 북한과 비교하는 것은 북한으로서는 어불성설(語不成說)이다.

북한에서 수령은 전체주의 국가에서의 독재자가 아니다. 모든 정책은 주체사상을 바탕으로 하여 인민들의 요구를 당에서 충분히 토론한 후에 나온다. 그러므로 수령이 자기 기분 내키는 대로 정치를 할 수 있다는 생각은 버려야 한다.

그리고 자연재해가 발생하고 국내외적인 정세가 바뀌는 등 새로운 환경에 처하면 수령의 교시도 바뀐다. 상황이 바뀌면 그 상황에 맞는 새로운 정책을 결정하고 집행한다. 이것이 바로 북한이 주장하는 '수령의 무오류성'이다. 북한이 처음에는 민족주의에 대해 부정적으로 서술했으나 시대적 상황이 바뀌면서 민족주의를 재해석하여 긍정적으로 묘사하는 것이 이에 해당한다. 초창기 김일성 저작집과 민족주의가 본격적으로 나온 이후 민족주의를 서술한 김일성 저작집의 내용이 조금 다르다. 북한은 김일성 저작집의 새로운 판을 낼 때마다 과거 김일성의 발언이나 저작 중 정세에 맞지 않는 부분은 정세에 맞도록 자구를 수정해 왔다. 우리 역사학계에서는 그것을 역사 조작이라고 비판해 왔다. 하지만 김일성의 최초 발언을 담은 서적은 그대로 보관하고 있다. 필요하면 당시 발언이 그대로 실려 있는 초창기 서적을 참고하면 된다.

1989년 3월 25일 전국민족민주운동연합(전민련) 상임고문인 문익환 목사가 방북하고 김일성과 면담을 했다. 이후 북한 주민들이 기독교를 긍정적으로 생각하게 되었다. 원래 북한 주민들은 한국전쟁 시기에 미군이 사람들이 피신해 있는 교회를 폭격하고 주민들을 무참히 학살했기 때문에 미국의 종교인 기독교를 부정적으로 바라보았다. 그러자 북한 당국은 1992년 말 평양에 칠골교회를 건립한다. 칠골교회는 김일성의 외할아버지인 강돈욱이 시무 장로로 재직한 교회이고, 어머니인 강반석이 태어나고 자라면서 다녔던 곳이며, 김일성 자신도 어렸을 때 이 교회에 다녔다고 한다. 부주석을 지낸 강양욱 목사 역시 어린 시절을 보낸 교회이기도 하다. 또한, 김일성의 회고록 '세기와 더불어'에는 기독교인들에게 많은 도움을 받은 내용이 나온다. 여기서 상황에 따라 새로운 정책을 수립해 나가는 북한의 정책 결정 과정을 확인할 수 있다.

그런데 최근 북한은 과거와는 다른 경향을 보인다. 과거에는 김일성과 김정일은 절대적인 존재로 묘사되고 결점이 있는 모습을 보이지 않았다. 인민들 속에 있지만, 인민들과 같아질 수 없는 존재이다.

정책의 실패는 최고지도자가 책임지지 않았고 실무자에게 전가했다. 식량난 때는 서관히 노동당 농업 담당 비서를 총살했고 화폐개혁 실패 때는 김영일 총리가 수천 명 평양시 인민반장들 앞에서 자아비판을 했다.

그런데 젊은 김정은은 다른 모습을 보인다. 2017년 신년사에서 이례적으로 "능력이 따라서지 못하는 안타까움과 자책 속에 지난 한 해를 보냈다"라며 지도자의 부족함을 반성했다. 2020년 8월에 열린 노동당 중앙위원회 전원회의에서는 2016년 제7차 당대회 때 내세웠던 '국가경제발전 5개년 전략'이 실패했다고 시인하고 2021년 1월 제8차 당대회에서 새로운 '국가경제발전 5개년 계획'을 제시하겠다고 밝혔다. 또한, 2021년 9월 발생한 연평도 공무원 이모(47) 씨 피살 사건에 대해 "문재인 대통령과 남녘 동포들을 크게 실망하게 해 대단히 미안하다."라고 사과했다.

특히, 2019년 2차 북미정상회담에서 합의문이 불발된 이후 제2차 전국 당 초급선전일꾼대회에 보낸 서한에서 "수령의 혁명 활동과 풍모를 신비화하면 진실을 가리게 된다."라고 말하면서 수령을 신비화하는 것을 경계하였다. 분명 선대 수령 때와 비교하면 엄청난 변화이다. 하지만 이것이 '수령무오류성'을 포기한 것을 의미하지는 않는다. 카리스마를 확보하는 방법이 바뀐 것이다. 장마당을 통해 외부 세계의 정보가 유입되고 북한의 경제난이 계속되는 상황에서 과거처럼 수령을 신비화해서 충성심을 유발하는 것은 이제 통하지 않음을 김정은도 잘 안다. 그래서 신비화 전략 대신에 인간적인 방법으로 수령에 대한 충실성을 높이고자 하고 있다. 편지에 서술된 "수령에게 인간적, 동지적으로 매혹될 때 절대적인 충실성이 나온다."라는 내용은 이를 잘 보여주고 있다.

북한에서는 김일성을 혁명에 있어 가장 완벽한 인간으로 칭송하고 그의 사상을 영생불멸이라고 평가한다. 그런 김일성의 사상과 사업방식을 계승하는 존재가 수령의 후계자이다. 그러므로 김정은은 선대 수령의 혁명사상을 계승·발전시키는 데 있어서 가장 탁월한 존재이기에 옹립되었다. 하지만 그것이 김일성과 같은 능력을 지닌 존재라는 의미는 아니다. 아무리 인물 본위로 후계자를 선택한다고 하더라도, 항일무장투쟁의 든든한 배경 속에서 카리스마를 축적하고 북한 정권을 유지한 김일성보다는 국정운영 기간이 짧고 젊은 김정은이 능력이 부족할 수도 있다. 북한도 이것을 부인하지 않는다. 북한 주민들도 어린 김정은을 선대 수령처럼 믿고 따르지도 않을 것이다. 그래서 무턱대고 김정은을 김일성처럼 신격화시키는 것도 힘들다. 김정은이 사과하고 실패하는 모습을 보이는 것도 이러한 현실을 고려했기 때문이다.

하지만 김정은은 김일성과 김정일의 사상을 계승하는 후계자이기에 선대 수령의 혁명사상을 계승하는 한 당대의 수령으로 절대적인 권위를 가질 수가 있다. 그러므로 김정은이 김일성처럼 백전백승의 강철의 영장도 아니고 불세출의 영웅도 아닐지라도, 전체 인민들과 당원들의 토의 속에 결정된 내용을 김정은의 이름으로 발표한다면 인민들은 무조건 접수해야 한다. 그것은 김정은 개인의 결정이 아니라 수령이 내린 교시이기 때문이다. 그리고 선대 수령을 모신 것처럼 북한 주민들은 수령의 후계자도 수령처럼 모셔야 하는 것이 북한의 정치체제이다. 비록, 신비화는 금지했지만, 수령을 절대시하는 정책은 포기할 수가 없는 것이다.

4. 모든 것은 주체사상을 바탕으로

일반적으로 주체사상은 협의의 주체사상과 광의의 주체사상으로 나뉜다. 협의의 주체사상은 철학적 원리, 사회역사 원리, 지도적 원칙으로 구성된 본래 의미의 주체사상을 가리킨다. 이 개념은 1982년 김정일이 발표한 「주체사상에 대하여」에서 체계화되었다. 광의의 주체사상은 김일성주의로 불리는데, 협의의 주체사상을 정수로 하여 이론, 방법을 포괄한 것이다. 이것은 북한에서 1985년 발간한 「주체사상총서」 10권으로 정식화되었다.

주체사상은 이론에서만 이원적 구조를 지닌 것이 아니다. 그것은 역사적 형성과정에서도 1967년을 기점으로 뚜렷하게 2단계로 나뉘고 있다. 1967년은 북한에서 김일성 개인숭배의 광풍이 몰아치고 유일지배체제가 형성되기 시작한 해였다. 바로 이 1967년 이전의 주체사상은 1950년대 중반부터 중·소의 간섭배제와 자력갱생의 추구 속에서 형성되기 시작했다. 따라서 그것은 '북한 사회주의 발전전략'적 차원에서 제시되어 공동체 전체의 생존을 위한 담론의 성격을 지녔다. 흔히 우리가 '사상에서 주체', '정치에서 자주', '경제에서 자립', '국방에서 자위'라는 4대 원칙으로 기억하고 있는 주체사상이 바로 그것이다. 이때의 주체사상은 마르크스-레닌주의의 하위사상으로 위치되어 있으면서 이른바 '마르크스-레닌주의를 조선 혁명에 구체적으로 적용한 발전노선' 정도로 이해되었다.

그러나 1967년 5월에 권력구조 내에서 대대적인 숙청이 이루어지고 이를 계기로 김일성 개인숭배 캠페인이 이전과는 비교할 수 없을 정도로 거세게 불어닥치면서 주체사상은 김일성 유일체제를 합리화하기 위한 지배담론으로 급격하게 변질되어 갔다. 그 결과 현재의 주체사상은 1967년 이전의 것과는 전혀 다른 모습으로 바뀌었다.

북한의 정책은 기본적으로 주체사상에 바탕을 두고 있다. 매 시기 변화하는 정세에 따라 유동적인 모습을 보이지만, 기본적인 정책 방향은 주체사상을 바탕으로 하고 있다. 주체사상은 김일성의 항일무장투쟁 과정에서 창시되었다고 북한에서 선전되고 있는데, 현재까지 주체사상을 대신할 세계관이 등장하지 않았다. 붉은기사상, 선군사상 등 그동안 북한에서 강조한 사상이 있었지만, 그것은 순수이데올로기인 주체사상을 실현하는 실천이데올로기로 보아야 한다.

북한이 세상의 온갖 비난에도 불구하고 핵무기를 포기하지 않는 까닭은 '국방에서 자위'라는 주체사상의 지도적 원칙 때문이다. 경제난으로 국방력을 강화할 수 없으므로 핵 개발을 서둘렀고 이와 함께 미사일을 개발하여 국방력을 극대화했다. (박한식, "북한은 주체사상의 나라… '역지사지' 눈으로 봐야 보인다") 미국이 북한에 먼저 비핵화를 할 것을 주문하지만, 북한으로서는 국방에서의 자위를 포기할 수 없다. 자기 운명을 자기 스스로 지켜야 한다는 원칙으로 미국과의 대결에서 버텨온 북한이다. 미국과 평화협정을 맺고 정권의 안위를 확실히 보장받은 후에야 비핵화는 생각해 볼 수 있을 것이다.

북한이 경제적 어려움에도 자본주의적 개혁과 개방을 꺼리는 까닭 역시 '경제에서의 자립'이라는 주체사상의 원칙 때문이다. 북한도 개혁·개방 정책을 시도한 적이 있었다. 하지만 그것이 북한 경제가 외국 자본에 의존할 정도로 대폭적인 개방을 하는 것은 아니다. 어디까지나 북한 경제가 스스로 자립하는 가운데 필요한 부분을 외국과 합작하는 것을 의미한다. 한때 중국이 북한에 경제특구를 건설해서 북한 경제를 부양하려는 방안이 논의된 적이 있다. 북한에 경제특구를 건설해서 북-중 간의 경제적 교류가 활성화된다면 북한의 경제는 비약적으로 발전할 수도 있다. 그러나 북한은 중국의 경제적 식민지로 전락할 가능성을 크게 우려하고 있다. 그러므로 중국과의 경제교류도 어디까지나 대등한 입장에서 시행하려는 것이 북한의 정책이다.

북한의 통일정책에도 주체사상이 녹아 있다. 6·15 남북공동선언 북측 발표문 제1조는 다음과 같다. "남과 북은 나라의 통일 문제를 그 주인인 우리 민족끼리 서로 힘을 합쳐 자주적으로 해결해 나가기로 하였다." 이 문장은 '정치에서 자주'라는 주체사상의 지도적 원칙을 전형적으로 서술한 것이다. 남북한의 통일문제를 논할 때 남한은 한미동맹의 테두리 속에서 진행하려고 한다. 하지만 북한은 자주적 입장을 강조한다. 1956년 8월 종파사건을 겪으면서 소련과 중국에 의존하지 않는 자주노선을 견지한 이후 지금까지 그 원칙을 지키고 있다. 만약, 북한이 러시아와 중국의 영향을 받는 국가라면 핵 문제도 벌써 해결했을 것이다. 하지만 북한은 누가 하라고 한다고 그대로 움직이지 않는다. 정치도 통일도 자주를 바탕으로 진행한다.

'사상에서의 주체'는 곧 주체사상을 의미한다. 주체사상을 포기하는 것은 사회주의 조국의 시조인 김일성을 부정하는 것을 의미하며, 이것은 유교 국가에서 유교를 포기하는 것과 같다. 북한은 영생불멸이라고 선전하는 주체사상을 계속 계승할 것이다. 그래서 오히려 북한의 정책은 충분히 예측할 수 있다.

북한은 주체사상을 김일성이 항일무장투쟁에서 창시했다고 선전한다. 실제로 김일성은 중국 공산당과 연대를 하면서 항일무장투쟁을 진행하였다. 주체사상이 태동한 경험을 중국 공산당과 함께했기에 북한은 중국과 혈맹의 관계로 지내왔다. 비록 중간에 사이가 소원해지는 때도 있었으나 다른 국가들보다는 중국과의 관계는 특별할 수밖에 없다. 그리고 남한이 아무리 중국과의 관계를 돈독하게 한다고 하더라도, 중국으로서는 북한과의 관계를 우선시할 수밖에 없다. 일제 식민지 시절부터 함께 했던 관계를 고려한다면 이해가 갈 것이다.

5. 솔방울로 폭탄을 만드시고

　독립운동사를 논할 때 가장 논란이 많은 것은 김일성의 항일무장투쟁이다. 가짜 김일성부터 민족의 태양까지 수많은 견해가 존재하여 논란의 여부가 아직도 진행 중이다. 하지만 요즈음 가짜 김일성은 고개를 숙이고 있으며 김일성의 항일무장투쟁을 인정하는 쪽으로 가닥이 잡히고 있다. 물론, 어디까지가 진실인가는 아직도 논쟁 중이다. 하지만 김일성이 중국 공산당의 지휘를 받는 동북인민혁명군(훗날 동북항일연군으로 개편)에서 활동하면서 유격대를 지휘했던 것은 사실이다.

　북한 당국은 정권의 정통성을 항일무장투쟁에서 찾는다. 김일성의 항일무장투쟁을 이용하여 수령체계를 합리화시켰으며, 정권의 주요 인물들은 김일성의 유격대 동료들이다. 김정일의 출생지도 백두산 밀영(비밀병영)으로 소개하면서 항일무장투쟁과 연관시키고 있다. 그래서 김일성 우상화를 위해 만들어진 창작물에는 백두산이나 김일성이 항일무장투쟁을 벌였다는 지역이 자주 나온다.

　일본의 학자 와다 하루끼는 과거 김일성 시대 북한을 '유격대국가'로 파악했다. 와다 하루끼는 유격대국가 모델을 '김일성이 유일한 최고사령관이고 인민 전체를 만주파화, 유격대원화한 국가'로 규정짓고 있다. 그리고 김일성 사후 북한 체제가 '유격대국가'에서 선군정치를 강조하는 김정일에 의해 '정규군국가'로 전환했다고 주장한다. 정권을 유격대국가로 파악할 정도로 항일무장투쟁은 북한 연구에 있어서 빠져서는 안 되는 분야다.

북한이 항일무장투쟁을 얼마나 소중히 여기는가를 보여주는 구호가 '생활도 학습도 생산도 항일유격대식으로'이다. 여기서 항일유격대식은 김일성이 항일무장 투쟁 시기에 창조했다는 노동당의 전통적 활동 방식을 총체적으로 이르는 말이다. 북한은 항일유격대식에 대해 "모든 낡은 재래식을 타파하고 격식과 틀이 없이 혁명에 대한 무한한 충실성과 자력갱생·간고분투의 정신에 기초하여 모든 것을 혁명적으로 실속있게 하는 활동방식"이라고 설명하고 있다. 즉, 항일유격대식은 항일유격대의 자력갱생, 간고분투의 혁명정신과 인민적인 군중사업방법, 혁명적인 생활 기풍과 학습 방법 등을 구체적 내용으로 삼고 있다.

외부에서 보면 김일성이 항일무장을 벌였던 1930-40년대의 사고방식과 생활방식을 아직도 고수하고 있는 북한을 이해하기 힘들다. 어떻게 보면 시간이 멈춘 곳으로 느껴진다. 그러나 한편으로는 김일성의 항일무장투쟁이 결코 과소평가받을 수 없음을 드러낸다. 당시 그의 노선과 활동이 주변 사람에게 인정받았기에 그의 노선을 계속 계승한다고 볼 수 있기 때문이다.

그런데 김일성을 인정하고 싶지 않은 사람은 김일성 가짜설을 주장한다. 마적단에서 활동했던 김일성이 진짜 김일성 장군의 공적을 가로챈 것으로 본다. 또는, 김일성이 유격대 활동을 했으나, 김일성의 항일무장투쟁은 미미했으며, 김일성이 중국 공산당의 소속이었기 때문에 주보중이나 위증민 같은 중국인 상관에 의해 움직였다고 강조한다. 즉, 북한에서 김일성의 업적이었다고 선전하는 것은 과장된 것이며, 그 공적 또한 김일성의 주도로 행해진 것이 아니라 중국 공산당이 한 것이라고 주장한다. 그리고 동북항일연군이 일본군의 토벌을 피해 소련 영내로 피신하면서 동북항일연군교도려로 개편되었고, 이와 동시에 김일성이 소련군 대위 계급장을 받은 것을(해방 이후 귀국 직전 소좌로 승진) 소련군의 앞잡이로 해석한다.

모든 일에는 공과(功過)가 있다. 북에서는 김일성을 과대 포장하여, 김일성 이외의 모든 독립운동 흐름을 지워버렸다. 마찬가지로 남에서는 김일성의 항일무장투쟁을 지우려고만 했다. 그러니 남과 북의 주민들의 생각이 일치될 수가 없다. 민족의 영웅과 가짜 김일성이 어찌 합치될 수 있겠는가?

우리가 북한 주민을 이해하기 위해서는 그들이 역사적 사실이라고 믿고 있는 것을 믿어야 할 필요는 없지만, 왜 그들이 그렇게 생각하는지를 알아야만 한다. 김일성이 편제상으로 중국 공산당에 속한 것은 맞지만, 동북항일연군은 절대다수가 조선인이었고 코민테른에서도 동북항일연군의 임무 중에 조선의 독립을 명시하였다. 김일성은 당시 만주에는 중국인과 조선인이 섞여 살았기 때문에 중국 공산당과 분리하여 조선인부대로만 활동하는 것이 오히려 불리하다고 하였다. 그래서 중국인들과 조선인들이 함께 사는 마을에서는 김일성 부대를 '동북항일연군'으로 소개하였고, 조선인 마을에서는 '조선인민혁명군'으로 소개하였다고 한다.

그리고 북한의 역사서에 나타나는 기록의 부정확성은 사람들의 기억에 의존한 결과라고 한다. 당시 항일무장투쟁을 벌이면서 자신들의 행적을 기록할 형편이 못 되었기에 막상 항일무장투쟁의 역사를 공식적으로 편찬하려고 할 때는 자료가 남아 있지 않았다. 그래서 사람들이 기억을 떠올려 역사를 서술했는데, 기억은 사람마다 다르기에 나중에 오류가 발견되어 계속 수정을 하였다고 한다. 그래서 북한 역사서에 김일성의 항일무장투쟁 연도가 조금씩 변했다. 이것을 가지고 가짜 김일성을 주장하는 사람들은 김일성의 항일무장투쟁이 날조된 것이라고 공격을 해왔다.

김일성의 항일무장투쟁을 폄훼하는 사람들은 김일성이 했다고 주장하는 업적이 일제의 기록에는 다른 사람의 이름으로 되어 있다고 공격한다. 그런 주장에 대해서 북한은 당시 항일 투사들이 일제의 감시를 피하려고 가명을 썼기에 김일성도 가명을 사용한 것이라고 한다. 그래서 비록 그의 이름이 직접적으로 나오지 않더라도 김일성이 행한 업적이라고 하는 것이다.

우리가 김일성 부대를 이해하기 위해서 꼭 알아야 할 것은 당시 항일무장투쟁은 정규군이 아닌 '유격대'가 수행했다는 것이다. 정규군은 상부의 명령에 따라 하부조직이 움직이지만, 유격대는 단위 부대의 독자적인 전투 능력이 중시된다. 따라서 실제로 유격대를 지휘하는 지휘관의 역량이 가장 중시된다. 그래서 북한은 항일무장투쟁의 역사를 김일성 중심으로 서술한다.

북한의 역사학자들도 김일성에게 중국인 상관이 있었던 것을 부인하지는 않는다. 중국 공산당의 지휘 체계 속에서 있었던 것은 역사적 사실이기 때문이다. 하지만 김일성 부대의 전과가 가장 컸고 조선의 독립을 위해서 싸운 사실을 강조한다. 그래서 부하를 가장 많이 거느리면서 전투 능력이 탁월했던 김일성 부대가 동북항일연군을 선도했다고 주장한다. 속된 말로, 형식적인 상관보다 쪽수 많고 싸움 잘하는 부대의 지휘관이 영향을 더 끼쳤다는 것이다. 따라서 북한의 문헌에서는 중국인 상관들이 김일성이 행한 항일무장투쟁의 동료나 동지로 표현되고 있다.

1940년 10월 김일성부대는 일제의 토벌을 피해 결국 소련으로 피신하게 된다. 그리고 형식상 소련군에 편입되어 1942년 7월 동북항일연군교도려(일명 88여단)가 탄생한다. 이에 대해 북한도 부인하지 않는다. 이를 두고 남한에서는 소련으로 도망간 것이고 김일성이 소련의 하수인이라고 한다. 하지만 북한 당국은 일제와 싸우기 위해 소련과 힘을 합친 것으로 설명하고 김일성 부대는 수시로 백두산에 있는 유격대 근거지에 정찰을 나왔다고 주장한다. 그래서 김정일이 시간상으로는 소련에서 출생하는 것이 맞지만(1942년 2월 16일생) 북한에서는 백두산 밀영(비밀병영)에서 태어났다고 주장하는 것이다.

김일성의 동료들은 대부분이 일자 무식꾼이었고 소작농이었다. 이들은 조선 왕조가 지속되었더라면 천민 계층으로 살아야 했고 일제 강점기 때도 수탈의 대상이었다. 그런데 그들은 김일성으로 말미암아 북한 정권의 요직에 앉게 되는 은혜를 입었다. 백정이 이조판서가 되었다고 비유해도 좋을 정도로 그들은 새로운 세상을 맞이하게 된 것이다. 그런 그들이었기에 김일성의 우상화에 적극적으로 협조하였다.

김일성과 그 동료들의 관계를 잘 드러내는 것이 '동지애의 노래' 이다. 이 노래는 북한에서 널리 알려졌으며, 김정일이 특히 좋아했다고 한다.

가는 길 험난하다 해도 시련의 고비 넘으리
불바람 휘몰아쳐 와도 생사를 같이하리라
천금주고 살수 없는 동지의 한없는 사랑
다진 맹세 변치 말자 한별을 우러러보네

돌우에 피어나는 꽃은 그 정성 피운 것이고
죽어도 잊지 않는 생은 그 사랑 주신거라네
비가 오나 눈이 오나 가야 할 혁명의 길에 다진 맹세
변치 말자 한별을 우러러보네

김정일의 권력세습은 김일성의 동료들이었던 혁명 1세대들의 도움 없이는 불가능한 일이었다. 김일성의 본처였던 김정숙이 난산(難産)으로 사망할 때 빨치산 동지들에게 김정일의 장래를 부탁했다. 그러자 동료들은 김정일을 김일성의 후계자로 키우겠다는 맹세를 했다고 한다. 김정일 시대에 중요 인물들이 김일성과 함께 항일무장투쟁을 했던 동료들임을 고려한다면, 북한의 항일무장투쟁은 김정일 시대에서도 정권의 버팀목으로 작용했다. 마찬가지로, 김정은 시대에서도 최현의 아들인 최룡해로 대표되는 혁명 2세대와 빨치산 혈통들의 후손인 혁명 3세대들이 정권의 버팀목 역할을 하고 있다. 그리고 항일무장투쟁 시기를 필요할 때마다 거론하는 것을 보면 북한 정권은 항일무장투쟁을 정권 유지의 핵심으로 이용하고 있다고 볼 수 있다.

가짜 김일성을 배운 남한 사람들이 북한에서 김일성을 칭송하는 것을 들으면 고개를 갸웃거린다. 그리고 김일성의 항일무장투쟁을 인정하면서도 그가 중국 공산당의 지휘를 받았으며 소련군에 의해 권좌에 올랐다고 배운 사람들은 북한이 역사를 모두 왜곡시켰다고 주장한다. 하지만 역사를 바라보는 견해는 다양함을 알아야만 그들을 이해할 수 있다.

"솔방울로 폭탄을 만드시고 가랑잎으로 압록강을 건너셨다."라는 말을 들을 때 남한 사람들은 이해를 못 하고 비웃는다. 하지만 북한 주민들도 김일성이 진짜 가랑잎으로 압록강을 건넜다고 믿지 않을 뿐더러, 솔방울로 폭탄을 만들고 축지법을 썼다고 생각하지도 않는다. 그만큼 어려운 여건 속에서 일제와 싸워 이겼음을 의미하는 말로 받아들인다. 조선시대의 유명한 장수들의 이야기가 민간에서 전설로 떠돌듯이, 북한 주민들은 일제 강점기에 민중들 사이에서 김일성을 칭송하는 말들이 분명히 있었다고 믿고 있다.

아직도 일부 사람들은 북한의 김일성이 보천보 전투를 지휘했다고 믿지 않는다. 가짜 김일성이 진짜 김일성의 공적을 가로챘다고 주장한다. 그리고 한 쪽에서는 보천보 전투를 정규전처럼 대단한 전투처럼 서술해 왔다. 하지만 김일성은 죽기 전 발간했던 회고록「세기와 더불어」에서 보천보 전투를 "땅크도 비행기도 없는 비교적 조용한 전쟁"이라고 서술했다. 당사자가 죽기 전 가장 솔직하게 서술한 셈이다.

당시 보천보 전투의 충격은 정규전의 승리보다 더 컸다. 유격대가 국내에 진입하여 일제의 관공서를 습격하고 공포의 대상이었던 순사들을 무찔렀다는 사실이 엄청난 충격을 가져다준다. 암울했던 시대, 변절자가 늘어나고 무장투쟁의 불길이 꺼져가는 1937년에 일어난 보천보 전투는 독립에 대한 희망을 쏘아 올린 사건이었다. 독립군이 먼 외국에서 싸운다고 막연하게 생각하던 사람들에게 독립군이 국내로 진격한 사실은 엄청난 충격을 가져다주었다. 북한에서 중요하게 생각하는 것은 일본군 몇 명을 죽였는가가 아니라 당시 일제 강점기 조선 민중들에게 어떤 영향을 끼쳤는가이다. 그래서 보천보 전투를 그토록 선전하고 있다. 그런데 남한에는 당시 보천보 전투에서 민간인 2명만 사망한 것을 중시하며, 단지 난동 수준이라고 폄훼하는 사람도 있다.

그동안 북한 당국은 김일성의 독립운동만을 가르친 오류를 범했다. 그래서 북한 주민들은 김일성과 관계있는 사람들은 알고 있지만, 민족주의 계열의 독립운동에 대해서는 잘 알지 못한다. 그리고 김일성의 항일무장투쟁을 독립운동의 하나의 줄기로 알지 못하고 전부라고 알고 있다. 이것 또한 엄청난 역사 왜곡에 해당한다.

6. 현지지도

북한은 최고지도자의 현지지도를 통치에 적극적으로 이용하였다. 현지지도는 자본주의 국가에서 최고지도자가 현장을 시찰하는 것과 많은 차이가 있다. 현지지도는 단순히 둘러보는 것이 아니라, 대중들을 직접 만나고 생산 현장에서 발생하는 문제를 해결하기 위한 해결책을 제시한다. 북한이 자랑하는 청산리 방법과 대안의 사업체계도 현지지도의 산물이다.

물론 최고지도자의 현지지도자 방식은 '고전적 사회주의 체계'에서 볼 수 있는 일반적 현상이다. 최고지도자가 하부기관을 직접 방문하여 실정을 살피고 대책을 지시하는 것은 스탈린이나 모택동 시대에서도 볼 수 있는 현상이다. 하지만 북한에서의 현지지도는 수령과 인민대중을 이어주는 것으로 매우 중시된다. 물고기가 물을 떠나서 살 수 없듯이 수령도 인민대중과 유리(流離)되면 안 되기에 현지지도를 계속 이어나간다.

김일성은 현지지도를 통하여 북한의 정치, 경제, 군사, 사회 및 문화예술 등 각 분야의 정책 집행과정을 직접 이해하고 제기되는 문제점들을 파악함으로써 새로운 정책 방향을 제시하거나 사업의 진척을 독려했다. 그리고 동시에 탁월한 능력을 지닌 지도자로 만들어졌다. 이러한 사업방식은 김일성과 김정은에게도 그대로 이어졌다.

1980년대 이전까지 현지지도라는 용어는 당시 김일성의 정책지도 활동에 국한해서 사용해 왔으며, 김정일에 대해서는 주로 '실무사찰' 또는 '실무지도'라는 표현을 써왔다. 김정일에게도 현지지도라는 표현이 쓰이기 시작한 것은 1988년 4월 5일 체신 및 방송사업장 방문부터이며, 1990년대 들어서야 김정일에 대해 현지지도라는 용어가 보편적으로 쓰이기 시작했다.

김일성이 생전에 다닌 현지지도를 거리로 환산해 보면 140만 리에 이른다고 월간 천리마호(2001.1)가 밝히기도 했다. 140만 리를 환산하면 약 56만㎞, 남북한 삼천리를 23차례 정도 왕복한 셈이다. 김정일은 지난 64년부터 98년까지 34년 동안 3천693일을 현지지도에 보낸 것으로 전해진다. (통일뉴스, 2001년 05월 22일)

2012년 김정은은 권력에 등극한 이후 할아버지인 김일성의 복장과 몸짓을 흉내 내면서 현지지도에 임했다. 이후 2016년 평양체육관 앞에 건립된 '현지지도 사적비'에 김일성, 김정일, 김정은의 이름이 함께 오르면서 서서히 최고지도자로서의 위엄을 과시했다. 그리고 2021년 8월에 함경북도 중평남새온실농장에 김정은 단독 명의 사적비가 처음 건립되었다. 이는 할아버지와 아버지의 그늘에서 벗어나기 시작했음을 보여주고 있다.

현지지도 특징으로는 적절한 물질적 인센티브가 주어졌다는 것이다. 수령이 사업의 결과에 만족하면 일꾼들에게 많은 혜택이 돌아가도록 하였다. 이는 최고지도자에 대한 충성심을 고양하는데 아주 효과적이었다. 문제점도 해결해주는 동시에 잘한 일에 대한 보상이 뒤따르는 현지지도를 주민들이 좋게 받아들이게 된 것이다.

현지지도를 통해 성과를 본 사업은 전국적으로 홍보됨과 동시에 수령의 업적으로 선전되었다. 이러한 작업은 북한의 모든 발전과 진보를 수령의 직접적인 지도와 연관시켰다. 따라서 당의 역할은 축소되었고 정치적 경쟁자를 두지 않는 정치 문화를 고착시켰다. 김일성, 김정일, 김정은의 현지지도는 각종 기념물로 표시되었고 그 지역 사람들에게는 뿌듯한 자부심으로 자리 잡았다.

그런데 김정일 때의 현지지도는 김일성 시기와 다른 점이 많았다고 증언하는 사람들도 있다. 김정일이 방문하는 곳은 주변 환경을 새로 정리하고, 성분이 좋지 않거나 건강 상태가 좋지 않은 사람은 다른 곳으로 보냈다고 한다. 눈에 거슬리는 것이 없는 상태에서 김정일은 보고받고 지시를 했다고 한다.

우리는 남북의 창이나 뉴스를 통해 최고지도자를 맞이하는 북한 주민들을 본다. 한결같이 감격해서 환호하는 표정들이다. 이것을 남한 국민은 연출된 동작으로 해석한다. 하지만 수령의 현지지도를 받는 사람들의 마음은 설렐 수밖에 없다. 그동안 노력한 작업이 인정받게 되면 전국적인 노력 영웅으로 인정받으며 물질적 보상도 받을 수 있기 때문이다. 자기 인생을 바꿀 수 있는 절호의 기회는 수령을 만나면서 시작되기에 수령의 눈에 띄는 날을 기대할 수밖에 없다.

더욱이 최고지도자와 사진이라도 찍게 되면 더할 나위 없는 영광이 된다. 사진은 단체사진보다 수령과 개인적으로 찍은 사진이 값어치가 있다. 특히, 과거 김일성 시절에는 수령과 찍은 사진만 있으면 식량 배급부터 시작하여 생활의 모든 분야에서 혜택을 입었다. 수령님과 개인적으로 사진을 찍은 사람의 성분을 누가 무시할 수 있겠는가? 최고지도자가 머물렀던 곳도 기념물을 세우고 초상화가 불에 타는 것을 몸으로 막은 사람이 영웅이 되는 북한에서 최고지도자와 함께 찍은 사진 한 장이 얼마나 큰 위력을 발휘할지는 어렵지 않게 짐

작할 수 있다.

남한에서도 대통령과 독대하고 기념 촬영을 하는 것이 큰 영광이다. 장사를 하는 사람은 유명인과 찍은 사진을 홍보하는 마당에 대통령과 개인적으로 찍은 사진은 그 사람의 사회적 지위를 많이 올려놓는다. 하물며 수령체제 아래의 북한은 어떻겠는가?

북한의 현지지도는 인민대중이 역사발전의 주인이라 선전하면서도 실질적으로는 인민대중을 최고지도자의 얼굴이라도 한번 보는 것을 영광으로 만든 북한 체제의 이중성을 드러낸다. 자기 인생의 주인은 자기지만, 반드시 수령으로부터 지도를 받아야 한다는 논리는 극한 상황에서 항일무장투쟁을 진행했던 당시 유격대에서나 통했던 논리이다. 어떻게 보면 북한 주민들은 최고지도자의 얼굴 한번이라도 보는 것을 영광으로 생각하는 신민(臣民)으로 살아가고 있다. 영리활동을 통해 이익을 추구하는 남한 사람들이 성공을 자신의 공적으로 생각하는 것과 큰 차이가 있다.

7. 이인자는 없다

　김일성은 생전에 자신이 평생 시달린 것이 종파라고 하였다. 실제로 독립운동을 할 때 파벌이 심각한 것은 사실이었다. 서로 고발하는 바람에 점조직으로 운영되는 사회주의 조직이 일제에 검거되어 감옥이 모자랄 지경이었던 적도 있었다. 만주에서도 독립운동 세력들이 파벌을 형성하여 통일된 노선을 만들지 못하고 서로 불신한 적도 있다. 그리고 북한 정권을 설립한 이후 연안파, 소련파, 남로당 등 각종 세력이 주민들보다 자파의 이익을 먼저 생각하여 많은 갈등이 발생하였다.

　한국전쟁과 8월 종파 사건을 거치면서 반대파를 제거한 김일성은 정치 세력들끼리의 알력을 정리하는 것보다는 직접 인민들과의 만남을 통해 자기 뜻을 관철했고 이것은 주민들에게 큰 호응을 얻었다. 그러면서 북한은 최고지도자 1인을 중심으로 모든 것이 움직이는 정치 문화를 양성한다. 군부 강경파나 갑산파의 도전까지 막아낸 이후 북한은 본격적으로 수령론을 정립하고 수령의 '유일영도체계'를 완성해 나갔다.

　북한은 수령을 정점으로 모든 것이 움직인다. 모든 사상은 수령에 의해 정립되어야 하며 수령을 중심으로 확립되어야 한다. 대중노선도 수령의 지도를 받으면서 진행되어야 한다. 그러므로 일반적으로 최고지도자와 협력하면서도 경쟁하는 정치권력에서의 이인자는 없다. 수령과 권력을 나누는 것은 용납할 수 없는 일이다. 수령의 통치 스타일로 권력을 분산시킬 수는 있으나, 그것이 수령과 권력을 나누는 것은 아니다. 주민들은 오직 수령의 영도를 받으면서 자신의 역할을 해야 한다.

김정일의 생모인 김정숙이 사망한 이후 김일성은 김성애와 재혼한다. 이후 김성애는 조선민주여성동맹 위원장으로 활동하면서 북한의 언론에 자주 등장하였다. 조선민주여성동맹에서 하는 일은 누가 간섭을 못 할 정도로 김성애의 권력은 막강하였다. 하지만 김정일의 등장과 함께 그녀는 몰락하였다. 귀순한 노동당 간부의 증언에 따르면, 김성애가 김정숙의 전기를 쓰는 작가들을 농촌으로 쫓아내는 등 김정숙의 흔적을 지우려고 했다고 한다. 그래서 참다못한 김일성의 빨치산 동료들이 김일성에게 항의하면서 김성애의 정치적 생명은 끝났다고 한다. 북한에서 수령의 후계자를 낳은 생모를 폄훼하는 것은 용납할 수 없는 일이었다. 비록 현재 수령의 배우자라 할지라도 수령의 빨치산 동료이자 배우자였고 후계자의 생모가 지닌 지위를 넘볼 수는 없는 것이 북한이다.

주체사상에 의하면 사람은 육체적 생명과 사회정치적 생명을 지녔다고 한다. 육체적 생명은 동물에게도 있지만, 사회정치적 생명은 사람만이 가진 생명이다. 사회정치적 생명이란 사람이 자발적으로 선택하는 정치적 주장이나 태도를 의미한다. 인간의 육체적 생명이 생물 유기체로써 필요한 것이라면, 사회정치적 생명은 사회적 존재로서 필요한 것이다. 그리고 사회정치적 생명은 혁명 투쟁의 과정에서 수령으로부터 받게 된다. 자주성이 생명이라고 할 때 그것은 사회정치적 생명을 의미하며, 김일성이 영생한다고 할 때 육체적 생명을 의미하는 것이 아니라 사회정치적 생명을 의미한다.

육체적 생명을 준 부모가 두 명일 수 없듯이 사회정치적 생명을 부여한 수령도 두 명일 수가 없다. 따라서 북한에서 수령과 경쟁 관계에 있는 이인자는 존재할 수가 없다. 그런데도 당내 기반이 취약했고 20대로 나이가 어렸던 김정은이 등극하자 남한은 장성택을 주목했다. 김정일의 여동생인 김경희의 남편으로 조선노동당 중앙위원회 정치국 위원이며 2009년부터 국방위원회 부위원장이자, 최고인민회의 제12기 대의원으로 당과 내각의 권력을 장악한 장성택이 당분간 섭정에 나설 것으로 전망하였다. 하지만 이는 북한 체제를 이해하지 못한 예측이었다. 김정은의 현지지도 때 담배를 피우고 박수도 열성적으로 치지 않았던 장성택은 2013년 12월 3일 모든 직위에서 배제되고 출당 조치를 당했으며, 같은 달 12일 특별군사재판 후 사형이 집행되어 사망하였다.

비록 김정일 시대 때 최측근으로 활동하였고 백두혈통 김경희의 남편이지만 수령의 유일영도체계를 거부하는 일은 용납하지 않았다. 노동당 정치국 회의 현장에서 붙들려 나간 후 특별 군사재판에서 찍힌 그의 사진은 북한에서 수령의 권위에 도전하면 어떤 일이 벌어지는지 잘 보여주었다. 권력을 나눌 수 없다는 속설을 깨고 김일성과 권력을 나누었던 김정일은 이인자로 군림한 것이 아니었다. 오직 수령님의 혁명사상만을 계승한다는 철저한 수령의 후계자로 살아남았고 김일성 사망 이후에도 김일성의 권위를 계속 이용하였다.

조선중앙통신이 보도한 장성택의 죄행은 3천 자(정치국 확대 회의 결정문)에서 6,500자(국가안전보위부 특별군사재판 판결문)로 두 배 이상 늘어났다. 죄행이 그만큼 늘어나면서 표현도 매우 과격하였다. 장성택이 "앞에서는 당과 수령을 받드는 척하고 뒤돌아 앉아서는 동상이몽, 양봉음위(陽奉陰違·앞에서는 받드는 척하지만 뒤로는 다른 행동을 함)하는 종파적 행위를 일삼았다."라고 지적하면서 수령의 유일영도체계에 도전한 점을 분명히 하였다. 또한, "놈은 자기의 교묘한 책동이 통할 수 없게 되고 역사적인 조선로동당 제3차 대표자회에서 전체 당원들과 인민군장병들, 인민들의 총의에 따라 경애하는 김정은 동지를 조선로동당 중앙군사위원회 부위원장으로 높이 모시였다는 결정이 선포되어 온 장내가 열광적인 환호로 끓어 번질 때 마지못해 자리에서 일어서서 건성건성 박수를 치면서 오만불손하게 행동하여 우리 군대와 인민의 치솟는 분노를 자아냈다."라고 하면서 박수를 열정적으로 치지 않은 것조차 불경죄로 여길 정도였다.

북한은 수령과 그 후계자가 다스리는 국가이다. 수령의 후계자가 선대 수령을 대신하여 수령으로 등극하는 과정에서 딴마음을 품으면 어떻게 되는지 장성택 처형 사건은 잘 보여주고 있다. 최고지도자와 협력하면서도 때로는 경쟁하는 정치적 이인자는 북한에서 존재하지 않는다. 오직 수령만이 정점에서 모든 것을 결정할 수 있는 사회이다.

8. 투표는 선택하는 것이 아니라 결심하는 것

북한에도 선거는 있다. 최고인민회의 대의원(남한의 국회의원) 선거와 지방인민회의 대의원 선거가 있다. 북한 헌법 제6조에는 "군인민회의로부터 최고인민회의에 이르기까지의 각급 주권기관은 일반적, 평등적, 직접적원칙에 의하여 비밀투표로 선거한다."라고 되어 있으며, 제66조에는 "17살 이상의 모든 공민은 성별, 민족별, 직업, 거주기간, 재산과 지식 정도, 당별, 정견, 신앙에 관계없이 선거할 권리와 선거받을 권리를 가진다. 군대에 복무하는 공민도 선거할 권리와 선거받을 권리를 가진다. 재판소의 판결에 의하여 선거할 권리를 빼앗긴 자, 정신병자는 선거할 권리와 선거받을 권리를 가지지 못한다."라고 규정되어 있다.

북한은 1962년 10월에 치러진 제3기 최고인민회의 대의원 대회 때부터 늘 100%의 찬성을 자랑해왔다. 정상적인 사회에서는 있을 수 없는 이 기록을 북한은 늘 자랑해왔고 어떤 나라도 이 기록을 깨지를 못했다. 북한처럼 서슬 퍼런 독재를 한 알바니아에서 1982년 11월 14일 치러진 총선거 때 단일 후보 출마, 100% 투표율, 득표율 99.99993%(단 한 사람이 반대)를 한 것이 최대의 근사치였다.

북한의 모든 선거 과정은 노동당의 철저한 계획·통제 하에 이루어진다. 그러므로 주민들이 자신의 권리를 선택하는 것이 아니라 당의 정책에 찬성하는 절차에 해당한다. 신문과 방송을 통하여 선거를 시행한다는 최고인민회의 정령이 발표되면 그에 따라 정해진 절차를 밟아서 선거가 진행된다. 선거운동은 후보자 등록 후 선전·선동 연설과 선거 경축 행사를 할 뿐 우리와 같은 득표 활동은 없다. 선거는 당이 추천한 단일 후보에 대한 신임투표에 불과한 것이다.

대의원 후보자는 주민들이 직접 추천하거나 정당, 사회단체가 추천하도록 되어 있다. 후보자가 추천되면 구선거위원회가 100명 이상으로 구성된 선거자회의를 소집해 자격심의를 거친다. 자격심의를 마치면 후보자 등록을 하며 등록 순서는 추천 순위에 따른다. 공식적으로 선거구 내 후보자 수가 제한되어 있지 않으나, 자격심의를 위한 선거자 회의에서 절대다수의 찬성을 받은 1명의 후보자를 등록하는 것이 일반적이다.

선거가 발표되면 조직별 강연회를 통해 선거 참여가 진행된다. 강연회에서는 김일성, 김정일, 김정은의 치적이 소개되고 후보자들이 김정은에 의해 선택된 사람들임을 강조한다. 당연히 찬성표를 던져야 한다는 논리가 나온다. 그리고 인민반에서 주민들의 공민증을 거두어 간다. 나중에 선거를 앞두고 유권자 번호를 적은 쪽지와 함께 개인에게 돌려준다.

선거 당일 북한 주민들은 본인 확인을 거친 후 투표용지를 받고 선거를 한다. 당에서 종일 투표 참가와 무조건 찬성을 유도하는 분위기를 조성하는 가운데, 투표하기 전에 김일성과 김정일 초상화 앞에서 절까지 해야 하는 풍경이 북한의 현실이다.

투표는 1962년 이전에는 찬성은 백색함에, 반대는 흑색함에 넣는 흑백투표함제를 실시했으나 투표 방식에 대한 국제사회의 비난이 일자 단일투표함제로 바뀌다. 단일투표함제란 선거표(투표용지)를 받으면 찬성·반대로 구분해 투표함에 넣되, 찬성 때는 후보자 이름이 적혀 있는 투표지를 그대로 투표함에 넣고, 반대할 때는 투표함 위에 마련된 필기구를 꺼내서 후보자 이름에 두 줄을 그어서 반대 의사를 표시한 후 투표함에 넣도록 하는 제도다. 하지만 이것은 원론적인 이야기지 실제로 반대할 수 있는 것은 아니다. 찬성하는 사람들은 그냥 선거표를 투표함에 넣고 나오기 때문에 반대하기 위해 필기구를 잡는 행위는 금방 주위에서 볼 수 있다. 비록 투표함이 있는 곳이 외부와 격리되었으나, 출입구에 문이 있는 것도 아니라서 투표함 주변에 있는 국가보위성 요원들이 반대자를 잡아낼 수 있다. 사실상 공개투표인 것이다. 탈북자들도 북한에서 투표할 때는 그냥 선거표를 넣고 나오는 기억밖에 없다고 한다. 투표함에서 필기구를 본 적이 없다는 사람이 많은 것을 보면, 투표소마다 필기구를 비치하는 것도 아닌 것 같다. 그래서 많은 탈북자가 반대하는 방법도 잘 모른다. 실제로 1962년 이후 북한에서는 선거에서 반대표가 나온 적이 없다.

북한 주민들은 선거를 통해서 인물을 뽑는다고 생각하지 않는다. 당이 정해준 인물을 지지한다고 생각한다. 평소 자신이 속한 조직의 토론회 때 자기 의사를 밝히는 것은 가능하다. 그리고 당에 자신의 의견을 밝힐 수는 있다. 하지만 당이 정해준 후보는 무조건 지지해야 하는 것이 북한 사회의 관습이자 법이다. 만약 반대했다가는 쥐도 새도 모르게 사라지는 것을 감수해야 한다. 투표는 선택이 아니라 사상 검증의 표현이라고 생각하면 된다. 그래서인지 선거 포스터도 100% 찬성을 노골적으로 강요한다.

사실 100% 찬성은 종족의 생존을 위해 불가피하게 선택해야 했던 몽골족의 전통이었다. 기마민족이었던 몽골족은 '쿠릴타이'를 통해 중요한 의사를 결정하였다. 쿠릴타이는 몽골 제국의 최고 의사결정 기구이며 몽골어로 집회를 뜻한다. 쿠릴타이가 열릴 때는 원정 중인 장수들까지 모두 싸움을 멈추고 돌아와야 했으며, 주요 사안은 만장일치에 의해서 결정되었다.

쿠릴타이 중에서도 그들의 지도자 '대칸'을 뽑는 것은 에케 쿠릴타이, 즉 대쿠릴타이라 불렀다. 훌륭한 지도자를 뽑는 것은 유목민들에게 자신의 생존을 결정하는 것과도 같은 중요한 의미를 지녔기에, 에케 쿠릴타이에서는 그들의 칸을 선출하는 방식으로 만장일치를 채택했다. 만일 의견이 일치되지 않으면 시간이 얼마가 걸리든 간에 합의가 도출될 때까지 회의는 계속되었고, 그래도 합일점을 찾지 못하면 소수의 반대자는 스스로 그 부족을 떠나야 했다.

쿠빌라이칸이 정식 쿠릴타이를 거치지 않고 칸의 지위에 오른 이후 쿠릴타이의 권위가 약해지기는 했으나, 국가의 지도자를 만장일치로 뽑았던 그들의 전통 때문인지 1945년 10월 외몽골에서 독립을 묻는 국민투표가 시행될 때 단 한 표의 반대표도 나오지 않는 기묘한 결과가 도출되었다.

반대하면 부족을 떠나야 했던 몽골 부족의 풍습이 그대로 재현된 곳이 북한이다. 서구적 정치 발전 기준으로 치자면 북한은 부족 국가에 해당한다. 정책의 과정에는 참가할 수 있으나 정해진 결과에는 무조건 순종해야 하는 체제이다. 물론 북한도 외부의 비판을 의식했던지 노동당 외에 조선사회민주당, 천도교청우당 소속 후보자들도 대의원이 되게 만든다. 하지만 민주 사회에서의 다당제와는 거리가 멀다. 이 당들은 야당이 아니라 우당(友黨)으로 노동당을 돕는 단체일 뿐이다.

100% 찬성보다 더 이해 못 할 것이 100% 투표이다. 최고인민회의 제3기에서 제8기 대의원을 뽑는 기간 동안 북한은 100% 투표를 자랑해왔다. 17세 이상의 모든 유권자가 투표하는 것이 가능한 일일까? 비록 이동 투표함을 운영하여 노약자들이 투표할 수 있도록 한다고 하더라도 모든 사람이 투표한다는 것은 사실상 불가능하다. 그래서 북한은 병이 너무 심해서 투표함을 가지고 가도 본인이 직접 투표할 수 없는 경우에는 다른 사람을 지정해서 대리 투표를 한다. 하지만 말이 대리 투표지, 주변 사람들이 그냥 임의로 투표하는 것이다. 투표조차 할 수 없는 사람이 누구를 지정할 정신이 있겠는가?

부재자 투표도 남한과는 개념이 좀 다르다. 남한에서는 자기가 사는 지역의 후보자를 대상으로 투표를 하지만, 북한에서는 자기가 현재 있는 곳의 후보자를 상대로 투표를 한다. 그러니까 만약 선거기간에 부득이하게 여행이나 출장을 가야 할 때는 현재 머무는 곳에서 '이동선거증'을 발급받아 그 지역 후보자에게 투표한다. 그리고 투표했다는 확인서를 자기가 사는 곳에 와서 제출해야 한다.

90년대 들어서는 100% 투표가 사라졌지만, 제10기 99.85%, 제11기 99.9%, 제12기 99.98%, 제13기 99.97%, 제14기 99.99% 같이 100%에 가까운 투표율을 자랑하고 있다. 북한은 100%가 안 된 것을 주로 외화벌이를 위해 외국에 나간 사람들 때문이라고 설명하고 있다. 모든 사람을 투표장으로 오게 할 수 있는 것은 그만큼 통제된 사회임을 드러낸다. 정치적 무관심으로 투표일을 휴일로 생각하는 사람들이 많은 남한과 너무나 큰 차이를 보인다.

자본주의에서는 거주 이동이 자유로워야 한다. 과거 중세의 장원처럼 거주 이전의 자유를 제한했다가는 고용과 해고가 자유롭지 못할 것이고, 자본가는 미숙련된 노동자에게 임금을 지급해야 하는 딜레마에 빠질 것이다. 개인에게 채워진 족쇄를 벗는 것이 자본주의에 유리하다. 그래서 자본주의에서는 개인의 자유를 강조한다. 재산 증식과 이동, 사기업의 영리를 추구할 수 있는 자유, 자신들의 이익을 대변할 수 있는 출판의 자유 등등 많은 자유를 보장하고 있다.

하지만 사회주의는 개인을 통제한다. 생산수단의 국유화를 원칙으로 하는 사회에서 개인은 마음대로 이동할 수 있는 자유를 보장받지 못한다. 철저한 통제 속에서 사회는 유지된다. 북한은 이러한 사회주의권에서도 통제가 가장 잘 된 나라이다. 선거도 통제된 사회를 유지하는 방편으로 생각한다.

북한 주민들은 투표장을 향해 갈 때 자신에게 주어진 권리를 행사한다고 생각하지 않는다. 그것은 선택이 아니라 절대적인 의무이다. 그리고 당과 수령에 대한 지지를 공개적으로 드러내는 절차라고 생각한다. 즉, 선거를 통해 단수로 추천된 후보자에 대한 찬반을 표현하는 것이 아니라, 당과 수령에게 충성하고자 하는 결심을 드러낸다.

9. 애국자와 반역자만 있을 뿐!

　북한은 김일성의 혁명사상을 바탕으로 지배되는 사회이며 수령의 1인지배체제이다. 김일성의 혁명 사상을 벗어나는 노선은 있을 수 없으며, 모든 것은 김일성과 그 후계자 김정일, 김정은의 교시대로 움직여야 한다. 그러므로 사회체제가 획일적이며 다양성은 찾아볼 수 없게 되었다.

　해방 이후 북한에는 국내파, 소련파, 연안파, 만주파 등 다양한 세력이 존재했었다. 하지만 한국전쟁을 거치면서 많은 세력이 숙청당했으며, 1956년 8월 벌어진 8월 종파 사건 이후 김일성의 1인 지배체제는 완성되었다. 그리고 70년대를 지나면서 수령의 우상화가 이론적으로 진행되었으며 주민들의 일상생활도 '유일사상 10대 원칙'에 의해 통제되었다.

　김정일이 1974년 발표한 '당의 유일사상체계 확립의 10대 원칙'의 주요 내용은 다음과 같다.

　(1) 위대한 수령 김일성 동지의 혁명사상으로 온 사회를 일색화하기 위하여 몸 바쳐 투쟁하여야 한다.
　(2) 위대한 수령 김일성 동지를 충성으로 높이 우러러 모셔야 한다.

(3) 위대한 수령 김일성 동지의 권위를 절대화하여야 한다.

(4) 위대한 수령 김일성 동지의 혁명사상을 신념으로 삼고 수령님의 교시를 신조화하여야 한다.

(5) 위대한 수령 김일성 동지의 교시집행에서 무조건성의 원칙을 철저히 지켜야 한다.

(6) 위대한 수령 김일성 동지를 중심으로 하는 전당의 사상 의지적 통일과 혁명적 단결을 강화하여야 한다.

(7) 위대한 수령 김일성 동지를 따라 배워 공산주의적 풍모와 혁명적 사업방법, 인민적 사업작풍을 소유하여야 한다.

(8) 위대한 수령 김일성 동지께서 안겨주신 정치적 생명을 귀중히 간직하며 수령님의 크나큰 정치적 신임과 배려에 높은 정치적 자각과 기술로써 충성으로 보답하여야 한다.

(9) 위대한 수령 김일성 동지의 유일적 령도 밑에 전당, 전국, 전군이 한결같이 움직이는 강한 조직규율을 세워야 한다.

(10) 위대한 수령 김일성 동지께서 개척하신 혁명과업을 대를 이어 끝까지 계승하며 완성하여 나가야 한다.

상기 내용을 살펴보면, 수령의 교시는 무조건 접수하는 것이지 토론의 대상이 아님을 알 수 있다. 이는 북한의 1인 지배체제가 다른 어느 사회주의보다 획일적이며 독재체제임을 잘 보여준다. 결국, 수령의 초상화까지 함부로 다룰 수 없는 정도로 수령의 유일지배체제는 공고히 되었다. 북한 주민들이 하는 대화와 토론은 수령의 교시를 잘 수행하기 위한 방법을 찾는 것이지 교시 자체에 대해 논하는 것은 아니다. 수령의 교시는 자신의 뼈와 살로 여겨야 하며 대를 이어서라도 충성해야 한다.

2013년에는 '당의 유일적령도체계확립의 10대 원칙'으로 이름이 바뀌면서 수정·보완되었지만, 수령의 유일지배체제가 변한 것은 아니다. 오히려 "우리 당과 혁명의 명맥을 백두의 혈통으로 영원히 이어나가며"라는 대목을 새로 집어넣으면서 세습까지 정당화했다.

북한 사회의 또 하나의 특징은 전시체제와 유사하다는 것이다. 북한은 한국전쟁을 통해 미국과 대결 구도를 형성한 이후 늘 긴장 상태를 유지해 왔다. 그래서 군사력 강화는 체제 유지를 위해 필수적으로 요청되었고, 이는 1962년 12월 노동당 제4기 5차 전원회의에서 '국방에서의 자위' 원칙으로 채택된 군사노선인 4대 군사노선 즉 '전군의 간부화', '전군의 현대화', '전인민의 무장화', '전국의 요새화'에 잘 나타나 있다.

'전군의 간부화'는 북한군을 정치·사상적으로, 군사·기술적으로 단련시켜 유사시에 모두가 한 계급 이상의 임무를 수행할 수 있도록 하는 것이며, '전군의 현대화'는 북한군을 현대적 무기와 전투기술로 무장시키고 아울러 현대적 군사기술을 도입하는 것을 의미한다. '전인민의 무장화'는 군대는 물론 노동자·농민을 비롯한 모든 주민을 정치·사상적으로, 군사·기술적으로 무장시키는 것을 의미하며, '전국의 요새화'는 주요 군사 및 산업시설을 지하화하고 북한 전역에 방위시설을 구축하여 철벽의 군사 요새를 만드는 것을 뜻한다.

김정일 시대 때는 군대를 전면에 내세우는 선군정치를 실시하여 유격대국가를 정규군국가로 변모시켰다. 상명하복을 원칙으로 하는 군대의 특성을 고려한다면 북한 사회가 얼마나 경직된 사회인지 충분히 추측할 수 있다.

유일사상을 기반으로 하는 준전시체제로 사회를 변모시킨 이래로 북한에서는 다양성이 사라졌다. 당의 정책에 조금이라도 반기를 들면 정치범 수용소로 잡혀갔기에 모든 정책을 시행하는 일만 남았다. 북한 주민들은 수령과 당의 방침을 거부할 수 있는 선택권이 없다.

어떻게 잘 실천할 수 있는지 그 방법을 찾을 권리만 주어진다. 사람이 자기 인생의 주인이라고 선전하면서도 수령의 교시를 집행하는 팔다리로 전락시킨 셈이다. 물론, 의사 결정 과정에 참여할 수는 있으나 그 범위도 제한적이고 애초에 유일사상에서 벗어날 수도 없다.

반면, 남한은 민주화를 이룩했다. 사람들은 자신의 의견을 다양하게 개진할 수 있으며, 여러 의견이 공존해 있다. 각종 인터넷 사이트에 있는 댓글은 표현의 자유가 어느 정도 보장되었는지 잘 나타낸다. 정부의 정책이라도 자유롭게 반대의견을 개진할 수 있으며 국가원수까지 원색적으로 비난하는 상황이다. 북한 사회와 극명하게 비교된다.

북한 주민들과 대화할 때 우리가 명심해야 하는 것은 그들에게 다양성이 없다는 것이다. 대통령을 싫어하고 좋아할 수도 있는 우리의 사고방식을 가지고 북한 사람들과 이야기했다가는 낭패를 보기 십상이다. 수령의 교시는 무조건 접수해야 한다고 생각하는 사람들과 대통령을 자기 손으로 뽑는다고 생각하는 사람들이 정치적 이야기를 나눌 수 없다. 우리는 대통령의 공과(功過)를 정확하게 평가하는 것이 합리적이라 생각하지만, 북한 주민에게 수령은 과(過)가 있을 수가 없다.

정치·군사적인 문제에 있어 북한 사람들은 적과 동지만이 존재한다. 좋은 면도 있고 나쁜 면도 있다고 생각하면서 대화를 통해 결론에 이르는 방식이 통하지를 않는다. 김일성의 항일무장투쟁을 인정하면 절세의 애국자가 되지만, 과장되었고 독재정치를 한 면이 있다고 하면 민족의 반역자가 된다. 결국 흑백논리에 익숙한 사람들에게 제3의 노선을 이야기하면 회색분자가 될 뿐이다.

10. 8월 종파사건

 북한 정치사에서 김일성이 큰 위기를 맞이했던 사건이 있었다. 바로 '8월종파사건'이다. 이것은 1956년 북한의 조선노동당 당 중앙위원회 8월 전원회의에서 김일성을 중심으로 한 지배집단과 반대 세력 간에 벌어진 집단적인 권력투쟁 사건을 의미한다. 이때 김일성은 반대파로부터 공격을 당했으나 그들을 제압한다.

 북한에서 '종파'의 기원은 김일성의 항일무장투쟁 때부터 보인다. 김일성이 1930년 카룬에서 한 「조선혁명의 진로」에 종파분자들에 대한 비판적인 서술이 있는 나오는 것처럼 북한에서 종파는 상당히 오랜 세월 동안 그리고 상당히 비판적으로 취급됐다. 주로 김일성은 자신의 정적을 공격할 때 '종파분자'라는 딱지를 붙여 공격했고 한국전쟁 이후 자신에게 도전하던 세력을 제거할 때도 '종파'를 사용하여 공격하였다.

 한국전쟁의 과정에서 김일성의 잠재적인 경쟁자들은 대부분 몰락하여 김일성 단일지배체제가 어느 정도 기틀을 마련하였다. 그런데 1950년대 중반에 들어서면서 김일성의 헤게모니가 위협받기 시작한다. 그것은 1953년의 스탈린 사망 후 점차 가속화되고 있었던 소련의 정치적 변화와 중국군의 북한 주둔으로 인한 중국의 북한에 대한 정치적 영향력의 증가였다.

소련에서 벌어지고 있었던 '스탈린격하운동'은 전쟁의 책임을 덮어쓴 후 억눌린 소련파가 김일성에 대한 반격을 취할 좋은 기회를 제공하였다. 그리고 중공군의 주둔이 전쟁 후에도 계속된 시점에서 힘을 얻고 있던 연안파 또한 김일성을 위협할 수 있는 시기를 맞이하였다. 만약 연안파와 소련파가 힘을 합쳐 김일성을 공격하고 소련과 중국이 이에 동조한다면 김일성의 정치적 앞날이 불투명할 수밖에 없었다.

이런 상황에서 김일성도 1955년 12월 28일 당 선전선동일군들 앞에서 한 연설인 "사상 사업에서 교조주의와 형식주의를 퇴치하고 주체를 확립할 데 대하여"에서 소련파에 대한 공격을 시도하면서 긴장이 고조되었다.

김일성과 반대파와의 본격적인 권력투쟁은 전후복구건설 문제, 농업협동화 문제 등 사회주의적 개조 문제를 둘러싼 논쟁이 계속되면서 시작된다. 이 논쟁은 '중공업 우선의 경공업, 농업의 동시 발전'과 '농업협동화'를 제시하고 이를 밀고 나가던 김일성 중심의 핵심지도부에 연안파와 소련파가 반기를 들면서 시작된다.

반대파의 김일성에 대한 공개적인 도전은 1956년 8월 30일에 평양예술극장에서 열린 당 중앙위원회 전원회의에서 이루어졌다. 회의 첫날 김일성의 사회주의 국가 방문 보고가 끝난 뒤 진행된 토론에서 상업상 윤공흠이 첫 토론자로 나서 의제와는 관계없이 김일성 지도부를 공격하였다. 그렇지만 반대파가 승리하기에는 역부족이었다. 대부분 중앙위원이 김일성을 옹호하였으며 반대파의 행위를 반당적 행위로 규정하고 나섰다. 윤공흠은 곧장 단상에서 끌어 내려졌다.

결국, 8월 전원회의는 그동안 반대파의 움직임을 '반당종파행위'

로 규정하고 "최창익, 윤공흠, 서휘, 리필규, 박총옥 등 동무들의 종 파적 음모에 대하여"라는 결정을 채택하고 그들 중 윤공흠과 서휘, 이필규를 출당시키고 최창익과 박창옥의 당직을 박탈하는 조치를 내렸다. 이 조치와 함께 최창익과 박창옥의 내각 부수상직을 비롯하 여 관련자들의 정부 직위도 박탈되었다. 이렇게 해서 반대파의 움직 임이 좌절되었다.

하지만 사태는 이것으로 끝나지 않았다. 소련과 중국은 즉 각 대표단을 파견하였고 김일성을 제거할 계획까지 가지고 있 었다. 김일성은 8월 전원회의에서의 강경했던 자기 모습과는 달리 중·소 대표들 앞에서 당의 결정이 성급했음을 시인했 다. 그리고 곧바로 9월 23일에 전원회의를 열어 당이 이 문제 를 푸는 데 '응당한 심중성이 부족하였음'을 인정하고 8월 전 원회의 결정 내용을 번복해 최창익, 박창옥의 중앙위원직을 회복시키고 출당자들을 복당시켰다.

그러나 1957년에 들어서면서 중·소 갈등이 발생했다. 중·소 갈등은 양국이 북한을 자기 편으로 끌어들이기 위해서 갖은 노력을 하도록 만들었기 때문에, 북한정치의 자율성이 그만큼 증대할 기회를 제공했다. 이러한 시대적 흐름 속에서, 김일성은 자신의 강화된 권력 기반을 바탕으로 반대파에 대한 대대적인 숙청 작업을 시작한다. 이때 거의 모든 반대 세력이 숙청당하게 된다.

8월 종파사건은 북한 지도부에 많은 교훈을 던져주었다. 사회주의 강대국인 소련과 중국이 근접해 있는 상황에서 소련파와 연안파는 언제든지 정권을 뺏을 수 있는 세력이었다. 그래서 소련파나 연안파 와 같은 세력이 생기는 것을 절대로 허락하지 않았다. 그리고 소련 과 중국의 틈바구니에서 독자적인 노선을 펼치게 된다.

북한 지도부는 8월 종파사건을 경험한 이후 친소련, 친중국 세력이 생기는 것을 허락하지 않았다. 어떤 이유에서든지 유학파가 모임을 형성하는 것도 철저히 감시했다. 어쩌면 과거의 쓰라린 상처 때문이었는지도 모른다. 그리고 두 강대국 사이에서 주체를 강조하기 시작했다. 그리고 이런 노선이 사상에서의 주체, 경제에서의 자립, 정치에서의 자주, 국방에서의 자위로 알려진 주체사상의 4대 원칙을 나오게 하였다. 이때의 북한은 개인숭배보다 외국에 종속되지 않는 체제를 만들려고 노력했다.

1968년 미국의 푸에블로호가 북한에 나포되었다. 미국은 푸에블로호를 석방하기 위해 모든 노력을 하였다. 하지만 북한이 뜻대로 움직이지 않자 당시 관계가 좋았던 소련에 석방을 요청했다. 그러자 소련은 북에 엄청난 압력을 가하기 시작했다. 그런데 북한은 소련의 말을 듣지 않았다. 급기야 소련 외무차관이 직접 차를 몰고 모스크바주재 북한 대사관에 방문까지 한다. 그런데 현관에서 그를 마중한 사람은 3등 서기관이었다. 소련의 외무부 차관이 직접 차를 몰고 방문하는데 1등 서기관도 아닌 3등 서기관이 마중 나온 것에서 당시 북한과 소련의 관계를 유추할 수 있다. 결국, 미국은 영해 침범을 시인하고 사과한 이후에야 푸에블로호 승무원을 석방할 수 있었다. (리영희, 임헌영, 「대화」, 경기:한길사, 2005, 참조)

북한의 핵 문제가 불거졌을 때 많은 사람이 소련과 중국이 북한에 압력을 넣어서 핵을 포기하게 만들기를 원했다. 하지만 북한은 철저하게 미국과의 협상을 통해 자신들의 실리를 챙겼다. 소련과 중국이 북한의 내정에 간섭할 수 있다면 벌써 북한의 핵 문제는 해결되었을 것이다. 하지만 북한은 사회주의 강대국인 중국과 소련의 내정 간섭을 받는 국가가 아니다. 지금까지 정치에서의 자주만큼은 지켜나가고 있다.

북한은 자신들의 사회주의를 '우리식 사회주의'로 호칭하면서 여타 사회주의 국가의 사회주의 이념과 차별화한다. 구소련 및 동구 사회주의 국가들에서 사회주의가 몰락하자 김정일은 1991년 5월 '인민대중 중심의 우리식 사회주의는 필승불패이다' 제하의 담화를, 1992년 1월 '사회주의 건설의 역사적 교훈과 우리 당의 총노선' 제하의 담화를 각각 발표했다. 이들 담화는 우리식 사회주의의 이론을 정식화하고 있으며 동시에 그 방향을 제시하고 있다.

'우리식대로 살자'라는 말은 김정일이 1978년 12월 조선노동당 중앙위원회 책임간부협의회에서 행한 '당의 전투력을 높여 사회주의 건설에서 새로운 전환을 일으키자'라는 연설에서 처음 제시되었다. 오래전부터 북한은 자신들의 방식대로 살아왔음을 보여준다. 즉 북한 주민들은 자신들의 체제가 다른 사회주의와 구별되며 나름대로 주체적인 체제에서 살고 있다고 자부하고 있다. 실제로 한 탈북자는 1994년 김일성 사망 이후 북한 주민들이 우리식 사회주의를 지켜내자는 의지가 강했다고 증언했다.

남한 국민이 미국을 무조건 동경하고 숭배하던 때가 있었다. 남한은 후진국이고 서방 세계는 선진국이라 모든 것이 우수한 줄 알았다. 지금은 많이 변했지만, 외국에 갔다 온 것을 크게 자랑했으며, 선진국에서 받은 학위는 인생을 보장하였다. 적어도 이런 면에서는 북한은 우리와 다른 길을 걸어왔다. 비록, 계속되는 경제난과 장마당을 통해 외부 세계를 알게 되어 체제에 대한 자부심이 약해졌지만, 주체성만큼은 끝까지 고수하고 있다.

11. 금요노동

북한에서 실시하는 금요노동은 의무노동의 한 형태로서 당·정 간부와 사무원들을 그 대상으로 한다. 주로 금요일에 노동에 참여한다고 하여 이처럼 이름이 붙여졌다. 금요노동은 1970년대 후반 시작되었으나, 1990년대 들어서서 매년 첫 번째 금요노동에 즈음해 각종 선전매체를 동원하여 대대적으로 선전하면서 강조하고 있다. 예를 들어 2000년 4월 첫 금요일인 7일에는 김일성 시신이 안치된 금수산기념궁전 주변과 수목원에서 환경미화작업을 벌였으며, 5월 5일에는 북한 최고인민회의 상임위원회, 내각 사무국, 전기석탄공업성 등을 비롯한 60여 개 중앙기관의 관련 인원 3,000여 명이 평양-남포고속도로(청년영웅도로) 건설장에 나가 금요노동을 시행했다고 중앙TV가 보도한 바 있다.

북한은 '인민대중중심'이란 말을 많이 사용하면서 인민을 하늘 같이 모신다고 선전한다. 그래서 간부와 사무원들이 인민들과 유리되지 않고 인민과 함께하는 금요노동을 중시한다. 이는 간부나 사무원들 이른바 정신노동자들이 육체노동을 하면서 육체노동 자체를 경시하거나 육체노동자들을 천시하지 못하게 한 제도다. 하지만 모든 것이 의도한 대로 움직이지는 않는다. 실제로는 각종 핑계를 대고 불참하는 간부도 있으며 고위급 간부들은 일명 지도사업을 한다는 핑계로 육체노동 대신 다른 곳을 시찰하기도 한다. 반면에 하급 간부와 사무원은 실제로 노동해야 하므로 금요노동을 기피하는 현상도 있다.

김일성은 빨치산 활동을 할 때부터 항상 인민대중과 함께 생활하고 필요한 물품을 그들에게서 조달하는 방식을 강조했다. 북한 정권을 수립한 이후에도 정치 세력과 파벌싸움을 하기보다는 현장을 방문하여 주민들과 소통하는 통치방식을 택했고 이는 주민들에게 큰 호응을 얻었다. 그래서 당과 정부의 간부들에게도 인민대중과의 소통을 강조했으며 조직이 관료화되는 것을 극도로 경계했다.

1983년 귀순한 신중철 대위는 남한에서 본 사단장의 복장을 보고 의아하게 생각했다. "군화는 파리가 미끄러질 만큼 반짝거리고 옷은 칼날처럼 주름 잡아 입고 멋을 많이 냈지 않습니까? 그런 옷을 입고 무슨 일을 합니까?" 그러면서 북한 사단장에 대해서 "옷이 허름하지요. 4주 중 1주는 병사들과 함께 매복 근무를 서지요. 2주는 병사들과 같이 내무반에서 자지요. 1주만 공관에서 잡니다. 사단장은 아버지 같아요. 분대장 이상에 대해서는 성격까지 다 압니다. 남침하면 부산에 이르기까지 진출로를 눈을 감고도 그립니다. 전방에 있는 한국군 식량, 유류, 탄약을 금방 뺏는 길도 훤히 압니다. 멋 부리는 사단장이 아니라 일하는 사단장이지요"라고 말을 하였다. 물론, 지금의 북한 사단장이 이런 생활을 하는지는 모른다. 하지만 당 간부가 육체노동자들과 함께 생활하는 것처럼, 장군이 사병들과 함께 잠을 자도록 유도한 북한의 정책은 간부와 대중의 괴리를 막으려는 북한 당국의 고민을 잘 드러내고 있다.

북한 정권 수립 후 많은 인물이 소위 숙청을 당했다. 그 이유가 인민대중을 중심으로 놓고 생각하지 않고 자신의 파벌을 형성했다는 이유이다. 주로 일본과의 투쟁은 잘했을지는 몰라도 대중 사업에 서툰 사람들이 그 대상이 되었다. 대중을 믿고 의지하지 않고 대중을 계몽의 대상으로만 본 결과였다. 남한에서 월북한 김원봉도 결국은 종파의 수괴로 숙청되었고 이후 행방이 묘연하다.

하지만 숙청 후 복권한 사람도 있다. 대표적인 사람이 전 인민무력부장 최광이다. 그는 김일성부대의 일원으로 정권 수립 후 출세 가도를 달렸다. 나중에는 인민군 대장으로 진급하면서 총참모장에 취임했는데, 1968년 12월 무렵 갑자기 총참모장에서 해임되었고, 이듬해 1월에 열린 조선인민군 당 위원회 제4기 4차 전원회의 확대회의에서 유일사상체계를 교란하고 당의 위신을 떨어뜨렸다는 이유로 김창봉과 함께 공개 비판을 받으며 숙청되면서 황해남도 은률광산의 광부로 좌천되었다. 그러나 광부로 생활하면서 그는 모범적인 생활을 하였다. 소의 등심만 먹던 그가 보리밥도 잘 먹고 자기의 과업을 성실히 수행한다는 보고가 김일성에게 올라가자 그는 다시 복권되었고 나중에 인민무력부장에 취임하였다.

김일성은 늘 인민대중과 함께하는 삶을 강조했고 인민에게 배우라는 철학을 제시하였다. 그리고 본인 스스로가 주변의 만류에도 불구하고 늘 현지지도를 통해서 인민대중과 함께하고자 했다. 그리고 간부들이 대중과 유리되어 자기만의 소왕국을 건설하고 인민들에게 군림하는 태도를 보이는 것을 극도로 경계했다. 그런 그의 철학을 반영하는 것이 금요노동이다.

물론, 금요노동이 원래 의도대로 운영되지 않는 면도 많다. 작업 현장에서 주민들과 갈등을 빚은 사건도 많고 때로는 이로 인해서 당 간부에서 해임되는 예도 있다. 하지만 적어도 '인민대중중심의 사회주의'를 외치는 정신이 있었기에 오랜 제재 속에서도 사회주의 체제를 지켜낼 수 있었을 것이다. 북한에서는 힘들고 위험한 일에 종사하는 탄광 노동자들이 의사나 변호사 또는 대학교수들보다 생활비(월급)를 더 많이 받고 있다. 제도적으로는 육체노동을 하는 노동자·농민들을 대우하고 있는 셈이다.

12. 혁명열사릉과 애국열사릉

　북한에는 우리의 국립묘지에 해당하는 '혁명열사릉'과 그보다 급이 한 단계 낮은 '애국열사릉'이 있다. 평양의 혁명열사릉에는 반신상과 묘비가 있지만, 애국열사릉에는 묘비만이 있다. 1998년 김정일의 특별지시로 묘비에 망자의 사진이 새겨져 있으나 반신상은 없다. 애국열사릉은 혁명열사릉에 비해 한 등급 떨어지는 대우를 받는다.

　북한은 1950년대 중후반부터 지금까지 평양과 혜산에 각각 혁명열사릉을 개장하여 국가에서 관리하고 있다. 지금까지 국가에 의해 공식적으로 '혁명열사릉'이라는 명칭을 부여받은 곳은 평양시 대성산과 양강도 혜산 두 곳뿐이며, 전국 각 지방에 산재한 나머지 10곳의 일반 국립묘지들은 지역 이름 뒤에 모두 '열사릉'으로만 불린다. 그런데 평양 대성산에 있는 혁명열사릉은 개장 이후 지금까지 외부 세계에 널리 공개되고 있지만, 혜산의 혁명열사릉은 그 위치나 영상물 자료조차 외부 세계에 원활히 제공되고 있지 않다. 아무래도 평양의 혁명열사릉이 대표성과 정통성을 갖고 있다고 볼 수 있다. 북한의 <조선말대사전>은 혁명열사를 "노동계급의 혁명위업을 실현하기 위해 몸바쳐 싸우다 장렬하게 희생됐거나 빛나는 생애를 마친 투사"라고 정의하고 있다.

원래 평양 혁명열사릉은 당시 김일성의 지시로 1954년에 평양 대성산 기슭의 미천호(美川湖)라는 인공 호숫가 부근에 조성하여 첫 개장을 했었고, 양강도 혜산의 혁명열사릉은 그로부터 5년 후인 1959년 6월 3일에 역시 김일성의 발기(發起)로 첫 개장을 했던 곳이다. 이 두 곳은 그 이후로 서너 차례의 개건 공사와 여러 차례의 보완을 거쳐 지금의 모습을 지니게 된 것이다.

　　혜산의 혁명열사릉은 1963년 초에 다시 대폭적인 개건 공사를 시작했는데, 공사가 진행 중이던 63년 8월 8일에 김일성의 지시로 묘역의 명칭을 '혜산혁명열사묘'에서 '혜산혁명열사릉'으로 변경을 하였다. 2년여의 공사 끝에 1965년 6월 4일에 재개장을 하며 추모탑 제막식을 가졌다. 릉의 면적은 6,760㎡이며 묘역 정 중앙에는 높이가 3.6m, 너비가 1.2m, 두께가 0.6m가 되는 화강석으로 된 중앙 추모기념비석이 세워져 있고 비석의 뒷면에는 "성스러운 항일투쟁에 한생을 바친 당신들의 불같은 애국의 넋은 조선인민의 심장 속에 살아 불멸하리라"라는 추모의 글이 세로로 쓰여 있다. 아담하고 아늑한 지형에 있는 묘역은 정면에 숲이 조성돼 있고 주변 경관과 어울리는 조경을 지니고 있다.

　　1973년 8월에 평양 대성산 주작봉 혁명열사릉으로 이장되고 남아 있는 묘기는 현재 약 95기에 이르며 그 주인공들은 대부분 항일투쟁 시기에 김일성과 연대한 조선인민혁명군에 소속된 혁명 투사들과 백두산 기슭과 조선과 중국의 국경 일대에서 활동하던 조국광복회와 그 관련 하부조직에 소속되어 싸웠던 반일애국투사들 위주로 안장되어 있다. 2002년 9월이 되자 혜산혁명렬사릉에는 새로운 화강석 비석이 세워졌는데, 그해 4월에 시작한 이 개건공사는 비석 받침돌을 가공하거나 돌사진을 붙이는 작업, 계단을 보수하고 바닥에

판석을 까는 공사와 철대문을 설치하는 등의 확장공사를 5개월 남짓한 단기간에 모두 끝냈다고 한다.

북한은 조선노동당 창건 30돌을 맞는 1975년 10월 13일에 평양시 대성산 기슭 미천호 옆에 작은 규모로 조성돼 있던 최초의 혁명열사릉을 그곳에서 가까운 거리에 있는 주작봉 마루 정상으로 이전하여 재개장을 했다. 당시 고인들의 흉상은 설치되지 않았으며 묘지 형태도 일반적인 평묘 형태였다고 한다. 그런데 김일성이 동료들에 대한 애틋함과 그리움을 표시하자 김정일에 의해 1982년 10월에 개건공사 설계 도안이 나왔으며 이때부터 김정일이 모든 공사를 직접 관장하며 진두지휘하였다고 한다. 북한은 혁명열사릉을 조성하면서 북한 전역에 흩어져 있던 항일 빨치산 출신자들의 묘를 이장했다. 총면적은 35만㎡로 긴 쪽의 길이는 1,400m이며 입구는 둥근 기둥 위에 합각지붕으로 되어 있다.

묘역의 가장 앞부분 정중앙에는 제단이나 제대가 전혀 없다. 다만 중앙 무대 배경처럼 보이는 붉은 기폭과 햇살을 형상화한 핵심부를 중심축으로 '핵심 15열사 묘지'가 자로 잰 듯 일렬로 늘어서 있다. 15열사 묘지는 다른 일반 묘지들과 크기와 모양이 차별화되지 않고 동일하다. 그리고 전체적으로 묘지를 배치한 기준을 보면 묘역을 한 가운데로 나눈 중앙 계단 통로를 기점으로 좌우로 구분되었으며 맨 위 1단에서 아래로 내려가면 모두 7단까지 조성되어 있다.

안장지들을 살펴보면 가장 맨 왼쪽부터 림춘추, 최현(부인 김철호 합장), 최용건, 김경석, 류경수, 안길, 김책, 김정숙(김정일의 생모), 강건, 최춘국, 오중흡, 최희숙, 김일, 오백룡, 오진우 등 이름만 들어도 알 수 있는 유명한 항일 열사들이 안장돼 있고 이 15기의 묘지 중에서 참배객들이나 참관자들의 꽃다발과 화환을 가장 많이 받는 곳은 가장 핵심 중앙에 위치한 김정숙의 묘지이다. 김일성의 삼촌 김형권과 동생 김철주의 묘지는 다른 일반 묘지들 틈에 끼워 안치되어 있다.

나머지 다른 묘지들은 모두 7단으로 배치되어 있으며 제1단은 14기(우측에 8기, 좌측에 6기)가 안치되어 있고, 제2단-6단은 각 열마다 18기(우측에 9기, 좌측에 9기)가 안치되어 모두 90기의 유해가 안장돼 있고, 마지막 7단은 16기(우측에 8기, 좌측에 8기)가 안장되어, 1~7단까지 모두 120기가 안장됐다. 여기에 핵심 15인 열사 묘기를 포함하면 현재 135기의 항일혁명열사 유해가 안장되었으며, 이 135기 중에는 최현(부인 김철호 합장), 리봉수(부인 김명숙 합장), 전창철(부인 안정숙 합장) 등 6쌍의 부부가 합장을 했는데 부인들까지 합치면 모두 141명이 현재 안장돼 있다. 김일성 사후에 안장된 이들을 살펴보면 95년 2월에 타계한 오진우 원수(인민무력부장), 95년 타계한 김봉률 차수(인민무력부 부부장), 97년 2월에 타계한 최광 원수(인민무력부장) 등이 있다.

주로 김일성의 빨치산 동료들로 북한의 고위급 간부를 역임한 사람들이 평양의 혁명열사릉에 안치되었다. 각 묘에는 반신상과 비석이 하나씩 놓여 있고 비석에는 이름과 생년월일, 인물에 대한 약력이 적혀져 있다. 사진이 없는 사람은 김일성이 직접 모습을 구술하여 반신상 제작을 도왔다고 한다. 매장 순서는 계급이나 직책에 상관없이 사망한 순서대로 이루어진다.

애국열사릉은 평양의 형제산구역 신미동에 있다. 북한 정권 수립 전후 북한 체제에 충성을 다한 소위 '공화국 영웅'들이 잠들어 있다. 이들 중에는 일제 강점기에 김일성과 노선이 달랐으나 후에 북한을 지지한 인물들도 있다. 입구에 설치된 대형 동판에는 "조국의 해방과 사회주의건설, 나라의 통일위업을 위하여 투쟁하다가 희생된 애국렬사들의 위훈은 조국청사에 길이 빛날 것이다"라고 적혀 있다.

애국열사릉에는 대한민국 임시정부에서 활동했다가 한국전쟁 때 북한으로 납치된 최동오, 조소앙, 김규식, 조완규, 윤기섭, 엄항섭, 유동렬 등의 묘소가 있으며 고위급 정치인 출신으로 홍명희, 강량욱, 백남운, 연형묵과 변호사 허헌 등이 있다. 문예인으로는 무용가 최승희, 작곡가 이면상, 소설가 이기영과 한설야, 시인 조기천과 이찬, 학자로는 경제학자 김광진과 국어학자 이극로, 과학자 도상록 등이 묻혀 있다. 대한민국에서 사망한 김삼룡, 김달삼, 최일천, 조봉암, 김종태, 최영도, 최백근, 이현상 등은 가묘 형태로 묘소가 마련되어 있다. 군인으로는 연안파의 무정 묘소가 있고, 이인모를 비롯하여 비전향 장기수들도 사망하면 이곳에 묻히고 있다.

그동안의 특이했던 안장 전례를 보면 유해들이 대성산 혁명열사릉과 신미리 애국열사릉을 왔다 갔다 했던 경우가 있었고 아예 다른 곳으로 흔적 없이 사라진 일도 있다. 리두익, 리항만, 허형식, 리동광, 리홍광, 지병학, 림춘추, 전문섭 열사 등 8명의 유해는 원래 신미리 애국열사릉에 안장돼 있던 중에 안장자 심사 과정에서 다시 대성산 혁명열사릉으로 이장된 사례에 속한다. 반대로 이현상은 열사증 1번을 부여받고 대성산 혁명열사릉에 안장된 상태에서 신미리 애국열사릉으로 이장되었다. 또한 1984년에 운명한 김만금은 대성산 혁명열사릉에 안장됐는데, 사후 1997년에 발생한 불미스런 사건에서 그가 생존 시에 연루됐다는 혐의를 입고 그의 유해가 다시 알 수 없는 곳으로 옮겨졌다. (최재영목사 방북기-남북의 국립묘지를 찾아 역사화해를 모색하다.)

북한에서 대접받기 위해서는 김일성과 같이 빨치산 활동을 했거나, 적어도 김일성과 나쁜 관계를 맺지 않아야 한다. 유격대의 말단 부대원이라도 김일성과 같이 동고동락(同苦同樂)한 사람은 북한 정권의 요직을 맡았고 죽어서도 혁명열사릉에 묻혀서 대우받는다. 김일성과 직접적인 관계는 없지만, 조선의 해방과 조국 통일을 위해 노력했던 사람들은 그보다 한 등급 떨어진 '애국열사릉'에 잠들고 있다. 한 개인이 수령과의 관계를 바탕으로 평가되는 셈이다.

13. 피보다 더 진한 만경대혁명학원

만경대학명학원은 1947년 10월 12일 설립되었으며, 주로 김일성과 함께 빨치산 활동을 했거나 반일 운동을 하던 사람들의 자녀나 친척을 위한 학교였다. 만경대혁명학원의 원래 명칭은 평양혁명유가족학원이었다가 만경대혁명가유자녀학원으로 그리고 현재의 만경대혁명학원으로 바뀌었다. 처음에는 "혁명열사의 자녀를 민족간부로 만들기 위해" 세워진 것이지만, 시간이 지나면서 독립운동가나 한국전쟁 과정에서 공적을 세우고 희생된 사람들의 자녀가 점차 줄어들자 당 간부의 자녀들을 중심으로 학교가 운영되었다.

1946년 임춘추, 박영순 등 항일유격대 활동을 했던 몇 명이 유격대원들의 자식이나 어린 친척들을 찾기 위해 만주 지역으로 파견되었다. 이때 김정숙은 임춘추 일행에게 "결코 한두 번 찾다 없다고 돌아오지 말고 한 달이 지나고 두 달이 지나도 좋으니 이 세상 끝까지 가서라도 기어이 찾아 데리고 오셔야 합니다"라고 애원하듯 당부를 했다고 한다.

임춘추 일행이 찾아 보낸 유격대원들의 자식들은 대개 돌보는 사람들이 없었기 때문에 거지 생활이나 그보다 못한 비참한 생활을 하고 있었다. 만주에서 학생들이 거지꼴로 오면 김정숙은 집에서 먹이고 목욕을 시키며 20~30일 정도 데리고 있다가 만경대혁명학원으로 보냈다. 그런 그들에게 김정숙(1949년 사망)은 친어머니와도 같은 존재였으며, 김정일은 그것을 일일이 보고 자랐다. 김정일은 만경대혁명학원에 자주 놀러 가서 형들과 어울려 놀았으며 한국전쟁 기간에도 이들과 한동안 같이 지냈다. 후에 만경대혁명학원 출신들과 김정일을 혈연적 관계로 표현한 것은 이러한 이유 때문이다.

1947년 10월 첫 입학생은 320명이었다. 학생들의 나이는 9살부터 23세까지로 남자 296명, 여자 24명이었다. 대부분 고아였던 학원생들은 김일성·김정숙 부부를 아버지, 어머니라고 부르며 교육을 받았다. 김일성은 6.25 전쟁 전에는 한 달에 한 번씩 만경대혁명학원을 찾아와 학원생들과 같이 식사하면서 "너희 아버지는 빨치산 할 때 무슨 음식을 좋아했단다." 혹은 "너희 아버지는 총을 잘 쐈지." 하면서 학생들 아버지 얘기를 들려주었다고 한다. 부모가 항일무장투쟁 과정에서 사망한 이유로 김일성은 이들을 한국전쟁 동안 전선에 내보내지는 않았다.

한국전쟁이 끝난 뒤에는 점점 뜸해졌지만, 학원창립일과 설날에는 학교에 와서 학생들과 같이 식사했다고 한다. 김일성은 올 때마다 학원을 구석구석 돌아다니면서 학생들의 편의를 위한 각종 '교시'를 남겼다. 그 교시 중에는 학생들에게 생일상을 차려주라는 것도 있었다. 그 때문에 원생들은 항상 최고의 시설에서 최고의 대우를 받으며 생활했다.

현재 학제는 8년제이며 11살에서 19살까지의 학생들이 사회정치 과목, 군사학, 수학, 물리학, 화학, 생물학, 화학, 외국어 등 일반기초 과목을 공부하고 있다. 중학교 6년 과정을 마친 다음 2년 동안 단과대학 정도의 기술교육과 군사교육을 받으며 졸업할 때는 수학물리

중등전문가 자격을 준다. 졸업한 다음에는 대개 군에 입대한다. 입대 후 6개월가량 일반 사병들과 똑같이 생활하면서 분위기를 익힌 뒤 군사대학에 진학해 재교육받고 정식 군관으로 임용된다. 이 무렵 노동당에도 입당한다.

김정일 정권의 핵심 세력으로 있던 인물 중에는 만경대혁명학원 출신들이 많았다. 국방위원회의 김영춘 인민무력부장, 김일철 인민무력부 제1부부장, 조선로동당 비서국에서 활동하고 있는 김국태 비서, 최태복 비서 등도 만경대혁명학원 1기 졸업생들이다. 이들은 모두 어려서부터 김정일과 각별한 친분을 맺어 왔다.

초창기 만경대혁명학원 출신들이 김일성에게 갖는 충성심은 이루 말할 수 없다. 그것은 '혈연적 관계'로 표현될 정도로 상상을 초월한다. 길거리에서 거지 생활을 하고 있던 그들을 불러 모으고 친부모처럼 돌봐준 사람이 김일성과 김정숙이었다. 이런 역사적 사실을 알아야만 '어버이 수령'이라고 눈물 흘리며 노래 부르는 북한 충성파들을 이해할 수 있다. 적어도 그들에게는 김일성이 생명의 은인이요 길러주신 어버이인 것이다. 그리고 그런 그들과 함께 생활한 김정일은 그들의 친형제와도 같은 존재이다.

1990~1992년 남북 고위급회담에서 북측 수석대표로 활동한 연형묵 전(前) 북한 정무원 총리도 만경대혁명학원 출신이다. 그의 부모는 김일성 빨치산 부대 소속으로 활동하다 연형묵이 9살 때 사망한 것으로 알려졌다. 간도에서 고아처럼 떠돌던 연형묵을 김일성이 해방 후 불러들여 아들처럼 키웠다고 한다. 이런 특이한 이력에 힘입어 연형묵은 김일성을 목숨을 걸고 따른데다 체격까지 건장한 탓에 만경대혁명학원을 마친 후 곧장 김일성 호위병으로 차출됐다. 연형묵은 김일성과 체격이 비슷하고 키가 같으며 신발 크기도 똑같아

"김일성과 신발을 바꿔 신어봤다"라고 자랑하면서 마치 김일성이 자신의 친아버지인 것처럼 이야기했다고 탈북자 김영성(72) 씨(연형묵과 체코 프라하공대 동기생)는 회고했다.

김일성 사망 이후 경제난까지 겹친 북한이 붕괴할 것이라는 예측이 많았다. 하지만 우리는 북한 정권의 핵심 세력들이 끈끈한 동지적 유대관계를 맺고 있음을 고려해야 한다. 만주벌에서 부모도 없이 떠돌던 그들을 키운 김일성은 그들에게 어버이며 김정일은 친형제와 같은 존재이다. 그런 그들이 김일성 사망 이후 권력다툼을 할 것으로 예측하는 것은 역사적 사실을 전혀 고려하지 않은 분석이다.

김일성은 사람을 감동하게 하는 능력이 탁월했다. 항일무장투쟁 시기에도 남들이 돌보지 않은 어린아이들을 친부모처럼 돌봤고 민생단 사건으로 일본의 첩자로 낙인찍혀 죽을 날만 기다리던 사람들을 살렸다. 항일무장투쟁 시기에 맺은 그의 동료들은 그가 북한 정권을 세우는 데 핵심적인 역할을 하였다. 그것은 권력을 위해 이합집산하는 모임이 아니라 피보다 더 진한 동지애로 뭉친 인연이었다. 그리고 만경대혁명학원에서 길러낸 학생들은 대를 이어 충성하는 집단으로 성장하였다. 그런 그들의 역사를 알아야만 김일성 장례식 때 대성통곡하던 사람들의 눈물을 이해할 수 있으며 김정일로 정권이 계승되는 과정을 이해할 수가 있다.

김일성이 북조선임시인민위원회를 만들고 내린 정령 1호가 연필 생산이었다. 배우지도 못한 주민들에게 자기 이름 석 자라도 쓸 수 있도록 연필을 생산하였다. 이처럼 그는 대중이 원하는 점을 정확히 파악하였고 그들의 요구를 충족시키면서 대중을 감동시켰다.

또한, 주변 사람들을 권력으로 누르지 않고 항상 동지로 대하였다. 해방 후 최고지도자가 되었음에도 자동차를 타고 갈 때 김책을 보면 항상 먼저 내려 혁명의 선배에게 인사를 하였다. 김일성 사망 후 김일성의 집무실인 금수산태양궁전의 금고를 열어보니 김책과 찍은 빛바랜 사진 한 장만이 나왔을 정도로 그는 김책을 끔찍이 생각했다.

김일성 사망 후 그의 집무실에 공개된 또 다른 유물 하나는 대성산 혁명열사릉을 향해 창문가에 설치되었던 포대경(전산 자동화 도입 이전 근대의 포병이 탄착 예상 지점을 계산하기 위해 사용했던 관측 도구)이었다. 집무실 창가로 밖을 내다보면 대성산 혁명열사릉이 한눈에 들어오는데, 생전의 김일성은 포대경(망원경)을 가지고 그와 함께했던 동지들의 반신상을 살펴보며 항일 빨치산 시절을 추억했다고 한다. 그리고 말년에는 김정일에게 유언 비슷하게 내가 죽으면 동지들과 함께 혁명열사릉에 묻어달라는 말을 했다고도 한다. (물론 김정일은 김일성의 시신을 그의 집무실인 지금의 금수산태양궁전에 안치했다) 늘 동료를 존중하고 그리워한 이런 태도에 많은 사람이 감화되어 그에게 충성했다.

북한으로 보내진 비전향 장기수 이인모는 김일성을 3번 만났는데, 남과 다른 믿음을 주어서 그 믿음을 평생토록 간직했다고 한다. 이인모 장기수는 해방 직후 흥남 선전부장으로 일하고 있었는데 김일성이 불현듯 흥남에 현지지도를 왔다. 그리고 길거리에 큼지막하게 나붙은 '일하지 않는 자는 먹지도 말라'라는 구호판을 보면서 민중에 대해 강압적인 어투의 이 구호가 못내 마음에 들지 않았다고 한다. 서구의 진보적인 나라에서 나온 구호라고 해도 민중을 조금이라도 무시하고 강압하는 어감이 있는 것은 단호히 거부해야 하며, 민중에게 강압하기 전에 간부들 스스로 잘하고 있는지 반성해야 한다고 깨우쳐주었다고 한다.

김일성과의 두 번째 만남은 이불과 관련이 있다. 해방 직후 북한 주민들의 생활은 말이 아니었다고 한다. 그래서 이인모와 시당 간부들은 추운 겨울이 다가오자 어렵게 이불을 마련하여 집마다 나누어 주었다고 한다. 그러자 민중들의 시당에 대한 지지도도 높아졌고 그 이듬해에 김일성이 현지지도를 나오자 우쭐해서 그 사실을 보고했다고 한다. 그랬더니 김일성이 "참 잘했는데, 올해는 어찌할 계획인가"라고 물었다는 것이다. 이인모와 시당 간부들은 순간 당황해서 할 말을 잃었다고 한다. 그러자 김일성이 "동지들, 작년에 우리 어머니들이 새 이불 생겼다고 당장 덮는다고 보시오? 보자기에 꼭꼭 싸서 시렁 위에 고이 올려놓고 평생 그 이불 못 덮는 분들이오. 작년에 이불을 주었으면 올해도 주고 내년에도 줘야 하오. 그래야 해마다 이불이 나온다고 생각하여 비로소 시렁에서 그 이불을 내리덮고 편한 잠을 잘 것이요" 그날 밤 이인모 장기수는 참 많은 생각을 했다고 한다.

세 번째 현지지도를 나왔을 때 이인모는 김일성이 화를 내는 모습을 접했다고 한다. 김일성이 시당으로 오는 길에 길가에 술 취해 쓰러져 자는 사람이 있었는데, 규찰하던 보안대원이 그 사람 품속에서 공민증만 빼서 가는 걸 보고서 펄펄 뛰었다는 것이다. "나에게 보고하려고 모여오기 전에 그 사람부터 방에 옮겨놓고 오라, 거리에 술 취해 쓰러진 사람이 있으면 우선 안전한 곳으로 옮겨놓고 정신을 차린 뒤 벌을 주든지 타이르든지 해야지, 보안대원이라는 사람이 그 사람 품속에서 공민증만 빼 가버리면 그 사람이 나중에 얼마나 당황하겠는가!"

이인모는 이런 일화를 들려주면서 그가 감옥에서 34년 동안 견딜 수 있게 한 것이 김일성에 대한 믿음이었다고 밝혔다. 북한 정권이 형성되는 과정에서 김일성에 의해 제거당한 세력은 수령에 대해 이를 갈고 있을 것이다. 하지만 김일성을 어버이처럼 따르는 세력이 존재하였고 그들이 김정일, 김정은으로 이어지는 권력승계에 큰 역할을 하였다. 이인모가 수령에 대한 존경심으로 그 오랜 세월을 견딘 것처럼 북한 정권을 진심으로 지탱하는 핵심 계층이 존재하는 사실도 인정해야 한다. 그래야만 북한 정권을 객관적으로 파악하고 외부의 시각으로 북한을 잣대질하는 오류를 줄일 수 있을 것이다.

14. 수령의 역할

　김일성 시대에는 김일성의 말 한마디가 법이 되었고 그의 권위는 절대적이었다. 후계자 김정일은 그러한 김일성의 절대적인 권위를 바탕으로 권력을 승계했다. 그리고 국가적 재난을 겪은 북한을 통치할 때도 그의 권위에 기대었다. 그런 정책은 사회적 발전을 더디게 한 면은 있지만, 정책의 일관성을 가져왔고 주민들에게 앞으로 가야 할 길이 명확함을 알려주었다. 김정일은 오랜 후계자 시절을 보냈기에 그의 권위는 이미 북한 주민들 사이에서 인정받고 있었다. 그러므로 김일성 사후 북한 권력층의 동요는 없었다.

　하지만 김정은이 집권한 초반기에 최고위급 인사의 처형이 이뤄진 것은 김정은이 북한에서 권력을 완전히 장악하지 못했음을 나타내고 있다. 2012년 리영호 군 총참모장의 숙청을 시작으로 매제 장성택, 현영철 인민무력부장, 리영길 총참모장 등 고위급 인사들이 계속 처형되었으며, 황병서를 비롯한 고위직이 철직(해임) 되거나 계급이 강등되는 일들이 자주 일어나고 있다. 이는 김정은의 권위가 확실히 서지 않았음을 드러내는 것이다.

　비록 시간이 흐르면서 김정은이 북한 권력을 장악했다고 할지라도 항일무장투쟁을 바탕으로 형성된 김일성의 절대적인 권위를 가진다고 볼 수는 없다. 김정은 스스로가 수령을 신비화하지 말라고 한 것은 선대 수령의 시대와 지금의 시대가 다르다는 것을 본인이 잘 알고 있음을 나타낸다. 혁명 1세대가 지녔던 수령에 대한 충성심과 혁명 3세대가 가진 충성심이 같을 수는 없다.

특히, 북한은 김정일 시대부터 시행된 경제개혁 조치로 인해 북한에서도 이익집단이 등장하였다. 당에서 관리하던 기업도 지배인이 책임하에 기업 스스로 이익을 내야 했고 그러한 정책은 이해관계가 얽힌 집단을 양산했다. 그리고 고난의 행군 때 당과 수령만 바라보다가 굶어 죽은 사람들을 바라본 북한 주민들은 자기 삶은 자신이 지켜야 함을 깨달았다. 장마당을 통해 생필품을 구매하면서 연명해 온 주민들에게 무조건 사상만을 강조할 수는 없다.

그러므로 체제를 유지하기 위해서는 변화를 모색해야 함을 김정은도 알고 있다. 과거처럼 사상을 내세워 북한 주민들에게 무조건 복종하도록 하는 것은 혁명 1세대 때나 가능한 일이었다. 북한 주민들의 기초적인 생활을 보장하지 않고서는 체제가 유지될 수 없음을 북한 지도부도 직시하고 있다. 그러므로 북한은 기존의 수령론을 유지하면서도 새로운 이데올로기를 창출해야 하는 딜레마를 가지게 된다. 이 작업을 성공적으로 수행한다면 북한은 그만큼 체제 유지를 쉽게 할 수 있겠지만, 실패한다면 시대에 뒤떨어지는 사상에 대한 집착으로 몰락할 수밖에 없을 것이다.

현재 북한 체제의 특징을 한마디로 규정한다면 수령의 유일지배체제라고 표현할 수 있다. 절대권력자인 수령을 중심으로 전체 사회가 일원적으로 편재된 이 체제는 북한 사회의 특징을 가장 분명하게 보여주고 있는 북한적 현상이다. 북한은 수령의 유일적 지도를 철저히 보장하기 위해 모든 권력기관에서 권위와 권력을 박탈하여 최고

지도자에게 집중시켰다.

수령의 권위가 절대화되는 것은 사회주의에서 권력의 중심으로 자리를 잡은 당이 수령의 혁명 사상을 실현하는 도구로 위치가 저하된다는 것을 의미하며, 인민대중의 자발적 활동이 그만큼 둔화함을 의미한다. 인민대중은 자신들의 창의적 활동을 통해서 사회를 발전시켜나가는 대신 수령의 혁명 사상을 무조건 접수하여 실천하는 것을 미덕으로 삼는다. 따라서 북한에는 정치, 경제, 사회, 문화, 교육 등 사회 각 분야가 독립된 활동 영역을 가지고 나름대로 자생력을 지닌 작동원리가 등장할 수 없다. 사회의 모든 조직은 수령의 혁명 사상을 실현하는 조직으로 자리매김할 뿐이다.

지금까지의 북한의 수령은 단지 상징적인 존재가 아니었다. 전당과 전체 인민의 사상, 의지 및 행동의 완전하고도 조건 없는 통일을 이루어 내는 구체적인 작동원리였다. 수령의 사상에 조금이라도 어긋나는 것은 곧 죽음을 의미했으며, 모든 사업은 수령의 이름으로 구체화하였고 또 전달되었다. 하지만 북한 사회 내부에는 기존 유일지배체제의 균열이 시작되었다. 이것은 일반 민중들의 정치적 자각에 따른 반체제 세력의 형성에 의한 것이 아니라, 생존하기 위한 체제개혁의 부산물로 형성되기 시작했다. 현재 북한에서 김일성의 권위가 아직도 살아있는 현실을 고려한다면, 북한은 기존의 수령론과 사회주의 노선을 그대로 유지하면서도 그 구체적인 역할을 새롭게 창출하는 방향으로 흐를 가능성이 크다. 그것은 경제 분야에서의 부분적인 개혁과 밀접한 관계가 있다.

과거 당이 모든 조직을 담당하고 주민들의 생활을 책임질 때의 수령은 세세한 부분까지 직접 지시를 내리는 존재였다. 하지만 배급체계가 무너진 후 주민들이 상행위로 생존을 하는 상황에서 수령이 모든 것을 책임질 수도 없고 세세한 지침을 내릴 수도 없다. 비록 북한이 경제를 회복하여 과거와 같은 당과 국가 조직의 지도를 통한 중앙집권적 지배 질서를 복원시킨다고 하더라도, 경제 논리에 따른 수입의 증대를 경험한 주민들의 의식이 과거와 같이 회귀한다는 보장이 없으므로 당의 중앙집권적 지배체제의 탈피는 가속화될 것이다.

북한에서 성행하고 있는 것 중 대표적인 것은 장마당이다. 장마당이 성행한다는 것은 경제의 사적 소유를 촉진해 주민들이 개인주의, 배금주의에 그만큼 쉽게 물들고 있음을 의미한다. 또한, 과거에는 접하지 못했던 외부 세계의 정보와 북한 체제에 대한 비판적 의견을 공유할 기회가 많아졌음을 의미한다. 1998년 개정된 북한의 헌법에 개인 소유의 확대를 명문화한 것은 개인의 사적 소유화가 증대되고 있는 현실을 북한 당국이 부분적으로 인정하고 있음을 보여주고 있다.

김정은 시대에 들어서서도 경제개혁 징후는 많이 보인다. 북한이 2019년 4월 11일 최고인민회의 14기 1차 회의에서 개정한 헌법에서 당이 주도했던 기존의 '대안의 사업체계'를 삭제했다. 대신 "국가는 경제관리에서 사회주의기업책임관리제를 실시하며 원가, 가격, 수익성같은 경제적공간을 옳게 리용하도록 한다."(북한 헌법 33조)라고 명시하여 국가가 제시한 생산 목표를 채우면 그 외의 부분은 기업이 자율적으로 생산·판매를 할 수 있게 되었다. 당이 생산 단위의 모든 것을 통제하던 체제에서 기업의 자율성이 강화되는 방향으로 변하고 있다.

그렇다면 수령의 역할 변화가 필연적으로 요청된다. 개인의 영리 활동이 허용되지 않는 분야에서는 과거 수령의 교시를 무조건 실행하는 관행이 계속되겠지만, 영리활동이 허용되는 분야에서는 변화가 발생하게 된다. 경제난 극복을 위해 경제적 개방을 강조하는 세력과 사회주의 체제의 고수를 강조하는 세력의 정책 충돌, 당적 통제의 강화를 노리는 세력과 지역 분권화를 강조하는 세력과의 충돌, 남한과의 관계 개선을 시도하는 세력과 강경노선을 주장하는 세력과의 알력, 기업의 자율권 확대에 따른 기업 이기주의의 등장 등이 그것이다. 이러한 알력을 해결하고 북한 사회를 이끌어갈 존재는 아직 절대적인 권위와 제도적 보장을 받는 수령뿐이다.

따라서 이제 수령은 이제 세세한 지침을 내리면서 북한 체제를 이끌어 가는 역할보다 사회집단 간의 알력을 해결하는 권위로 자리매김할 가능성이 크다. 물론, 사회정치적 생명체에서 수령은 최고 뇌수로서 기존의 역할을 계속 수행하겠지만, 북한 사회의 변화에 따라 그 역할도 조금씩 변화할 가능성이 크다. 수령의 혁명 사상을 무조건 접수하여 사회 전체를 유일지배체제로 확립시키기에는 사회체제가 과거에 비해 많은 변화를 하고 있으며, 생존을 위한 체제 변혁과도 어긋나기 때문이다. 다시 말하면 현장을 방문하여 세세한 것까지 구체적인 지침을 내리던 수령은 국가의 중요한 기간산업(基幹産業) 분야에서는 그 역할을 계속 수행하겠지만, 이제 일정 정도의 자율권을 보장받은 개인과 사회집단 간의 알력에 대해서는 그 갈등을 해결하는 조정자로서 그 임무를 수행할 가능성이 크다.

15. 애증이 교차하는 미국

　한국전쟁 시 미국은 북한 전역을 초토화했다. 미군은 군사시설과 비군사시설을 가리지 않고 무차별적인 폭격을 감행하여 거의 모든 도시가 파괴되었다. 미 공군의 대대적 폭격의 결과는 "북한에는 더 이상 목표물이 없다. 이제 북한은 100년 이내에는 다시 일어설 수 없다."라고 미군 장성이 장담했을 정도로 북한 사회의 경제적 토대를 원시 상태로 돌려놓았다. 그리고 북한 인구 950만 명 중 250만여 명의 사상자가 발생했다. 이 중에는 민간인 사망자 수가 군인보다 더 많았다. 그래서 북한 주민들은 미군에 대해 엄청나게 큰 증오심을 지니게 되었다.

　하지만 남한에서 미국은 영원한 동맹으로 인식되어서 미군의 만행을 이야기하는 것은 빨갱이로 낙인찍히는 것과 같았다. 그런데 최근에 와서는 미군이 저지른 만행도 거론되고 있다. '노근리 양민학살사건'이 대표적인 경우이다. 1950년 7월 노근리의 철교 밑 터널 속칭 쌍굴다리 속에 피신하고 있던 인근 마을 주민 수백 명을 향하여 미군들이 무차별 사격을 가하여 300여 명이 살해되었다. 피난민 속에 숨어다니던 게릴라의 공포가 미군의 학살을 불러일으킨 것이었다.

미국은 북한 지역에서도 많은 학살을 자행했다. 북한에서 미군에 대해 원색적인 표현을 써가며 저주하는 것은 이로 인한 것이었다. 북한의 입장으로 볼 때 미국은 무력 통일을 방해한 원흉이며 인민들을 잔인하게 학살한 민족의 철천지원수이다. 사실 북한 주민들이 미국에 대해 가지고 있는 적개심은 북한 당국의 세뇌 교육이나 선전 때문만은 아니다. 전쟁이 불러온 엄청난 참화가 주민들에게 뚜렷이 각인된 탓이다. 평양의 지하철 평균 깊이가 100m가 된 이유는 한국전쟁에서 찾아야 한다.

북한은 6월 25일을 '6.25미제반대투쟁의 날'로 정하고 평양에서 대규모 군중대회를 연다. 또한 개성과 남포 등 전국 각지에서도 미국에 대한 복수를 다지는 모임들이 이어진다. 이날 군중대회에 연사로 나온 이들은 '살인귀', '피의 결사전', '천추에 용납 못 할' 등 주로 극단적이며 자극적인 언사로 미국에 대한 적개심을 고취한다. 특히, 미군이 양민 수만 명을 학살했다고 북한이 선전해온 황해도 신천군에서는 미국에 대한 강한 적개심을 표현하고 있다. 1953년 종전이 된 후 오랜 세월이 지났지만, 북한에는 한국전쟁의 상흔(傷痕)이 그대로 남아 있다.

1976년 8월 18일에는 판문점 공동경비구역 내 국제연합(UN)군 측 초소 부근에서 미루나무 가지치기 작업반을 감독하던 미군 장교 2명을 북한군 50~60명이 도끼로 무참히 살해한 사건이 일어났다. 옆에 있던 한국인 노무자들에게 공격은 하지 않고 미군들에게 무참히 도끼를 휘두른 그들이 과연 세뇌 교육에 의해서만 그런 행동을 했을까? 그것은 자기 부모들한테서 직접 들은 이야기와 전쟁 과정에서 입게 된 상처가 밑바탕에 깔려있기에 발생한 일일 것이다.

북한으로서는 미국만 없었으면 한국은 공산화되었을 것이고 지금의 군사적 대결도 없었을 것이니 인민들의 삶도 편했을 것이다. 과도한 군사비 지출로 숨이 막힐 지경이지만 중공업 우선 정책을 진행해야 하는 이유도 미국이다. 그리고 미국의 대북 제재로 인해 생필품 품귀현상이 발생하고 주민들은 고통을 감내하고 있다. 이런 이유 등으로 북한에서의 반미정서는 남한에서 생각하는 것보다 훨씬 심하다.

하지만 북한 주민들은 미국에 대한 동경도 가지고 있다. 자본주의의 메카인 미국이 가지는 물질적 풍요와 미국이 국제사회에서 가지고 있는 힘을 알 만한 사람은 다 안다. 귀동냥으로 듣는 자본주의의 발전된 문명에 대해 열등감까지 느끼고 있다. 북한에 경수로 발전소를 지어주기 위해 북한에 거주한 사람들이나 북한을 방문한 기자들이 증언하는 바에 의하면, 북한 주민들은 남한 사람들이 기계로 작업하는 광경을 보고 큰 충격을 받는다고 한다. 온 마을 사람들이 동원되어 종일 해야 할 작업을 중장비 몇 대로 한두 시간 만에 끝내는 장면에서 그들은 무엇을 느낄까? 자본주의에 대한 맹목적인 증오심과 함께 발전된 물질문명에 대한 경외심이 섞여 있을 것이다.

북한에 영어 열풍이 분다는 소식이 가끔 등장한다. 실제로, 대학에서는 영어가 필수과목으로 선정되었으며 원어민 교사를 직접 초청하기도 한다. 북한은 영어를 강조하는 이유를 현실적인 여건 때문이라고 한다. 외국에서 대외무역을 하기 위해서는 영어가 필요하고 컴퓨터 용어 등이 대부분 영어로 되어 있는 등 영어를 공부하는 것이 꼭 필요하다고 한다. 평양을 방문한 사람들에 의하면, 북한의 상류층은 자녀들의 영어 공부에 굉장히 관심이 많다고 한다. 그런데 영어를 배우려는 이유를 물으면 상당히 불쾌하게 생각한다고 전해진다. 철천지원수의 나라 언어를 배운다는 것이 유쾌한 기분은 아닐 것이다.

북한에 있어서 미국은 철천지원수이면서 반드시 화해해야 할 대상이다. 미국과의 화해 없이는 국제사회의 일원으로 인정받지 못하고 경제 제재가 계속됨을 북한은 잘 알고 있다. 그리고 한반도 문제도 미국과의 직접적인 대화를 통해서 풀려고 하고 있다. 정권에 의해 대북정책이 바뀌는 남한 정부와 대화해도 별 이득이 없다고 판단한 것이다. 또한, 미국과의 직접적인 대화로 평화협정 체결에 합의하면 남한 정부는 북미 합의에 따라올 수밖에 없다고 판단하고 있다. 이는 정전협정의 당사자가 한국이 아니라 미국인 것도 크게 작용하고 있다.

미국이 싫지만 체제 보장을 위해서는 반드시 미국과 화해해야 한다. 타도되어야 할 대상이지만 전 세계를 이끄는 나라도 미국이다. 조국의 통일을 위해서 미국은 물러가라고 외치면서도, 미국과 상호불가침조약을 맺기 위해 안달하고 있는 모습을 어떻게 보아야 하나? 증오심, 열등감, 절박함이 섞여 있는 것이 미국에 대한 감정일 것이다.

80년대부터 북한은 한반도를 사정거리로 두는 스커드 미사일을 실전에 배치했다. 주한 미국이 가지고 있었던 전술핵과 북한의 스커드 미사일을 생각하면 소름이 끼친다. 하지만 남한 국민은 너무나 무덤덤하게 살아왔다. 그런데 북한의 대륙간탄도미사일이 미국 본토까지 공격할 수 있다는 가능성이 제기되자 미국뿐만 아니라 남한도 민감하게 반응했다. 어쩌면 이런 상황이기에 북한이 계속 핵과 대륙간탄도미사일 개발에 전념하는 것이 아닐까?

16. 권력은 총구에서 나온다

　　마오쩌둥은 "권력은 총구에서 나온다."라고 하였다. 궁극적으로 무력을 장악한 자가 권력을 쟁취하는 평범한 진리를 잘 나타내고 있다. 국제관계도 일정 정도 힘을 바탕으로 하지 않는 한 대등한 협상은 불가능하다. 그래서인지 김일성의 만주파는 정권 초기부터 북한군을 장악하기 위해 노력했다. 김일성 유일지배체제가 가능했던 이유도 김일성의 동료들이 북한군을 장악했기 때문이다. 연안파와 소련파가 군부에서 상당한 세력을 장악하고 있었다면 그렇게 허무하게 사라지지도 않았을 것이다. 그리고 지리산의 빨치산 외에는 아무런 무력 기반을 내세울 수 없었던 남로당은 빨치산의 소멸과 함께 북한에서 허망하게 사라졌다.

　　항일무장투쟁 시기에 김일성은 다른 부대에 비해 부하들을 많이 잃지 않으면서 전과를 올렸다. 그의 휘하에 있는 병력은 김일성의 발언권을 높이는 데 일조했고 유격대의 활약은 당시 민중들에게 김일성에 대한 인지도를 크게 높였다. 무력은 일본과의 투쟁에서만 필요한 것이 아니라 동북항일연군 내에서 조선인들의 위상을 높이는 데 꼭 필요한 것임을 김일성은 잘 알고 있었다.

　　일본이 조직한 민생단의 간첩들이 항일세력 내에 침투하여 '간도

자치'를 내세우며 분열 공작을 획책하자 항일유격대 세력들은 간첩을 색출하기 위한 반민생단투쟁을 전개했다. 그런데 이 과정에서 중국 공산당 동만특별위원회와 항일유격대의 지도직을 차지한 중국 공산주의자들이 민족배타주의에 빠져 조선인 항일 투사의 대부분을 민생단으로 간주해버렸다. 그 결과 500여 명의(혹자는 이보다 훨씬 많은 수가 살해당했다고 주장한다.) 항일운동가가 체포·살해되었으며, 많은 하부조직이 마비 상태에 빠졌다. 특히, 이때 조선인 간부들 상당수가 살해당했다.

민생단 문제를 해결하기 위해 중국 공산당은 1935년 2월 24일부터 3월 3일까지 왕청현 다홍왜에서 이른바 "다홍왜 회의"라는 것을 열었다. 중국 공산당 만주성 당 파견원 위증민을 비롯하여 왕윤성, 주수동, 조아범, 왕덕태, 종자운 등 거물급 동만당 특위 간부 20여 명이 대거 참석한 이 회의에 김일성은 주변의 만류에도 참여하였다. 김일성의 동료들은 김일성이 현장에서 민생단 혐의로 체포될 수도 있다는 두려움 때문에 회의 참가에 부정적이었다.

하지만 김일성은 전략이 있었다. 김일성은 혼자 참가하지 않았다. 그는 회의장을 보호한다는 명목으로 조선인들로 구성된 1중대로 하여금 회의장 자체를 감싸 버렸다. 그리고 조선인 혁명가를 민생단으로 모는 중국 공산당원의 논리에 조목조목 반박하였다. 회의장 주변을 둘러싼 1중대에 포위된 중국 공산당은 기선을 제압당했고 김일성의 논리에 할 말을 잃고 말았다. 김일성은 힘을 바탕으로 하지 않은 논리는 공허한 메아리가 될 뿐이라는 것을 잘 알고 있었다. 북한이 핵실험과 미사일 발사를 계속하는 것도 다홍왜 회의에서 김일성이 무력을 바탕으로 협상에 임하는 자세를 계승하는 것이다. 북한은 미국 본토를 위협할 수 있다는 시위를 함으로써 힘을 바탕으로 하는 협상에 임하고자 한다.

　김정일이 권력을 승계할 시점에 북한은 최악의 상태에 놓여 있었다. 자연재해와 경제난으로 국가 시스템은 붕괴상태에 있었다. 이때 내놓은 해결책이 선군정치다. 북한에서는 선군정치를 "군사를 제일 국사로 내세우고 인민군대의 혁명적 기질과 전투력에 의거하여 조국과 혁명, 사회주의를 보위하고 전반적 사회주의 건설을 힘있게 다그쳐 나가는 혁명령도방식이며 사회주의 정치방식"이라고 정식화하고 있다. (노동신문 2003.3.21 사설) 그리고 선군정치의 뿌리를 김일성의 항일무장투쟁에서 찾고 있다.

　이후 북한의 모든 언론과 문예지에서는 선군정치를 찬양하는 물결이 넘쳐났고 선군혁명문학이 등장한다. 선군혁명문학이란 "위대한 주체사상의 직접적이며 집중적인 발현으로 되는 혁명적 군인정신을 기초로 하고 있는 문학이며 혁명적 군인정신이 충만된 문학"을 가리킨다. 정치가 선군이니 문학도 선군을 따라간 셈이다. 선군 문학은 총대 문학으로 지칭되기도 한다. 이것은 김정일의 "총이라는 말 속에는 목숨은 버릴지언정 혁명적 지조는 굽히지 않는다는 주체의 인생관, 혁명관이 집약되어 있으며 어떤 역경 속에서도 혁명적 원칙은 추호도 양보할 수 없다는 확고한 혁명적 립장이 반영되어 있습니다."라는 주장과 관련이 있다.

　김정일은 권력을 지탱할 수 있는 마지막 보루는 군대임을 잘 파악했다. 강철 같은 규율로 무장했다는 노동당도 배급체계가 무너지는 상황 앞에서는 무기력할 수밖에 없었다. 굶주림에 죽어가는 주민들 속에서 사상학습이 무슨 소용이며, 생활총화가 무슨 의미가 있겠는가? 쓰나미가 들이닥친 해안가처럼 황폐해진 북녘땅을 지탱하는 힘은 역시 군대였다.

물론, 북한 군대도 식량 배급이 일어나지 않아 군인들이 민가를 습격하고 병사들이 영양실조에 걸리는 일이 다반사였지만, 사회조직보다 명령계통이 잘 먹히는 특수성은 지니고 있었다. 시키면 시키는 대로 움직이는 군인들에게 조금의 식량만 배급해주면 정권을 유지하는 충실한 기둥이 될 수 있었다. 그들 스스로 "혁명성과 조직력, 전투력에 있어서도 가장 위력한 집단"으로 표현하듯이 그나마 기댈 수 있는 곳은 군대였다.

그런데 인민군을 앞세웠다고 해서 당을 배제한 것은 아니다. 조선노동당이 정상적으로 운영되지 않아서 당에 의한 통제가 직접적으로 시행되지 않았지만, 인민군 당 위원회와 총정치국을 바탕으로 군대 내에서의 당적 지도는 계속 유지하고 있었다. 권력은 총구에서 나오지만, 그 총구는 당이 지배해야 한다는 것이 마오쩌둥의 이론이었고 북한도 이를 충실히 지켜가고 있다.

북한은 1969년 허봉학, 김창봉을 숙청한 이후 인민군 총정치국의 권한을 강화하였고 대대, 중대까지 정치위원(정치장교)을 파견하여 군대에 대한 당의 통제를 강화하였다. 그리고 모든 군령(軍令)에는 정치위원의 서명이 있어야 효력을 발생하도록 제도화시켜 군에 대한 당의 지도와 통제를 강화하였다. 북한군에서 쿠데타가 일어나는 것이 사실상 불가능한 것도 이중삼중으로 감시 체제를 구성했기 때문이다. 지휘관이 부대를 움직이려고 해도 정치장교의 승인 없이는 불가능하다. 그리고 정치장교와 일반 지휘관이 서로 결탁할 것을 방지하기 위해 연대급 이상의 정치위원은 조선노동당에서 직접 파견한다. 만약 당에서 파견한 정치위원까지 일반 지휘관과 결탁한다고 하더라도 인민군 보위국의 감시까지 피해야 부대를 움직일 수 있다. 이는 사실상 불가능한 일이다. 설령 일부 부대가 평양으로 진격한다고 하더라도 최고지도자를 호위하는 호위사령부의 막강한 화력을 뚫는다는 보장도 없다. 호위사령부는 인민군 총참모부의 지휘를 받지 않고 최고지도자를 호위하는 부대다.

선군정치 이후 북한의 군부는 정치의 전면에 나서게 되었고 사회적으로도 군대의 힘은 무척 세졌다. 정상적인 상황에서는 당이 군을 이끌어야 하는데, 오히려 군부가 독자적인 세력으로 성장한 것이다. 북한군은 노동당의 지도를 받기보다 최고사령관의 명령에 따라 직접 움직이는 조직으로 변해갔다.

북한에서 군대는 보수파의 상징이다. 대남 대미 정책에 있어 군부는 늘 강경한 목소리를 낸다. 1998년 정주영 현대 명예회장의 판문점 통과 방북 추진 때 북한 군부는 "우리가 지켜낸 신성한 분계선을 소 떼가 밟고 갈 수 없다."라고 반발했다. 하지만 김용순(2003년 사망) 노동당 통일전선부장이 김정일을 직접 설득해 문을 열게 했다.

북한의 군인들은 일반 주민들보다 더 고지식하고 명령에 즉각 복종하도록 훈련받는다. 그래서 군대는 가장 일사불란하게 움직이고 잘 통제된다. 이러한 군인 특유의 복종 심리를 김정일은 정권 유지를 위해 적절히 이용하였다. 남한에서도 군인은 명령에 따라 살고 명령에 따라 죽는다고 하지 않는가? 광주민주화항쟁 때문에 따가운 시선을 받는 특전사 장병들은 지금도 말한다. "그것이 명령이라면 우리는 따를 수밖에 없다. 다만 다시는 그런 명령이 없기만을 바랄 뿐이다."

북한은 김정일의 선군정치 때문에 한반도에 평화가 왔다고 주장한다. 이라크에 대량살상 무기가 있어서 미국이 침략했다고 하지만, 사실은 대량살상무기가 없었기 때문에 침략했다고 말한다. 북한이 자위적 무력을 갖추지 못했다면 미국은 북한을 침략했을 것이고 한반도는 불바다가 되었을 것이라고 항변한다. 그렇게 본다면 남한 국민도 선군정치의 덕을 보고 있는 셈이다. 남한의 지원을 받는 북한이 되레 큰소리를 치는 모습이 얼마나 큰 거부감을 줄 것인지는 긴 설명이 필요하지 않다.

결과적으로 보면 북한은 고난의 행군을 이겨내고 자신들의 정치 체제를 지켜냈다. 그것이 과연 김정일만이 할 수 있는 현명한 영도일지는 의문이 든다. 차라리 군대를 앞세울 수밖에 없었던 절박한 상황이 만들어 낸 시대적 산물이라 보는 것이 더 정확할 것이다.

하지만 김정은 시대에 들어서는 군부의 힘을 빼고 있다. 북한은 2019년 4월 11일 헌법을 개정하여 본문에 규정된 "선군사상"과 "선군혁명노선"을 삭제하였다. 그리고 2019년 2월 8일 북한군 창건기념일 논설에서 군에 대한 당의 통제 강화를 시사하였다. 노동신문은 "군은 당이 믿는 제일 기둥"이라는 사설에서 군은 당의 '척후대'라며 과거 김정일 정권의 선군정치 시대 '혁명의 주력군'에서 당의 척후대로 격하하였다. 물론, 김정은도 총대철학을 바탕으로 군대의 중요성을 강조하고 금강산과 갈마 지구 건설처럼 군병력을 경제 부분으로 돌리고 있는 것도 사실이다. 하지만 조선노동당의 위상을 강화하여 인민군이 당의 군대임을 명확히 하고 있다.

17. 정당정치는 없다

정치의 사전적 의미는 "나라를 다스리는 일. 국가의 권력을 획득하고 유지하며 행사하는 활동으로, 국민들이 인간다운 삶을 영위하게 하고 상호 간의 이해를 조정하며, 사회 질서를 바로잡는 따위의 역할"로 정의할 수 있다. 그리고 정치인은 정치를 직업으로 가진 사람들을 의미한다. 보통 정당을 통해 국회로 진출하려고 노력하고 때로는 원외에서 자신들의 정당 이념에 맞는 활동을 한다. 그리고 시민단체나 언론도 정당 못지않게 힘을 발휘하는 경우도 있다. 이들이 정치에 참여하는 이유는, 개인적인 이익, 정당의 이익, 국민 이익 때문일 수 있다.

적어도 남한에서 정치인은 일반 주민들과 달리하는 집단이며, 정권 획득을 위해서 직업적인 정치활동을 펼치고 있다. 그리고 정치인 대부분은 정당에 소속되어 있다. 그런데 북한은 노동당의 영도를 받는 체제이기 때문에 정당정치가 애초에 존재하지 않는다. 오직 당의 명령을 수행하는 일만 주어지는 북한 주민들에게 정권을 획득한다는 개념은 존재하지 않는다. 그것은 반역을 의미한다. 노동당 당원이 되는 것을 일생의 목적으로 삼는 북한 주민들에게 정당정치를 기대할 수는 없다. 이것은 의회정치가 없는 것과 같은 의미를 지닌다.

정당정치는 의회정치와 분리할 수 없는 정치형태이다. 일당독재의 정치형태도 형식적으로는 정당정치의 범주 속에 포함되지만, 정당정치는 대개 복수의 정당을 전제로 운용되는 것이므로 이는 엄밀한 의미에서 정당정치라고 할 수 없다. 민주정치는 바로 정당정치라는 표현이 단적으로 의미하는 바와 같이 오늘날 정당의 자유로운 결성과 활동, 복수정당제의 정착 및 선거를 통한 정당 간의 정권교체 등은 한 나라의 민주주의 발전 정도를 측정하는 중요한 준거(準據)로 작용한다. 이것은 근대의 대의제 민주국가에서 정당이 불가결한 존재일 뿐만 아니라, 실제로 민주정치를 가능하게 하는 역할을 담당하고 있기 때문이다.

대체로 정당은 정치과정에 있어 산발적인 대중의 의견을 참된 여론으로 형성하고, 선거를 통해 일반 대중의 참여를 조직화하며, 대중이나 특정 이익집단의 이해관계를 규합함과 아울러 결집된 의사를 정부에 대변함으로써 대중 또는 이익집단과 정부 사이의 고리로서의 역할을 수행한다. 또한 정당은 선거라는 절차를 거쳐 의회를 지배한다는 점에서 의회정치와 불가분의 관계에 있다. 이렇게 볼 때 민주정치가 의회정치에 의존하지 않을 수 없듯이 의회정치는 정당 없이는 운영될 수 없음을 알 수 있다. 또한 정당은 선거를 통해 의회뿐만 아니라 정부까지도 장악함으로써 현대국가의 성격을 정당 국가로 변모시키는 데 결정적인 역할을 하고 있다.

그런데 북한의 노동당은 최고 통치 기관으로 국가 기관을 영도한다. 북한의 모든 기관은 당의 명령과 통제를 받는다. 우당인 조선사회민주당과 천도교청우당은 노동당의 외곽단체에 불과하다. 노동당을 대체할 정당은 애초에 존재하지 않는다. 그러므로 정당끼리의 경쟁이 없으며 국민은 당이 추천하는 대표자 외의 인물을 뽑을 기회가 없다.

우리의 국회의원에 해당하는 최고인민회의 대의원은 사실상 공개투표로 진행되며 선거는 형식적인 절차에 불과하다. 헌법에 보장된 최고인민회의의 권한은 헌법과 법령을 제정 또는 수정·보충(보완)하며, 국가 대내외 정책의 기본원칙을 세우고 최고인민회의 상임위원장과 위원, 국무위원회 위원장과 내각 총리 등 국가 기관 간부 선출과 소환, 인민경제발전계획과 국가 예산 심의 및 승인, 조약비준과 폐기 등의 기능을 수행한다.

그러나 이는 명목상의 기능이고 실제로 국정에 관한 전반적인 사항은 노동당이나 국무위원회에서 결정하고 최고인민회의는 이를 추인하는 형식적인 역할만 수행하고 있다. 이는 최고인민회의가 헌법에 보장된 국가 기관의 권한에도 불구하고 노동당의 전적인 영도를 받아야 하기 때문이다. 그리고 대부분의 국무위원회나 노동당의 핵심 인사는 최고인민회의 대의원을 겸직한다. 이것은 최고인민회의가 독자적인 기관이 될 수 없음을 나타내는 또 하나의 방증이라 할 수 있다.

북한의 모든 권력기관은 노동당의 영도를 받고 노동당은 수령의 혁명사상 즉 주체사상에 의해 지도된다. 따라서 정치와 관련되는 모든 단체는 수령의 교시를 집행하는 기관에 지나지 않는다. 그렇다면 북한의 모든 주민은 정치인이라고 할 수 있다. 왜냐하면 북한의 모든 주민은 태어나면서부터 사상교육을 받기 때문이다. 탁아소에 맡겨지면서 죽을 때까지 각종 조직에 소속되어 수령의 교시를 충실히 수행하도록 강요받는다.

북한은 1982년 2월 10일 조국평화통일위원회 성명을 통해 해외 인사를 포함, 남과 북의 50명씩 1백 명의 개별적 정치인들이 참가하는 「남북정치인 연합회의」를 소집하자고 제의했다. 북한은 이 제안에서 한국의 정부 당국이나 정당·단체인사는 배제했으며 또한 반정부단체나 통일혁명당 관계자를 포함한 남측 정치 인사 50명을 일방적으로 지명했다.

북한이 '남북정치인 연합회의'에서 제안한 내용에는 "남조선의 정당·단체들이 현 집권자의 꼭두각시 노릇을 하는 조건에서는 그들 역시 통일 협상의 대상으로 될 수 없다."고 명시되어 있다. 당시 군부독재로 강력하게 비난했던 남한 정부를 지지하는 대상은 정치인에서 제외한 것이다. 북한 당국이 중요하게 생각한 것은 참석하는 정치인들의 '사고방식'이지 정치인의 조건에 맞는가가 아니다. 다시 말하면 수령의 사상을 지지하는 자는 정치인이 될 수 있지만, 정치 활동을 하는 사람일지라도 생각이 다른 사람은 정치인이 될 수 없다는 것이다.

북한의 정치 문화는 우리와 근본적으로 다르다. 다당제를 바탕으로 의회정치를 표준으로 생각하는 우리와 전 사회를 주체사상화하는 것을 목적으로 하는 북한의 차이는 너무나 크다. 수령의 전사로 생활하는 모든 자는 그들이 주장하는 정치인에 포함될 수 있다. 이것은 북한의 주장에 동조하는 자는 외국인들도 북한식 정치인에 포함될 수 있다는 것을 의미한다.

하루하루를 당의 노선에 충실하면서 주기적으로 생활총화를 하는 북한 주민에게 남한 사람이 직업을 정치인으로 소개했을 때 그들은 어떤 생각을 할까? 북한은 일반인들과 다르게 정치만 전문적으로 하는 집단은 없다. 정당정치라는 개념 자체가 없다. 모든 조직이 노동당의 영도로 움직이며 각자 자기 삶의 터전에서 수령의 혁명사상을 실현하도록 노력하는 것이 정치적 활동이다. 아마 북한 주민에게 '남조선정치인'은 자본주의처럼 부정적인 의미로 인식될 것이다.

18. 아직도 요원(遙遠)한 강성대국

　'강성대국'은 1998년 8월 22일 자 「노동신문」 정론에서 처음 제시된 것으로, 북한이 목표로 하는 이상적인 국가 모델이다. 구체적으로 표현하면 "국력이 강하고 모든 것이 흥하며 인민들이 세상에 부러운 것이 없이 행복하게 사는 나라"를 의미한다. 2000년 신년공동사설에서는 사상, 총대, 과학기술이 강성대국 건설의 3대 기둥이라고 제시했다.

　강성대국의 건설방식은 사상의 강국을 만드는 것부터 시작하여 군대를 혁명의 기둥으로 튼튼히 세우고 그 위력으로 경제건설의 눈부신 비약을 일으킨다는 것이다. 북한은 우리식 사회주의의 고수와 선군정치를 통해 사상·정치·군사의 강국을 이루었으며, 이를 바탕으로 강성대국 건설의 가장 중요한 과업인 경제강국을 조만간 달성할 것이라고 주장하고 있다.

　경제건설에 대한 의지는 김정일의 공식승계가 마무리된 후 1999년 내세운 '제2의 천리마대진군'의 동원 구호와 함께 사회주의 총진군을 강조하면서 더욱 분명해졌다. 북한은 2001년 신년공동사설에서 "21세기에 상응한 국가경제력을 다져나가는 것보다 더 중요한 과제는 없다"고 강조하면서 경제건설의 구체적 방향을 제시하였는

바, 경제 전반을 현대적 기술로 재건하며 전력정상화, 금속공업의 설비 현대화, 철도운수의 정보보강과 과학기술의 중시, 실용주의적 경제정책 지속 등을 주장하였다.

2007년 11월 13일부 「노동신문」 사설 '공동사설과업 관철에 힘을 집중하여 올해 전투를 빛나게 결속하자'에서는 '강성대국의 대문'이라는 표현이 나온다. 이 사설에서는 "가까운 몇 해 안에 경제건설과 인민생활 향상에서 일대 변혁을 일으켜 강성대국의 대문을 활짝 열어놓으려는 것이 우리 당의 결심이다"라고 밝혔다. 그리고 11월 30일 개최된 전국지식인대회에서 김일성 탄생 100돌이 되는 2012년을 강성대국의 대문을 여는 해로 밝혔다. 여기서 대문을 연다는 것은 강성대국의 기본 면모를 갖춘다는 것을 의미한다.

재일본조선사회과학자협회 김화효 회장의 설명에 의하면, 북한에서 주장하고 있는 경제 강국의 경제생활 수준은 '발전된 나라의 도시 주민' 정도로 보고 있다. 이것은 부패한 자본주의사회의 기이한 소비생활을 척도로 삼자는 것은 아니다. 지난 시기는 이밥에 고깃국, 비단옷에 기와집이 하나의 목표였다면 현대는 이러한 의식주와 관련된 요소와 함께 자주적인 정치 생활과 다양한 문화 정서 생활을 뒷받침하는 경제적 조건을 마련하는 것을 중요한 척도라고 생각한다. 좀 구체적으로 표현하자면, 지적 생활에 필요한 컴퓨터의 보급률, 문화생활에 필요한 기구의 보급률과 문화·오락시설에 대한 접근의 용이성 같은 다양한 지표로 평가할 수 있다. (통일뉴스, 2008년 11월 03일)

북한에서는 2007년부터 통일강성대국이란 말을 처음으로 사용했다. 이것은 2006년 핵실험을 강행한 이후, 북한 당국이 미국의 대북 적대시 정책을 근본적으로 전환시켜 평화통일의 결정적 전환을 열어 놓았다고 판단한 것이다. 통일을 지상 과업으로 선전해 온 북측에서는 자기들만의 강성대국이 마음에 걸렸는지 통일강성대국이란 주장도 같이하게 된 것이다. 북한에서 말하는 통일강성대국건설이란 그 어떤 외세의 지배와 예속도 허용하지 않은 자주적이며 평화적인 중립적인 강국, 민족 구성원들 공동의 요구와 지향을 원만히 해결하고 민족의 융성번영을 확고히 담보해주는 정치, 경제, 군사, 문화적 담보를 갖춘 범민족통일강국을 의미한다.

하지만 김정일이 2011년 12월에 사망한 후 강성대국 건설은 아직 요원하다. 2012년 신년공동사설에서 강성대국이란 표현을 5번만 쓰는 대신 강성부흥, 강성국가라는 단어를 주로 쓰며 목표를 하향 조정하는 모습을 보였다. 그리고 그해 4월에 김정은이 김일성 생일 행사를 통해 김정은 시대 개막을 선언하면서도 '강성대국 진입 원년'을 선포하지 못했다. 북한으로서는 핵 개발과 미사일 발사로 군사적 강국은 선포할 수 있으나 경제난을 해결하지 못했기 때문에 강성대국 완성을 선포할 수 없었다. 특히, 과거처럼 외부 세계의 정보를 통제할 수 없는 상황에서 북한 주민들이 처한 상황을 합리화할 수가 없다. 주민들도 장마당을 통해 입수한 남한의 드라마 등을 통해 북한 경제가 얼마나 어려운지 알고 있다.

정치, 사상, 군사 강국으로 들어섰다고 자부하는 북한이 경제 강국을 건설하지 못하는 것은 미국의 대북 제재 때문이다. 결국, 북한이 경제 강국을 이루고 강성대국으로 들어서기 위해서는 비핵화를 통해서 미국과의 관계 개선이 필수적으로 요청된다. 하지만 비핵화는 북한이 군사 강국을 포기하는 것이므로 북한으로서는 받아들일 수가 없다. 그러므로 강성대국의 길은 아직 요원하다. 아마 북한 당국은 강성대국을 이루지 못하는 이유를 미국과 그 추종자에게 돌림으로써 주민들의 불만을 외부로 향하게 하는 작업을 계속할 것이다.

19. 언제나 벼랑 끝에서

언제부터인가 일부 언론에서는 북한의 외교 전술을 '벼랑 끝 외교'로 부르기 시작했다. 이것은 극도의 긴장감을 고조해서 자신의 요구를 관철하고자 하는 북한 당국의 형태를 서술한 것이다.

원래 벼랑 끝 전술(brinkmanship) 또는 위기 전술은 냉전 당시에 미국과 소련이 마치 전쟁하자는 것처럼 보이면서 적국의 양보를 얻어내려는 외교적 협상 전술을 말한다. 아이젠하워 공화당 정부의 덜레스 국무장관이 1956년 <라이프> 인터뷰에서 "전쟁을 피하려 하거나 벼랑 끝(brink)에 가는 것을 두려워하면 패배한다."라는 말을 하자, 민주당 대통령 후보이던 애들레이 스티븐슨이 여기에 '벼랑 끝 전술'(brinksmanship)이란 딱지를 붙였다. 무모함을 조롱하는 표현이었는데, 이후 국제정치 용어로 정착했다.

사실 그동안 북한은 미국과의 갈등에 있을 때 극단적인 선택을 많이 했다. 특히 핵 문제가 불거지기 시작한 1993년 3월에는 준전시 상태를 선포하고 핵확산금지조약(NPT)을 탈퇴하는 돌출행동을 했다. 이후 북한은 김정일 노동당 총비서를 국방위원장에 추대하고 그해 5월에는 노동 1호 미사일을 발사하면서 미국의 압박에 대응했다. 이러한 일련의 조치는 '강경에는 초강경으로 맞선다'라는 그들의 원칙에서 나온 것이다.

클린턴 정부와 북한이 합의한 '제네바 합의'를 파기한 부시 정부는 북한을 '악의 축'으로 거론하면서 대북 강경정책을 취했다. 하지만 북한은 핵실험과 미사일 발사라는 강경한 대응을 하였고 지루한 줄다리기는 계속되었다. 결국 '행동 대 행동의 원칙'이라는 북한의 외교가 외부 세계에 크게 각인되었다.

그런데 외부에서 북한의 외교 방식을 '벼랑 끝 외교'로 호칭하는 것을 정작 북한 당국은 '가소로운 비난'으로 치부한다. 이것은 2003년 2월 22일「조선중앙통신」논평에 잘 나타나 있다. "그것은 우리의 자주적인 대외정책과 그 수행을 위한 원칙적립장과 활동을 '벼랑끝전술'이라는 모험적의미를 띤 개념과 결부시키려는 온갖 시도는 우리 공화국에 대한 무지의 반영이며 우리의 정정당당한 자세에 대한 가소로운 비난이라는것이다. 명백히 말하건대 우리는 조미대결전에서 그 어떤 '벼랑끝전술'을 쓰는것이 없으며 미국의 강경에 초강경으로 대할 뿐이다… 이른바 '벼랑끝전술'이란 개념은 적수를 벼랑끝까지 끌고 가 자살공격적인 위기를 조성하여 양보와 타협을 얻어내고 리익을 챙기는 모험적인 수법을 말한다. 도덕적견지에서 본다면 일방이 리기적목적달성을 위해 생명을 걸고 타방을 위협공갈하는 일종의 기만행위인 것이다."

북한 당국은 자신들의 외교 전술이 자살 테러와 같이 보이는 것을 거부한다. 자신의 생명을 걸고 타인을 위협하는 테러와 비교하는 것 자체를 신성한 체제에 대한 모독으로 받아들이고 있다. 그들의 주장에 따르면, 한반도 긴장의 주범은 미국이다. 미국의 강경정책으로 말미암아 그들은 초강경대응을 한다는 논리이다. 그래서 긴장의 주범은 미국이지 자신들이 아니며, 자신들은 결코 도덕적인 입장에서 비난의 소지가 큰 자살 테러와 같은 행동을 절대로 하지 않는다는 것이다.

북한 주민들도 대체로 위의 주장에 동조하고 있다. 미국의 대조선 적대정책 때문에 한반도에 긴장이 흐르고, 미국과 대결하기 위해 그들은 강경한 대응을 할 수밖에 없다고 생각한다. 미국이 북한 체제를 인정하고 북한과 불가침조약을 맺는다면 북한도 굳이 무리수를 쓸 필요가 없다는 논리이다.

북한이 늘 상황을 벼랑 끝으로 몰아갈 수 있는 가장 큰 이유는 유일지배체제이기 때문이다. 하나의 사안에 대해서 찬반으로 나누어지는 민주주의 사회에서는 북한식 외교 정책이 존재할 수 없다. 대표적인 예로 베트남 전쟁이 있다. 전쟁이 길어지자 미국에서는 반전 시위가 계속 발생하였고 이는 미국 정부에 엄청난 부담으로 작용했다. 결국 미국은 베트남에서 철수하게 된다. 하지만 북한에서 정부의 반대 세력은 이미 오래전에 다 숙청되었다. 오직 명령에 복종하는 전사들만 존재하는 북한이기에 쉽게 긴장을 조성할 수 있으며 그 긴장감을 바탕으로 외교 노선을 추진한다.

북한의 지도층은 김일성종합대학교 출신들이 많다. 대남·외교 분야에서도 김일성종합대학교 출신들이 압도적인 다수를 차지하고 있다. 280여 개의 대학 중 특정 대학 출신이 지도부를 독점하는 경우 장단점을 동시에 가진다. 대표적인 장점은 결속력이다. 김일성종합대학교에서는 늘 "체제가 붕괴하면 가장 먼저 교수대에 서야 할 사람들은 김일성대 졸업생"이라고 귀에 못이 박히게 교육받는다. 그러나 이렇게 생겨난 결속력은 '다양성이 존재하지 않는 조직'이라는 경직성으로 통한다. 이 같은 조직에서는 반론을 허용하지 않는 획일적인 사고만이 판을 치기 마련이다.

특히 외부 세계와 단절된 북한식 대학교육은 학생들이 국제적 시야를 갖추지 못하는 한계가 있다. 김일성대 교재에는 '지정학적', '동북아질서' 등의 국제질서를 나타내는 초보적인 용어조차 없다. 대신 세계의 중심이 '조선'이라고 가르친다. 국제 외교에서 위력을 발휘하는 북한의 주특기인 벼랑 끝 전술은 이런 '주체식' 교육에서 연유한다.

이와 같은 김일성대의 교육과정은 국가 존폐의 열쇠를 경제력에서 찾지 않는다. 항일 빨치산식 교육을 받는 학생들은 "정신력과 단결력만 있으면 무궁무진한 힘을 발휘할 수 있다."라는 맹목적 의식을 주입받는다. 이런 교육을 받은 사람들이 정책을 결정할 때 어떤 태도를 보이겠는가?

북한은 대규모 군중 행사를 주기적으로 연다. 모두가 한마음으로 모여서 하나의 목소리를 내는 모습이 자주 보인다. 하지만 그들이 모인 것은 토론을 위해서가 아니다. 그들은 오직 당의 명령에 따라서 모였고 당이 원하는 대로 구호를 외치고 있을 뿐이다. 한반도 긴장의 주범은 미국과 그 앞잡이이며, 미국의 호전성 때문에 이토록 고생하고 있다고 느껴야만 한다.

하지만 한 번이라도 북한에서 자유로운 토론을 할 수 있다면 북한 당국이 벼랑 끝에 설 수 있을까? 북한 당국이 저지른 만행에 대해 올바른 정보를 주고 주민들이 자신들의 요구를 자유롭게 외칠 수 있는 상황에서도 현재의 외교 노선을 견지할 수 있을까? 공개적으로 총살당하는 사람이 혹시 북한 체제를 비판할까 봐 입에 돌을 넣고 막는 북한에서 자유로운 토론은 애당초 불가능한 것이다.

'벼랑 끝 전술'로 표현되는 북한의 외교 전략은 일정 정도 효과를 발휘하였다. 국제적인 압력에도 견디었고 미국과의 줄다리기 속에서 핵실험을 강행했으며, 스스로 핵보유국으로 천명하고 있다. 하지만 북한의 외교 노선은 막대한 지출을 가져온다. 군사행동은 북한 측에도 많은 사상자를 가져오고 군사력 강화는 북한 경제 침체의 주요 원인 중 하나가 되었다.

20. 미제 식민지와 한반도 유일의 합법정부

해방 이후 남과 북은 서로가 한반도의 유일한 합법적인 정부라고 주장했다. 북한은 남한을 미국의 식민지로 규정하여 자주권도 없는 종속된 상태로 보았다. 남한은 대한민국만이 유엔의 감시하에 이루어진 선거로 탄생한 유일한 합법정부임을 강조했다. 서로에 대한 원색적인 비난은 남한의 국력이 월등히 강해지기 전까지 계속됐다. 하지만 현실은 한반도에 존재하는 두 개의 국가가 유엔에 가입해 있는 상황이다.

2008년 2월 26일 뉴욕 필하모닉이 평양에서 '성조기여 영원하라'를 연주했다. 민족의 철천지원수라고 떠들어 온 미국의 국가가 평양에서 연주되는 파격적인 모습이 연출되었지만, 북한 당국은 필하모닉을 태우고 간 아시아나 항공기에 새겨져 있는 태극기가 촬영되는 것은 허락하지 않았다.

그리고 2008년 3월 26일 평양에서 열릴 예정이었던 2010남아공 월드컵 아시아 3차 예선은 태극기 게양과 애국가 연주로 인해 중국의 상하이에서 열렸다. 북한은 태극기·애국가는 물론, 한국 응원단 방북도 허용하지 않았다. 응원은 평양 시민이 알아서 잘해주고 태극기 대신에 한반도기를 애국가 대신에 아리랑을 불러준다고 생떼를 쓴 바람에 생긴 일이다. 민족의 철천지원수라고 증오해 마지않던 미국의 국가는 연주하도록 허락하면서 남한의 국기게양과 애국가 연주를 허락하지 않은 태도를 어떻게 보아야 하나?

하지만 이러한 일들은 남한에서 똑같이 진행되고 있다. 남한에서 북한은 아직 반국가단체이다. 남북 간에 공식적인 회담을 계속 열고 교류·협력을 지속하면서도 북한은 접촉해서는 안 될 존재이다. 더 정확히 표현하자면, 정부의 허락을 받지 않고 만나서도 안 되고 북한의 출판물을 소지해서도 안 되는 집단이다.

남한의 보수단체는 대한민국만이 한반도의 유일한 합법정부라고 한다. 유엔의 승인 아래 이루어진 선거로 탄생했고 유엔의 승인을 얻은 정부라고 한다. 그래서 북한은 괴뢰 집단이며 대한민국의 영토는 북한까지 포함한다고 한다. 하지만 국가의 수립 요건 중에서 유엔의 승인을 얻어야 하는 조항은 없다. 그리고 유엔이 승인한 대한민국의 영토는 어디까지나 선거가 이루어진 38선 이남이다. 이승만 정부가 유엔군의 북진 후에 관리를 북한 지역에 파견하자 유엔은 이를 거부하고 그 지역에 대한 행정을 직접 임시로 담당했다. 그러자 정부가 파견했던 민정장관은 즉시 철수했다.

"대한민국 정부는 유엔 KOREA 임시위원단이 협의 및 관찰할 수 있었던 선거가 실시된 KOREA의 그 부분에 대하여 효과적인 통치를 하는 합법정부로서 유엔이 인정하였고, 따라서 KOREA의 나머지 부분 지역에 대해서는 합법적인 통치를 하도록 유엔이 인정한 다른 정부가 없음을 상기하고…."

- 대한민국 국회도서관 입법조사국 발행, <<국제연합 한국통일부
  흥위원단보고서 1951, 1952, 1953>> 입법 참고 자료 제 34호
  참고

1991년 12월 남측의 정원식 총리와 북측의 연형묵 총리가 서명한 '남북기본합의서'에는 남북관계를 '국가 간의 관계가 아닌 통일을 지향하는 과정에서 잠정적으로 형성되는 특수관계'로, 남북한 거래는 '민족 내부의 거래'로 규정하고 있다. 1991년 9월 17일에 남북한이 UN 회원국으로 동시 가입하였음에도 불구하고 남북한은 서로를 국가와 국가 간의 관계로 인정하지 않았다. 남북한의 총리가 서명한 합의서에는 남북관계는 잠정적으로 형성되는 특수한 관계로 규정되어 있다. 그리고 남북한의 교류를 민족 내부의 교류로 생각했다. 물론 남한의 국회가 남북기본합의서를 비준하지 않아 합의서는 실효를 거두지 못했다.

한반도에는 2개의 국가가 존재하고 있다. 외국에서 보면 지극히 평범한 사실이지만 정작 남과 북에서는 인정받지 못하고 있다. 그 밑바탕에는 정통성 문제가 깔려있다. 남과 북은 서로가 한반도의 유일한 정통성 있는 합법적인 정부라고 주장해 왔다. 상대방을 정상적인 국가로 인정한다면 지금까지 주장해 온 정통성 문제를 스스로 부인하게 된다.

북한에 있어서 대한민국은 미제의 식민지고 자주권이 없는 존재이다. 오로지 김일성을 시조로 하는 조선민주주의인민공화국만이 정통성을 지닌 국가이다. 남한의 진보 인사들과는 교류를 할 수 있을지언정 그들이 주장하는 반동 세력과는 협력할 수 없다. 북한 당국의 눈에는 남한의 소위 보수세력은 절대로 용서할 수 없는 민족의 반역자인 셈이다.

2007년 6월 15일 평양에서 열린 6·15공동선언 발표 7주년 기념 민족통일대축전 행사 때 북한이 당시 한나라당 박계동 의원의 민족단합대회장 주석단(귀빈석) 입장을 막는 바람에 이날 행사가 모두

취소됐다. 전날 오후 열린 개막식에서 북한은 박 의원이 주석단에 앉는 것을 문제로 삼지 않았음에도 그리고 당시 주석단에는 박 의원의 명패도 놓여 있었음에도 돌연 한나라당 의원이 입장하는 것을 막았다. 그들 눈에는 당시 한나라당은 반민족주의자, 반통일주의자, 사대주의, 그리고 기회주의자들일 뿐이다.

결국 북한은 보수와 진보가 어우러져 국가의 발전을 이룬 대한민국 전부를 인정하지 않는다는 것을 보여주었다. 대한민국 사람들 중에서 그들의 입맛에 맞는 사람들과 교류를 할 수 있을 뿐이다. 하지만 이러한 시각은 반대로 남한에도 존재한다. 북한 주민은 우리 동포가 될지언정 김정은 정권은 절대로 인정할 수 없다는 시각도 존재한다. 다만, 민주화를 이룬 남한이기에 모든 사람이 이렇게 생각하지 않는다는 차이점만 있을 뿐이다.

남한 사람들은 대한민국만이 한반도의 유일한 합법정부로 배워왔다. 반면, 북한 사람들은 조선민주주의인민공화국만이 민족의 존엄을 잇는 자주적인 정부로 배워왔다. 서로가 서로를 인정하지 않은 세월이 70년이 넘었다. 한쪽을 인정해주면 지금까지 주장한 것을 스스로 부인하게 된다. 그 딜레마는 북한이 훨씬 강하다. 남한은 다양성이 존재하는 민주주의 사회이기 때문에 하나의 의견만이 존재하지 않는다. 하지만 북한은 정통성 문제에 있어 오직 하나의 의견만이 존재할 수 있는 사회이다.

그런데 가끔 미묘한 변화가 감지되기도 한다. 2005년 8월 14일 광복 60년을 맞아 8.15 민족대축전에 참가하기 위해 서울에 온 북한 대표단이 국립 현충원을 찾아 참배했다. 북한 당국이 6.25 전사자 위패와 무명용사의 유골이 봉안된 현충탑에 참배한 것은 그 자체만으로도 파격적인 일이었다. 그리고 평양에서 열린 '2013 아시안컵 및 아시아클럽 역도선수권대회'에서 태극기 게양과 애국가 연주를 허용했다. 남한의 국가를 처음 들어보는 평양 시민들도 시상식 때 기립해서 손뼉까지 쳐주었다.

그동안 남과 북이 서로를 인정하지 않고 상대방을 흡수하려는 정책을 펴서 분단체제만 공고해졌다. 이제 남과 북이 서로의 존재를 인정하는 방향으로 나아가야 한다. 남북의 정상이 자주 만나고 태극기와 인공기를 자주 접하다 보면 상호 체제를 인정하는 분위기가 형성될 것이다.

Ⅱ. 경제

1. 사회주의 한길로 힘차게 전진하는 주체 조선!

　마르크스에 의하면 상부구조 즉 사회의 법제적·정치적 기구 및 철학, 도덕, 예술, 종교 등의 의식 형태 총체는 사회의 경제적 구조인 토대(하부구조)에 의해 결정된다. 하부구조란 인간이 삶을 누릴 수 있는 물질적 토대를 이루고 있는 생산양식을 말한다. 이 생산양식은 생산력과 생산관계로 이루어진다.

　생산력은 인간이 노동을 통해 생산할 수 있는 능력을 의미하며, 노동력과 생산수단으로 구성된다. 생산관계는 생산수단의 소유 형태로부터 비롯되는 물질적 생산의 전 과정, 즉 생산, 교환, 분배의 제반 형태를 통틀어 일컫는다. 생산관계의 가장 본원적인 부분은 생산수단의 소유 형태로 간주한다.

　인간은 자신을 둘러싸고 있는 세계에 대한 지식, 생산 경험, 노동 기술 등을 축적하며 생산력을 발전시킨다. 이러한 생산력의 변화는 생산관계에 영향을 미친다. 한편, 변화된 생산관계는 거꾸로 생산력에 영향을 미치게 된다. 이러한 과정을 통하여 낮은 수준의 생산양식에서 높은 수준의 생산양식으로 발전하는 것이 일반적이라 한다. 역사적 유물론은 역사의 변천 과정을 생산양식의 변화에 따라 단계별로 나누어 설명하고 있다. 마르크스는 인간 사회가 원시적 공산제,

고대 노예제, 중세 봉건제, 근대 자본주의를 거쳐 궁극적으로 공산주의에 이르게 된다고 주장한다.

원시공동체 사회는 자연 그대로의 원시적 노동 도구를 사용하는 가장 낮은 생산력을 갖는 사회로 사적소유가 발생하지 않았으며, 생산수단의 공동소유와 생산물의 공동 분배를 원칙으로 하여 생산자와 소비자가 일치하는 생산관계를 갖는 자급자족의 사회이다.

고대 노예제 사회는 원시공동체 사회보다 생산력이 높아진 사회로 생산수단의 사적소유와 함께 인간에 대한 사적소유가 일반적으로 되어버린 사회이다. 생산관계를 보면, 노예라는 피지배계급은 생산을 담당하며, 노예소유주라는 지배계급은 소비를 담당한다. 노예와 노예 소유자라는 신분에 의하여 계급이 구분되는 사회이다.

봉건제 사회는 영주와 농노로 구성되었다. 영주는 일정한 지배구역의 토지를 말하는 영지를 소유했고, 농노들은 영지의 경작권을 가지고 일정한 양의 세금을 바쳤다. 이를 장원제도라 한다. 영주는 농노의 생명 처분권은 없었고, 농노는 거주이전의 자유가 없었다. 농촌은 식량 생산을 담당했고, 도시의 수공업자와 상인들은 여러 가지 물건을 만들어 팔았고 도시에서는 물물교환이나 돈에 의한 매매가 일어나는 시장이 있었다.

자본주의 사회는 생산력과 교역이 비약적으로 발전된 사회로 생산수단의 완전한 사적 소유가 일반적인 사회이며, 인간에 대한 신분적 소유가 철폐된 사회로 자본가 계급과 노동자 계급의 계약적 생산관계가 형성된 시기이다. 자본가 계급에 의한 생산수단의 독점적 소유와 노동자 계급에 대한 잉여가치의 착취가 이 사회의 특징이다.

사회주의는 자본주의에서 공산주의로 가기 위한 과도기적 단계이다. 마르크스는 이 과도기를 공산사회의 제1단계라고 말했지만 다른 저서에서는 대개 사회주의라는 용어를 구사했다. 사회주의가 무르익어 사유재산과 계급 및 국가가 완전히 소멸한 보다 높은 단계에 도달한 경우에만 공산주의라는 용어를 사용한다. 사회주의에서는 자본주의 국가가 소멸하지 않았기 때문에 사회주의 국가가 존재해야 하며, 자기 능력에 따라 일하며 그 일한 만큼 분배받는다.

공산주의 사회는 고도의 생산력을 기반으로 하여 모든 사유재산과 계급, 국가가 소멸한다. 여기서는 분업체계에 노예처럼 예속되는 상태가 불식되며 육체노동과 정신노동의 차이가 없어지고 노동이 단지 생활의 방편이 아니라 생활의 제1 욕구로 되어 개인은 능력에 따라 일하고 필요에 따라 분배받게 된다. 마르크스는 자본주의가 고도로 발전한 나라에서 폭력으로 공산주의 혁명을 일으켜야 한다고 주장했다.

마르크스와는 달리 마오쩌둥은 역사발전에서 인간의 의지를 중시한다. 하부구조에 의해 상부구조가 일방적으로 결정되는 것에 반대한다. 레닌이 후진국 러시아에서 마르크스 혁명을 일으키기 위해 '제국주의론'을 등장시켰지만, 그는 어디까지나 마르크스 이론을 충실히 계승했다. 혁명의 원동력은 어디까지나 노동계급이며 농민은 보조역량에 지나지 않았다. 하지만 마오쩌둥은 혁명의 원동력을 농민으로 보았고 역사발전을 충실히 따르지 않더라도 인간의 의지로 사회주의 혁명을 일으킬 수 있다고 보았다.

북한의 주체사상은 마오쩌둥 사상보다 오히려 더 인간의 의지를 강조한다. 사상교육을 통해 인간을 개조할 수 있고 그 개조된 인간의 힘으로 사회주의 혁명은 가능하다. 이것은 자본주의가 고도로 발전된 사회에서만 혁명이 일어나야 한다는 마르크스의 사적유물론과 분명 다르다. 그래서 북한의 주체사상이 마르크스의 사적유물론을 계승한 것인지 아니면 마르크스 사상에서 이탈한 것인지는 예전부터 논쟁이 있었다.

자본주의 경제가 사유재산제도를 토대로 하고 시장을 통하여 자원을 배분한다면, 사회주의 경제는 생산수단이 국유화되어 있고 계획이 자원배분의 주된 방법이다. 북한은 생산관계에서 사적 소유로 인한 계급적 대립을 방지하기 위해서 모든 생산수단의 국유화 또는 사회화를 기본으로 하고 있다. 그리고 생산수단의 사적 소유를 가장 저급한 형태의 소유라고 본다. 협동적 소유는 불안정한 소유 형태로, 국가 소유(전인민적 소유)를 가장 고차원적 소유 형태로 본다.

북한 주민들은 사적 소유를 가장 저급한 형태의 경제 형태로 배운다. 자본주의에서는 재산 때문에 부모 자식 간도 싸운다고 배우면서 자신들의 사회적 소유 형태가 더 나은 체제라고 교육받는다. 따라서 경제난 이전의 전통적인 사고방식에 의하면 생산수단의 사적 소유에 대해 부정적이다. 즉 공장이나 기업소는 인민들이 합심하여 운영해야 하는 것이지 한 개인의 소유로 넘어가서는 안 된다고 믿고 있다. 그런 그들이기에 자본주의사회의 자본가들이 겪는 고통에 대해서는 구체적으로 이해할 수 없다. 인간의 노동에 의해 상품의 가치가 결정되는 '노동가치설'을 믿는 그들에게 자본주의의 상품 경제를 이해시키기 위해서는 정말 많은 노력과 시간이 필요할 것이다.

물론, 북한에서도 부분적이나마 개인 소유권을 인정하고 있다. 북한의 설명에 의하면, 개인 소유는 생산수단에 대한 사회적 소유의 토대에서 발생한다고 하여 '사회주의에서의 개인소유'라고 한다. 북한의 개인 소유권은 소지자의 소유에 국한되므로 자본주의하에서의 사적 소유의 개념과는 본질적으로 다르다. 개인 소유의 대상은 근로자들이 받는 임금이나 노동의 질과 양에 따라 받는 분배의 몫과 그

것으로 구매한 소비 용품들이다. 구체적으로 보면, 근로소득과 저축, 가정용품, 일용 소비품 등이 개인 소유권의 대상에 포함된다.

그런데 북한은 1998년 개정한 헌법에서 과거와는 많이 다른 모습을 보였다. 생산수단의 소유 주체를 '국가와 협동단체'에서 '국가와 사회협동단체'로 규정하여(제20조), 경제 활동의 주체로서 사회단체가 추가되었지만, 국가 소유의 대상이 축소되었다. 또한, 개정 헌법은 과거 협동단체 소유로 되어 있던 가축과 건물이 개인 소유가 가능하도록 개정(제22조)되어 사유재산제 도입에 대한 가능성을 열어놓고 있다. 특히 개인 소유 재산에 대한 상속권(제59조)을 보장함에 따라 개인 소유의 인정 범위가 확대되었다. 이러한 개인 소유물은 그 소유자가 자유롭게 처분할 수 있으며 그에 대한 상속권도 인정하고 있다.

하지만 북한이 개인의 영리활동과 개인 소유물을 인정한다고 하더라도 어디까지나 제한된 범위이다. 비록 과거와 비교할 때 많은 차이를 보이지만, 사회주의 원칙을 무너뜨릴 정도의 개인 소유는 철저하게 금하고 있다. 북한은 자신들이 추구하는 사회주의를 포기하지 않았다. 2021년 6월 3일 자 노동신문은 평양 일대 주택 건설 성과를 내세우면서 "사회주의제도가 아니라면 어떻게 나라에서 막대한 자금을 들여 건설한 새집들을 근로하는 인민들에게 무상으로 나누어 주는 것이 평범한 사실로 될수 있으랴"라며 체제의 우월성을 선전했다. 그러면서 "한줌도 못되는 자본가들이 호화주택에서 부패 타락한 생활을 하고 있을 때 수많은 가난한 사람들은 한 칸짜리 집도 없어 거리를 헤매는 것이 자본주의 제도의 현실"이라며 "고향과 가정, 보금자리도 다 빼앗기고 비좁은 배에 빼곡이 올라 죽음이 넘실거리는 망망한 대양을 건너는 피난민 행렬을 생각할 때 우리는 사회주의의 고마움을 더욱 가슴깊이 절감하게 된다"라고 자본주의와의 비교를 통해 체제 찬양을 계속했다.

북한은 2021년 1월에 개최된 북한 노동당 제8차 당대회에서 개정한 '조선로동당 규약'에 노동당의 최종 목적을 "인민의 리상이 완전히 실현된 공산주의사회건설"로 규정하면서 삭제했던 공산주의를 다시 등장시켰다. 결국 앞으로도 북한은 사회주의를 계속 고수할 것임을 여실히 드러냈다고 볼 수 있다. 선대 수령이 확립한 사회주의 원칙을 포기하는 것은 기존 노선에 대한 전면적인 부정을 의미하며 북한이 새로운 체제로 들어서는 것을 의미한다. 지금까지의 선례를 통해 볼 때, 북한 스스로 그 길을 택할 가능성은 없다고 보아야 할 것이다.

2. 중공업 우선

　중공업 중심의 축적전략은 소비보다는 축적을, 그리고 '사회주의로의 완만한 이행'보다는 '급격한 대약진'을 추구하는 정책이다. 현실사회주의 국가들이 초기 공업화 시기에 중공업 중심 축적전략을 선택했다. 하지만 중공업 우선 정책에 대해 반대 또한 존재했기에 사회주의권에서 많은 논쟁을 양산했다. 소련에서는 중공업 우선의 불균형 성장을 주장한 프레오브라젠스키(E. A. Preobrazhensky)와 공업과 농업의 균형성장을 주장한 부하린(Nikolai Bukharin)의 대립이 대표적이다. (김연철, 「북한의 산업화와 경제정책」, 서울:역사비평사, 2001)

　사회주의 국가들이 초기 공업화 시기에 중공업 중심 축적전략을 선택한 것은 제한된 자원으로 투자의 우선순위를 결정해야 했기 때문이다. 북한 지도부는 농업이나 경공업을 발전시키기 위해서는 이들 분야의 기계가 필요하고, 이를 위해서는 기계를 생산하는 중공업을 먼저 발전시켜야 한다고 주장했다. 그리고 중공업 중심 축적전략은 정치·군사적 의미도 지닌다. 즉 군사 부문의 확대와 국가의 자주성 확보 필요성이다. 중공업은 군대에 현대적 무기를 보장해준다. 또한 '기계를 수입하는 나라에서 기계를 생산하는 나라'로 전환해

'국가의 자주독립을 보장하는 가장 중요한 조건'이 되기도 한다.

　북한은 사회주의 경제체제 수입 초기 단계부터 시종일관 중공업을 우선으로 하는 경제개발정책을 추진했다. 1956년 4월 개최된 제3차 당대회에서 "중공업의 우선적인 발전을 보장하면서 경공업과 농업을 동시적으로 발전시킨다."라는 전후 경제발전의 총노선이 정식화되었다. 하지만 김일성의 반대파는 경공업을 우선하여 발전시킬 것을 주장하면서 당내 갈등을 부추겼다. 그러나 '8월 종파사건'이 김일성의 승리로 일단락되면서 북한은 중공업 우선 정책을 추진하게 된다.

　정부 예산의 우선순위가 중공업에 집중적으로 배정되었기 때문에 경공업 부문은 초기부터 지방공업의 몫이었다. 국가의 투자 없이 지방원료를 이용하여 인민소비품을 생산하라는 것이다. 지방공업에 대한 관리체계도 달랐다. 국영기업소는 사업 범위와 중요성에 비추어 전국적 의의가 있는 것과 지방적 의의가 있는 것으로 구분되었다. 그중 전국적 의의가 있는 기업소는 해당 성이 해당 관리국을 거쳐 관리하고, 지방적 의의가 있는 국영기업소들은 해당 지방인민위원회가 해당 관리부서를 통해 관리했다.

　북한은 제한된 투자조건 속에서 축적을 위해 소비를 강력히 억제했다. 따라서 미래를 위해 현재를 희생하는 형태는 배급제를 탄생시켰다. 배급제는 전시 공산주의와 같은 위기 국면에서 시도되는 일시적인 자원배분 정책의 하나이다. 하지만 북한은 한국전쟁 이후에도 배급제를 계속해서 유지하고 있다. 원래 북한은 한국전쟁 이후 3년 안에 배급제를 폐지하려고 했다.

　북한은 1962년 12월 노동당 4기 5차 전원회의에서 '조성된 정세와 관련하여 국방력을 더욱 강화할 데 대하여' 토의하고, "인민 경제

발전에서 일부 제약을 받더라도 우선 국방력을 강화하여야 한다."고 결의했다. '한 손에는 무기를 들고, 다른 한 손에는 낫과 망치를 들고'라는 구절이 이때 발표됐다. 이 시기는 소련으로부터 받던 각종 군사 원조가 중단되었고 중국은 대약진운동의 실패 등으로 북한에 원조를 줄 수 있는 상황이 아니었다. 결국, 북한은 소련의 군사 원조 중단을 극복하고 기본 전력을 유지하기 위해 자구적인 노력을 하지 않을 수 없는 상황에 이르렀다.

하지만 이러한 경제-국방건설 병진 정책은 실질적으로는 경제개발에 부담을 지우는 것이었다. 1966년 10월 노동당 2차 당대표자 회의에서, 김일성은 "지난 5~6년 동안 계속 증대된 전쟁의 위험에 대비하여 국방력 강화에 많은 비중을 돌렸기 때문에 7개년 계획의 조정이 불가피했다."라고 보고해 7개년 계획이 애초 목표대로 달성되지 못했음을 시인했다. 그런데도 북한은 군비 지출을 확대하는 등 오히려 국방건설 강화에 나섰다.

66년 노동당 2차 당대표자 회의에서 북한은 62년 이후 진행돼 온 '경제-국방건설 병진정책'을 다시 한번 확인하면서 급속한 군비 확충을 결정했다. 구체적으로는 '전인민의 무장화', '전국토의 요새화', '전군의 간부화'에 이어 '전군의 현대화'가 강조됨으로써 '4대군사노선'이 확립됐다. 군의 현대화란 신무기의 도입과 생산을 의미하는 것으로 막대한 군비를 지출해야 하는 것이었고, 이로 말미암아 북한 예산에서 군비 지출이 차지하는 몫은 '61~66년 19.8%에서'67~71년에는 30% 안팎으로 대폭 상승하게 됐다.

막대한 군비 지출이 이뤄지는'67~71년 기간 동안 북한은 미그-21 전투기 등 수백 대의 항공기와 대공 미사일, 잠수함, 유도탄 초계정, 지대지 미사일, 전차와 장갑차 등을 소련으로부터 도입해 획기적인 군사력 증강을 이뤘다. 하지만, 이러한 군비 지출은 경제건설에 막대한 부담을 지우는 것이었다. 김일성은 1970년 노동당 5차 대회에서 "우리의 국방력은 매우 크고 비싼 대가로 이루어졌으며, 우리의 국방비 지출은 나라와 인구가 적은 데 비해서는 너무나 큰 부담으로 되었다."고 시인하기에 이르렀다.

결국, 북한 당국도 주민들의 생필품이 부족한 현실을 무시할 수는 없었다. 그래서 1984년부터 주민의 의식주 문제를 해결하기 '8.3 인민소비품 증산운동'을 전개하는 한편, 1989년을 '경공업의 해'로 설정하고, 같은 해 6월 당중앙 위원회 제6기 제16차 전원회의에서는 '경공업발전 3개년 계획(1989-1991)을 제시하였다.

현재 북한에서는 방직, 제지, 신발 등 일부 경공업을 제외한 대부분의 생필품이 소규모 지방산업 공장에서 생산되고 있으며, 1980년대 중반 이후 건설된 경공업 분야의 일부 합영 공장들은 수출품 생산을 담당하고 있다. 1994년부터 1996년까지 사이의 경제 완충기에는 경공업, 농업, 무역제일주의를 정책 방향으로 내세운 바 있다.

80년대 말 사회주의권 국가들이 붕괴하자 북한은 심각한 체제 위협을 느낀다. 여기에 핵 문제로 인한 미국과의 대결 구도까지 시작되자 많은 학자가 북한의 붕괴를 시간문제라고 생각도 했다. 하지만 북한은 견디었다. 권력승계도 성공적으로 이루어졌고 주민들도 큰 문제없이 통제하고 있다. 이러한 과정에서 군대가 제일 큰 역할을 했다. 그래서 북한 당국은 종파주의자들이 내세운 경공업 중심의 노선보다 김일성의 노선이 옳았다고 선전했다. 주민들의 생활이 피폐해졌지만, 체제는 유지된 것을 수령의 공(功)으로 돌리는 셈이다.

만약 당시의 종파주의자들(북한 당국의 표현) 주장처럼 경공업과 농업을 먼저 발전시켰다면, 북한은 충분한 군사력을 확보하지 못했을 것이기에 북한은 중국과 소련에 생존을 의지하는 상황에 갔을 것이다. 그렇다면 미국과의 대결 상황에서 미국의 침공을 받았을 것으로 북한 주민들은 생각하고 있다. 이라크에 대량살상무기가 있어서 미국이 침공한 것이 아니라, 대량살상무기가 없어서 침공당했다고 보기 때문이다.

3. 제2경제위원회와 국가계획위원회 그리고 혁명 3세대

　북한은 그동안 중공업 우선 정책을 추진하였다. 이와 동시에 군수산업도 팽창하여 제2경제위원회가 탄생한다. 제2경제위원회는 1970년대 정무원의 여러 부서에 분산되어 있던 군수생산 관련 부서들을 통합하여 설립된 기구로서 산하에 군수공장을 두고 총포, 함정, 항공기 등 각종 군사 장비 생산은 물론 군사 장비의 개발과 수출입 업무까지 관장하고 있다. 따라서 북한 경제는 민간경제 부문과 군수산업이 각기 다른 조직을 가진 2원적 관리구조로 재편되었다.

　현재 북한은 비군수산업부문(민간경제부문)은 내각 산하 국가계획위원회에서 관리하나, 군수산업은 국방위원회(2016년 6월 29일에 개정된 사회주의 헌법에 따라 국무위원회로 대체되었다) 산하 제2경제위원회가 관리하는 이원적 형태이다. 제2경제위원회는 산하에 200여 개 이상의 전문적인 군수공장을 거느리고 있으며, 외화벌이를 위한 기업도 소유하고 있다. 위원회의 조직은 8개 총국으로 구성되어 있는데 각 총국은 전차, 자주포, 기계화 무기, 야포, 로켓포, 미사일, 탄약, 함선 등의 각종 병기와 통신장비 따위를 생산하고 있다.

　북한의 군수산업에 필요한 물자는 제2경제위원회가 판단하여 노동당 중앙군사위원회에 건의함으로써 조달된다. 노동당 중앙군사위원회는 한 해 동안 제2경제위원회가 생산해야 할 목표량을 시달하고 계획을 수립한다. 대체로 북한은 제2경제위원회에 필요한 자원을 먼저 배분한다. 우리에게 큰 위협이 되는 북한의 미사일, 핵 개발 등도 제2경제위원회가 담당하고 있다. 북한의 장거리 로켓 발사와 관련해 유엔 안전보장이사회 산하 제재위원회의 제재 대상으로 선정된 북한의 3개 기업도 국방경제를 담당하는 제2경제위원회 산하 기업들이다.

남한의 국방부는 정부의 한 부처이며 예산을 배분받는 방식도 다른 부서와 같다. 국회의 동의를 얻은 이후 정부가 배분하는 예산을 가지고 국방사업을 한다. 하지만 북한은 2원적 관리구조를 지니고 있다. 기업도 민간경제에 속한 것이 있고 제2경제위원회에 속한 것이 있다. 기업이 벌어들이는 돈도 그 기업이 소속된 곳으로 흘러 들어간다.

남한 사람들은 남한 정부에서 지원하는 돈이 북한의 국방비로 전용된 것으로 의심하고 있다. 선군정치를 주장하는 북한에서 군부의 입김은 누구보다도 강한 것을 고려한다면 충분히 있을 수 있는 일이다. 하지만 원칙적으로 대남사업을 담당하고 있는 북한의 경제인들은 남한과 다른 시스템 속에서 일하고 있다. 군수산업 담당자와 민간경제 담당자가 소속을 달리하여 있으며, 각자 자기가 속한 부서에서 실적을 내기 위해 노력한다. 자기와 다른 영역을 침범하지 않는다.

금강산 관광으로 현대아산으로부터 9억 3,000만 불 정도를 받은 기관은 민경련(조선민족경제협력연합회)이나 아태평화위원회이다. 이들 단체는 민간경제에 속한다. 이들이 받은 돈은 기본적으로 민간경제에 투자된다. 실제로 금강산 관광 등으로 현금이 북한으로 들어가는 시절에 북한은 중국에서 원자재 등을 사들였다. 민간경제로 흘러 들어간 돈이 민간경제 쪽에서 사용되었다고 볼 수 있는 증거이다. 따라서 금강산 관광의 대가가 전부 핵 개발로 전용되었다고 보기에는 무리가 따른다. (정세현, 「북 경제구조 모르고 '핵·미사일 개발 비용' 논하지 마라」, 프레시안 2009년 7월 7일)

북한의 중심 권력은 이제 서서히 3세대로 옮겨가고 있다. 김국태의 딸인 김문경은 당 국제부 부부장, 사위 리흥식은 외무성 국장으로 일하고 있다. 또 김원홍 국가안전보위부장의 아들인 김철, 최룡해 군 총치국장의 아들인 최준, 김영남 최고인민회의 상임위원장의 손자인 김성현 등도 당·정·군이나 무역 활동 요직에서 신진 엘리트 그룹을 형성하고 있는 것으로 알려졌다.

북한에서 혁명 1세대는 일제강점기와 항일투쟁을 경험한 김일성(1912년생)의 세대이며, 2세대는 6·25전쟁과 사회주의 부흥기(1970년대 전반까지)를 경험한 김정일(1942년생) 세대를 일컫는다. 3세대는 6·25전쟁 이후 태어나 북한 사회주의 부흥의 혜택을 입다가 경제의 쇠퇴를 경험했다. 4세대는 1989년 이후 동유럽 사회주의의 붕괴와 '고난의 행군'(1995~1997년) 시절에 유년기와 청년기를 보낸 이들이다.

북한의 민간경제 분야에서는 혁명 3세대가 부상하고 있다. 혁명 3세대는 북한 사회주의의 변화를 원하는 세대로 분석된다. 이들은 이전 세대와 달리 경제개혁에 찬성하고 사회주의 국제연대보다 민족적 차원의 경제발전에 관심이 많다. 그래서 남한과의 경제협력에 적극적이다. 그리고 경제적 단위와 소유 주체로서 국가보다 가족을 중시하고 있다. (동아일보, 2009. 1. 10)

그동안 북한 당국은 혁명 3세대의 '일탈'을 막기 위해 당근과 채

찍을 함께 사용해 왔다. 1991년 '청년절'을 제정하는 등 청년 중시 정책을 펴는 한편 각종 사상 교양과 교육 등을 통해 이들을 단속하고 물리적 제약도 가했다. 노동신문은 김정일의 건강 이상설이 최고조였던 2008년 10월 21일 논설에서 "혁명의 1세대들이 개척하고 2세대들이 굳건히 고수해 온 주체혁명 위업의 성패는 3, 4세대의 준비와 역할에 달려 있다"라고 강조했다. 이 신문은 "혁명의 1세대들을 몰라보고 그들의 공적을 무시하려는 사람들, 환경의 변화와 시대의 추세를 운운하며 혁명 선배들이 목숨 바쳐 개척한 투쟁의 길에서 탈선하려는 사람들"을 '배신자, 변절자'라고 비판하며 혁명 3, 4세대를 겨냥했다.

엄밀히 말하면 북한에서는 보수파도 없고 개혁파도 없다. 김정은의 지침대로 움직이는 관료들만 있을 뿐이다. 유일영도체계 내에서는 당조차도 독자적인 목소리를 낼 수 있는 조직이 아니다. 하지만 생각의 다양성은 존재한다. 그리고 노동당은 집체적 의사결정 과정을 거친다. 토론의 과정에서 여러 의견이 교환된다. 한국전쟁을 경험하지 않은 젊은 세대들은 개혁·개방에 적극적임을 고려해야 한다.

북한의 경제 부분 일꾼 중에서 제2경제위원회에 소속된 사람들은 군수산업의 발전을 위해 일을 한다. 비록 주민들의 생필품을 가끔 생산할 수 있으나, 기본적으로 그들은 주민들의 삶을 개선하는 경공업과는 무관하다. 하지만 내각 산하에 있는 사람들은 민간경제의 발전을 위해 노력한다. 만약 대북 제재가 해소된다면 남북경협이 추진될 것인데, 어떤 세력과 협력해야 할지 명확하다. 아마 혁명 3세대의 실용적인 생각을 잘 유도한다면, 지금보다 더 나은 남북경협이 추진될 것이다.

4. 자립적 민족경제

　북한의 경제체제는 폐쇄적으로 알려져 왔다. 하지만 북한도 나름대로 외국의 자본을 유치하려고 노력했다. 1984년에는 최초의 외국인 투자 유치법인 합영법을 제정한다. 그 이후 1985년 5월까지 북한은 합영법 시행세칙, 합영회사 소득세법 등 합영법 시행을 위한 후속 조치를 발표하였다. 그러나 실제 투자유치 실적은 미미했다. 1984년부터 1992년 7월까지 체결된 계약 140여 건 가운데 116건 1억 5천만 달러가 조총련 기업이 투자한 사업이다.

　한편 94년 1월 20일 북한 최고인민회의에서는 이 합영법의 일부 조항을 수정한 새 합영법이 통과됐다. 주요 골자는 선진기술을 보유한 외국기업이나 개인과 경쟁력 있는 상품생산, 사회간접자본 건설 프로젝트, 과학기술, 연구계획 분야에서 합작투자 등을 적극적으로 추진한다는 것이다. 새 합영법에 따라 북한은 외국 합작 투자자에게 소유권과 독자적인 경영권을 부여하게 될 것이다.

　또, 북한은 1991년 12월 나진·선봉지역을 자유경제무역지대로 지정하였다. 나진·선봉 자유경제무역지대에서는 외국인 투자에 대해 조세 감면 등 각종 세제 혜택을 부여하고 무사증제도를 적용하는 한편, 합영법과는 달리 남한 기업 및 개인에 대해서도 합영 기업·

합작 기업·외국인 기업의 설립을 허용했다. 그리고 1992년 10월 투자유치의 총괄적 기본법 성격을 띤 '외국인투자법'을 제정하면서 외국의 투자를 유도했다. 하지만 1997년 말 현재 나진·선봉지대의 투자 계약은 총 111건 7억 5,077만 달러에 불과하며, 특히 실행 기준으로는 투자가 77건 5,792만 달러에 그치고 있다.

2000년대 들어오면서부터는 '자기완결적 자력갱생'으로부터 국제 분업 질서를 인정하는 '개방형 자력갱생'으로의 변화도 보였다. 2002년 9월에 신의주행정특구, 10월 개성공업지구, 11월 금강산관광지구 지정을 발표하여 대외 개방지역 확대를 의도했다. 이 중 신의주 행정특구 설치는 중국의 비협조로 2004년 8월에 폐지되었다.

김일성종합대학 홈페이지에는 북한이 말하는 합영기업, 합작기업, 단독기업이 무엇이며 어떤 특징이 있는지 설명이 나와 있다. "합영기업은 북한 측 투자가와 외국 측 투자가가 공동으로 투자하고 운영하며 투자몫에 따라 분배하는 기업을 말한다. 합작기업은 북한 측 투자가와 외국 측 투자가가 공동으로 투자하고 북한 측이 운영하며 계약조건에 따라 상대측의 투자몫을 상환하거나 이윤을 분배하는 기업을 말한다. 외국인 기업은 외국인 투자가가 기업설립에 필요한 자본의 전부를 단독으로 투자해 창설하며 독자적으로 경영활동을 하는 기업을 말한다." 그리고 투자가의 투자 자격에 대해 "우리 나라 외국인투자기업관계법에서는 투자당사자에 대하여 제한을 두지 않고 있다."라며 "투자할 수 있는 당사자들은 외국법인과 개인, 북한 영역 밖에 거주하고 있는 조선 동포들이다"라고 설명하고 있다. 그리고 "법인에는 다른 나라에서 법인으로 등록된 국가기관, 회사, 기업체, 국제경제기구 같은 것이 속하며 개인에는 개별적인 공민들이 속한다. 외국인투자기업관계법에서 말하는 개인은 법적으로 인정되는 완전행위능력자를 말한다. 개인은 민법상 서로 동등한 법적 지위에서 재산관계를 맺을 수 있으므로 개인이 투자해 기업을 창설하면 투자가로 될 수 있다."라고 밝혔다.

북한도 자신들의 체제를 유지하기 위해 외국 자본의 투자를 계속 노력해 왔다. 그리고 자본주의 경제를 배우기 위해 수시로 단기 연수생을 EU 국가에 파견하고 있다. 하지만 아직 외부의 투자자들이 북한을 매력적인 합작 상대로 생각하지 않고 있다. 핵 문제로 대표되는 정치적 불안정뿐만 아니라 경제적인 파트너가 되기에는 북한의 경제구조가 너무 낙후된 탓이기도 하다.

앞으로도 북한은 경제난을 극복하기 위해 외부의 투자를 유치하기 위해 노력할 것이다. 그것은 북한 당국도 거스를 수 없는 시대적 흐름이다. 하지만 북한의 본질은 변하지 않는다. 북한은 경제체계를 사회주의적으로 개조한 이후 지금까지 자력갱생의 원칙에 입각한 자립적 민족경제를 건설한다는 정책 기조를 견지하여 오고 있다.

북한이 주장하는 자립적 민족경제란 "생산의 인적·물적 요소들을 자체로 보장할 뿐 아니라 민족국가 내부에서 생산·소비적 연계가 완결되어 독자적으로 재생산을 실현해 나가는 체계"를 의미한다. 북한은 이러한 경제발전 노선에 따라 대외경제 관계를 최소한의 필요 원자재 및 자본재를 수입하는 보완적 차원으로만 인식하고 있으며, 수출은 원자재 및 자본재를 수입에 필요한 외화획득의 방편으로만 활용해왔다. (통일부 통일교육원, 「북한이해 2009」)

자립적 민족경제 건설의 기본정신이 되는 자력갱생에 대하여 북한은 "혁명과 건설에서 나서는 모든 문제를 자신이 책임지고 자체의 힘으로 해결하여 나가는 립장과 정신"이라고 정의하고 있다. 자력갱생은 경제적인 면에서는 생산수단에 대한 대내 수요를 기본적으로 자체에서 충족시킬 뿐만 아니라 기술혁명과 확대재생산의 물질적 조건을 자체 내에서 해결한다는 것으로 요약된다.

2009년 3월 26일자 「노동신문」에는 논설 '자립적민족경제건설은 자주권수호의 중요한 담보'가 실렸다. 여기서 논자는 "경제적자립을 이룩하여야 나라의 자주권을 지킬수 있다. 어떤 나라든지 튼튼한 자립적민족경제토대를 가지고있지 못하면 불가피하게 다른 나라, 특히 발전된 나라들에 경제적으로 의존하지 않을수 없게 된다. 경제적으로 다른 나라에 의존하면 정치적으로도 예속되게 된다. 경제적예속은 곧 정치적예속을 가져온다. 이것은 지난 시기 제국주의자들이 ≪원조≫를 미끼로 발전도상나라들의 내정에 로골적으로 간섭하고 나중에는 그 나라들을 정치경제적으로 예속시킨 사실들을 통해서도 잘 알수 있다."고 주장하고 있다. 이것은 북한 당국의 인식을 극명하게 드러내는 것이다.

이명박 대통령은 북한이 핵을 포기하고 경제를 개방체제로 전환하면, 여기에 400억 달러의 국제협력자금을 투입하여 북한 경제를 매년 15~17%의 경제성장을 이룩하여 10년 후에 1인당 국민소득을 3천 달러로 만드는 '비핵개방3000'을 발표했다. 하지만 북한이 생각하는 경제의 개방은 어디까지나 자립적 민족경제를 바탕으로 외국과 합작하겠다는 의미이다. 다국적 기업이 거리 곳곳에 들어오고, 외국의 투자자들이 북한 기업을 인수할 수 있는 단계가 아니다.

외부 세계는 북한도 어쩔 수 없이 개혁·개방의 길로 나올 것으로 생각한다. 실제로 북한도 외국과의 경제 합작에 적극적이다. 하지만 주체사상의 원칙인 경제에서의 자립을 계속 고수할 수밖에 없다. 그래서 주민들은 자립적 민족경제의 테두리에 갇혀있는 상태이다. 북한은 꼭 필요한 분야에만 외국과의 합작을 추진하려고 한다. 외국의 거대자본이 북한 기업을 마음대로 인수하여 자본주의적 방식대로 운영하는 것은 자주권을 짓밟는 행위라고 생각한다. 그러니 북한 전역을 경제특구처럼 개방하는 것은 북한 체제를 붕괴시키는 것으로 생각한다.

경제 개방의 범위는 넓다. 북한 경제를 자본주의화하여 국제질서에 편입시키는 것을 의미할 수도 있고 극히 제한된 범위에서 외국과의 합작을 의미할 수도 있다. 북한 정권의 붕괴를 바라는 사람들은 전자를 의미한다. 하지만 북한 당국은 경제의 자본주의화를 곧 정권의 붕괴로 받아들인다. 그들이 생각하는 것은 어디까지나 자립적 민족경제를 벗어나지 않는 범위 내에서의 합작이다. 따라서 남한 일부에서 주장하는 개혁개방은 김정은의 정권을 내놓으라는 소리로 받아들인다.

자신의 정권을 그냥 내놓을 집단은 없다. 북한 당국이 추진하는 경제 개방은 자신의 것을 바탕으로 필요한 것을 보충하는 형태이다. 낙후되었지만 운영할 수 있는 경제 시설까지 외국의 자본에 넘길 생각은 눈곱만큼도 없다. 북한의 경제인들이 외국 자본을 유치하고자 노력하는 모습을 볼 때 이것을 명심해야 한다. 아직 그들은 자립적 민족경제의 틀 안에 갇혀있다.

5. 7.1 경제관리개선조치

　북한은 90년대 중반 이래 장기간의 경제난으로 계획경제 시스템의 정상적인 작동이 불가능해짐에 따라 시장을 통해 주민들이 필수품을 구입하게 된다. 이에 따라 '법 따로 현실 따로'가 일상화되었다. 그래서 북한 당국은 2002년 7월 1일 시장경제 요소가 가미된 새로운 경제정책 즉 '7.1경제관리개선조치'를 내놓는다. 이것은 실적주의, 실리주의, 실력주의와 함께 시장경제 요소를 도입한 것으로 평가되었다.

　북한 당국은 과거 국가가 무상에 가까운 가격으로 공급하던 식량과 생필품을 주민들이 인상된 가격으로 직접 구매토록 하였다. 쌀(kg당) 8전 → 44원(550배), 돼지고기(kg당) 7원 → 170원(24배), 버스요금 10전 → 2원, 평양-청진 간 철도요금 16원 → 590원(37배)으로 인상되었다. 그리고 광산 노동자 등 중노동자 월급은 240~300원 → 6,000원(20~25배), 일반 노동자의 월급은 110원 → 2,000원(18배)으로 인상되었다. 종래 고평가되어온 북한 원화의 환율을 나진, 선봉지역 수준으로 현실화 (1불당 2.2원 → 153원 정도)하고 관세를 2배로 인상하였다

　북한은 1961년 12월 대안의 사업체계가 수립된 이후 공장 당 위

원회를 최고기관으로 하는 집단지도체제를 확립한다. 이것은 경제관리체계에서 당의 지도성 강화를 도모하고 당의 정치지도체계와 국가의 행정기술지도체계를 조합시켜서 통일적인 공장지도체계를 수립하는 시스템을 의도하고 있다. 이후 북한의 모든 산업, 상업, 농업 체계에서는 당의 지도가 강화되었다. 사회주의 체계는 기본적으로 노동계급의 정당이 사회 전반을 지도하는 체계이다.

북한이 대안의 사업체계를 도입한 것은 사회주의 체제의 특성상 경제 전반을 당이 책임지고 또 지도하기 때문이다. 그렇다 보니 매 공장·기업소마다 당 차원에서 운영을 도와주고 지도하는 사람을 배치하게 되고 그 사람이 바로 '당비서'인 것이다. 당이 공장을 지도하고 이끄는 역할을 강화하는 측면에서 공장·기업소 당 위원회가 기업소의 최고 지도기관으로 된 측면도 있다.

일제 해방 직후 북한의 공장·기업소들은 기본적으로 소속 노동자들의 것이 되었다. 노동자들이 '자치위원회' 등을 조직하여 해당 공장·기업소를 자체적으로 운영했다. 그러나 공장 운영을 총괄하는 노동자들의 대표라고 볼 수 있는 지배인이 '회사 사장'처럼 군림하는 폐해는 남아 있게 된다. 그리고 모든 권한이 지배인에게 집중되어 있었기 때문에 기업 운영에 노동자들의 집단적 지혜와 창의성을 발휘하는 데는 한계가 있었다. 따라서 김일성은 발전하는 북한 경제의 흐름에 따라 모든 공장·기업소에서 지배인의 권한을 낮추고 '집단이 책임지는' 형태로 변화시킨 것이다. 결국 대안의 사업체계는 사회주의 북한 경제의 발전에 따라 도입된 체계로서 노동자들의 창의성을 높이기 위해 확립되었다고 볼 수 있다. 이런 정책은 현장에서 큰 성과를 거두어서 당시 북한의 공장·기업소는 생산량을 초과 달성한 모습을 보였다.

하지만 김정일 시대 때는 경제를 활성화하기 위해서 생산성을 향상하는 쪽으로 방향을 전환했다. 기업경영을 지배인 중심으로 재편하면서 당·정 인원을 약 30% 감축하였다. 회계법을 제정(03.3)하여 실적평가를 생산량 위주에서 이윤 중심으로 전환함으로써 수익 위주의 기업경영을 유도했다. 2004년에는 기업이 사용하지 않는 여유자금을 국가가 동원하지 못하도록 명문화하였으며, 과거 이윤 대비 70~80%까지 이르렀던 국가납부금(남한의 법인소득세에 해당)을 30~50% 대폭 인하하여 기업이 운영할 수 있는 이윤 규모를 증대하였다. 그리고 기업의 자율성을 증대하면서 국가에서 지원받던 것을 자체적으로 조달하도록 유도했다. (통일부 통일교육원, 「북한 이해 2009」 참고) 그리고 생산품 일부를 시장에 판매할 수 있도록 허용하는 등 기업의 경영자율권을 확대하는 동시에 부실기업 폐쇄 및 기업 통합 등 작업을 병행함으로써 기업의 채산성 향상을 유도하고 있다.

한편, 농업 부문에서는 협동농장에 분조를 더 작은 단위로 나누어 분할 경작하게 하는 권한을 부여하였으며, 분조 단위에 초과 생산물의 자율처분권, 수익금의 사용권까지 부여하였다. 작업반 단위 내에서는 경작 허용 면적을 기존 30~50평에서 400평으로 확대하였다.

또한, 농민시장을 대규모 종합시장으로 신·개축 (전국 300여 개 목표) 하고 기업에 국영점 운영권을 부여하면서 종합시장 내 매대를 개인과 기업에 임대해서 사용료와 국가납부금을 징수하고 있다. 이에 따라 식당·당구장·가라오케 등 요식·향락 업소가 증가하고 상업광고도 등장하고 있다.

7.1조치는 나름대로 성과를 내었다. 식량 생산량이 2002년 이후 3년 연속 400만 톤대를 넘어서고 80년대 후반 수준을 회복하고 있는

가 하면, 도소매업이 2003년 9.8%, 2004년 21.7%로 성장하고 있다. 무역 규모도 2003년 5.7%, 2004년 19.2%로 급증했다. 그러나 7.1조 치로 해결할 수 없는 에너지 및 원자재 난은 여전하여서 공급경제의 애로는 아직 심각하다. 2004년도에 경공업 생산이 -0.2%를 보이는 가 하면 중화학공업도 불과 0.7%의 성장세에 머무르고 있다.

7.1조치 이후 북한 경제는 인플레 현상이 나타났다. 쌀 1kg의 국 정 가격은 44원이지만 시장가격은 800~900원에 거래되고, 돼지고 기 1kg의 국정 가격은 110원이지만 시장에서는 2,500원이며, 운동 화 1켤레의 국정 가격은 180원이지만 시장가격은 1만 5,000원(중국 산) 정도 한다. 노동자 한 달 월급으로 돼지고기 1kg밖에 못 사고 연 평균 300~400%씩 상승하는 살인적인 물가에 북한 주민들은 한숨 만 푹푹 나온다고 한다.

그리고 사회 양극화 현상도 나타나고 있다. 대외시장이나 국내시 장에서 경쟁력 있는 기업소, 기관들은 많은 수익을 올리게 되면 타기 업소보다 월등히 많은 월급을 지불하기도 한다. 실리 경제를 잘 활용 하고 장사 수완이 좋은 사람은 개인적으로 재산을 축적하고 있다.

7.1조치가 북한 사회에 끼친 영향은 컸다. 과거에는 당원이 되는 것을 목표로 삼을 정도로 당성을 중요시했지만, 이제는 돈을 많이 버는 사람이 능력 있는 사람이 되었다. 기업은 이윤을 추구하기 위 해 자본주의적 요소를 많이 도입했으며, 서비스업계에서는 손님을 유치하기 위해 갖가지 노력을 다하고 있다. 북한을 방문한 사람에 의하면, 평양 양각도국제호텔 회전식당에서 봉사를 하는 봉사원이 자신들의 서비스가 좋았는지 평가해달라는 설문조사까지 했다고 한 다. 그 항목으로는 '음식이 맛있었습니까?', '식당 환경이 마음에 드 십니까?', '가격이 적합합니까?' 등이다.

물론 북한이 7.1조치 이후 자본주의 체제로 변한 것은 아니다. 북한 당국은 주민들이 '황색 바람' 즉 자본주의적 요소에 물드는 것을 계속 경고하고 있으며 대대적인 단속을 벌이기도 한다. 결국 체제에 대한 위협이 없는 한도 내에서 경제 회생을 위한 실적주의를 도입한 것이다.

또한, 대안의 사업체계도 폐지된 것이 아니라고 주장한다. 애초 대안의 사업체계는 노동자들의 지혜와 창발성을 높이고 기업경영에 있어 노동자들의 참여를 보장하기 위해 도입되었는데, 2000년대 실시된 각종 조치는 국가의 결정 권한을 더욱 축소하고 노동자들의 책임을 더욱 강화하는 측면으로 도입된 것들이기 때문이다. 기업의 독자성을 보장하고 기업 노동자들의 창의성과 지혜를 높인다는 측면은 대안의 사업체계가 추구하는 방향과 일치한다고 볼 수 있다.

하지만 분명 변화의 물결이 시작된 것은 틀림없다. 북한 경제가 완전히 회복하여 배급제도가 부활하지 않는 이상 주민들은 장마당에서 생필품을 구입할 수밖에 없으며, 기업들은 자체적인 노력으로 이윤을 창출하지 않을 수 없다. 사상에 의해 공장이 움직이는 것이 아니라 이윤에 의해 공장이 움직이고 이윤을 창출한 만큼 월급을 받는 현상이 나타났다. 주민들은 당의 영도로 움직이는 것이 아니라 돈의 흐름에 따라 움직이고 있다. 그래서 직장을 가진 사람이 더 많은 돈을 벌기 위해 부업을 갖는 현상도 많이 나타나고 있다.

6. 자본주의의 물결, 장마당

원래 북한에는 농민 시장이 존재했었다. 여기서 북한 주민들이 감자, 채소 등 부식물을 거래하였다. 하지만 쌀을 비롯한 기본적인 필수품들은 배급에 의존했기에 매우 제한된 품목만 거래하였다. 하지만 1990년대 중후반 식량난과 대량 아사가 발생하자 모든 품목을 다루는 종합 시장(장마당)이 등장하기 시작했다. 배급이 끊긴 상태에서 북한 주민들은 장마당에서 필요한 물품을 사면서 연명했기에, 장마당은 북한 전역으로 퍼져나갔다.

어쩔 수 없이 북한 당국은 2002년 7월 1일 시장을 합법화했다. 이로써 북한의 시장은 당국이 관리하는 형태를 띠게 된다. 당국의 허가가 있고 난 뒤 북한의 시장은 더 빠른 속도로 발전한다. 북한 시장의 발달로 상품의 가격도 시장에 의해서 결정된다.

당국에서 보장하던 생활필수품의 공급이 부족해지자 개인들은 공장이나 기업소 또는 외화벌이 기관들을 통해 제품 생산에 필요한 재료와 설비를 구입한 뒤, 이를 수공업 방식으로 가공하여 상품으로 만들어 시장에 판매하였다. 생필품 제조가 진행되고 유통구조가 형성되면서, 이를 계기로 몇몇 개인들은 소규모 자본을 축적할 수 있었다. 개인들의 자본이 축적되자 수입한 물품의 유통사업에 참여하는 등 개인들의 시장 활동 영역이 급속하게 확대되었다.

기업들 역시 당국의 재정적 지원을 받을 수 없는 상황에서 독자적인 생존 전략을 수립해야 했기 때문에 자금력과 시장의 경험을 가진 개인들과 제휴하는 양상을 보였다. 여기에서는 여러 가지 형태가 나타났는데, 공장이나 기업소가 생산하고 개인이 판매하는 행태가 있는가 하면, 역으로 진행되기도 하였다. 또한 이들의 명의를 빌려 개인이 생산과 판매를 모두 주도하고 일정액을 공장·기업소에 지급하는 모습도 나타났다. 공장이나 기업소가 당국의 승인을 받아 중국으로부터 상품을 수입하여 중간 상인들에 이를 넘기는 장사를 하기도 했는데, 여기에서도 개인 자본과 연결되는 경우가 많았다. (김창희,「북한 정치와 김정은」, 제5장 참조)

장마당에서는 북한 말로 "고양이뿔 빼놓고 다 있다."라는 말이 있을 정도로 다양한 물건이 거래되고 있다. 특히 중국을 통해 다양한 공산품들이 유입되며 물건의 질은 떨어지더라도 최신의 상품들이 거래된다. 하지만 장마당에서 제일 많이 파는 것은 음식이다. 음식 장사를 하는 사람이 한 60%, 옷 파는 집은 10% 정도, 중기(가전제품)를 파는 집 10%, 나머지는 사소한 것들로 신발, 자전거 부속, 텔레비전 부속, 돼지 고깃집, 수리점, 과일점, 사탕점 이런 것들이다. (데일리NK 2006. 10. 27)

정확한 통계는 아니지만, 시의 경우 대략 3~4개의 장마당이 존재하고 있는 것으로 파악되고 있다. 인구가 가장 많은 평양(19개 구역)은 구역별로 장마당이 1개씩 있다. '통일거리'는 인구가 많아서 장마당이 2개 있다. 행정구역상 평양시에 속해있는 강동군의 경우 3개의 시장이 있다. 소규모 시장으로는 67호 군수품 공장 시장과 하리 역전 시장이 있고, 비교적 규모가 있는 시장은 강동읍 시장이다.

북·중 무역의 교두보인 신의주의 경우 남신의주에 한 곳, 신의주에 3곳(채하, 남중, 동서(평화시장))이 있다. 평양에 이어 제2의 도시라 불리는 청진에도 큰 구역에는 장마당이 2개씩 존재한다. 군(郡)의 경우는 대부분 읍 장마당이 하나씩 있고, 소규모의 농민 시장이 1~2개씩 있다.

전국에서 가장 큰 시장은 평성 은덕동 장수골 시장이다. 통행증이 없는 상인들은 평양에 가지 못하고 평성 시장에 물건을 내려놓는다. 따라서 평양 상인들이 직접 평성에 가서 물건을 구매한다. 그래서 평성 시장이 도매 시장 기능을 평양 시장은 소매 시장 역할을 하게 되었다.

한편 시장이 발전하면서 주민들의 의식도 변화하기 시작한다. 가장 큰 변화는 자본주의적 생활양식이 침투하고 있다. 이제 자기 삶은 자신이 책임져야 한다는 생각을 가지게 되었다. 당을 믿고 있다가 굶어 죽은 사람들을 본 사람들이 자신의 노력으로 생활을 영위하기 시작했다. 이것은 최고지도자와 당 조직에 대한 신뢰가 무너져가는 것을 의미한다. 적어도 당에서 생일상이나 환갑상을 줄 때는 주민들의 충성심도 컸으나, 생활을 책임져주지 않는 당과 최고지도자에게 가슴에서 우러나는 충성심을 가질 수는 없는 일이다.

김일성이 사망했을 때 북한 전역이 울음바다가 될 정도로 북한 주민은 대성통곡을 하였다. 남한에서는 그런 모습을 쉽게 받아들이지 못하고 당에서 시킨 행동이라고 폄훼하는 사람이 있을 정도였다. 그런데 김정일이 사망했을 때는 주민들이 흐느끼지 않았다. 일부 계층이 눈물을 흘렸지만, 김일성 사망 때와 비교하면 너무나 차분했다. 장마당에서 살아남은 사람들이 최고지도자의 사망을 실신할 정도로 슬퍼할 이유는 없었을 것이다.

그리고 장마당을 통해 외부 세계의 정보가 유입되고 있다. 한국 드라마, 영화 등이 급속히 퍼지고 있으며, 주민들이 자본주의 세계에 대한 소식을 많이 접하고 있다. 외부의 생활상을 비교적 정확히 파악할 수 있는 상황에서 우리식 사회주의에 대한 환상은 없어져 가고 있다.

북한 주민들은 장마당에서 만나는 사람들과 비교적 자유롭게 이야기할 수 있다. 직장에 매여 있는 경우 자기 의사 표현을 함부로 할 수 없다. 체제에 대해 비판했다가는 수용소로 끌려갈 수도 있다. 보위부 요원들의 상시적인 감시하에 놓여 있기 때문이다. 하지만 장마당에서는 모르는 사람과 접촉하는 경우가 많다. 물건을 사고팔면서 한 이야기를 보위원에 신고하는 사람도 드물고, 신고한다고 하더라도 증명할 길도 어렵다. 체제에 대한 직접적인 비난은 할 수 없을지라도 간접적인 방법으로 현 체제에 대한 불만을 토로할 기회가 생긴 것이다. 북한에서 "남한 물건의 질이 좋다."는 말이 있는데, 이 말에는 여러 뜻이 함축되어 있다.

장마당이 본격적으로 등장한 이후 북한에서는 빈부의 격차가 커지고 금전 만능주의 사상이 확산하고 있다. 성분이 중시되던 시대에는 노동당원이 좋은 신랑감이었으나 이제는 돈 많은 신랑감이 인기가 더 좋다. 1980년대까지만 해도 화교, 재일교포가 아무리 돈이 많더라도 출신성분 때문에 부정적 평가와 홀대를 받았는데, 이제는 토대나 출신이나 직위보다는 경제적 능력에 따라 평가받고 있다. 따라서 직업 선택과 배우자 선택의 기준도 변하여 돈을 많이 벌고 생필품을 쉽게 구할 수 있는 직업이 인기가 있다. 장사하는 사람들에 대한 부정적 인식이 바뀌었고, 너도나도 장사를 오래 하다 보니 노하우가 생겨 당장의 이익보다는 장기적인 안목에서 물건값을 정해 팔고 있으며 감가상각에 관한 생각, 돈의 회전율에 관한 생각들도 자연스럽게 만들어졌다. (프레시안, 2006. 7. 28)

북한 당국은 시장의 급속한 확산을 방지하고자 2005년부터 다시 시장을 통제하기 시작했다. 2005년 10월부터 "배급제 복귀", "만 40세 이하 장사 금지", "공산품 시장 판매 금지", "10일장으로 전환" 등의 다양한 시장 통제 조치를 내놓는다. 그러나 실효성을 거두지 못하고 있다. 이미 시장이 주민들의 생활 속에 뿌리내렸으며, 당 간부들도 시장에서 나오는 뇌물로 배를 채우고 있기 때문이다.

특이한 것은 장마당이 본격적으로 등장한 이후 북한에서 몰래 촬영한 영상물에는 북한 주민들이 사회안전성 요원에게 상당히 강한 저항과 불평불만을 토로하고 있는 장면이 등장하고 있다. 과거에는 상상도 못 할 행동이었지만 생존이 달린 장사를 통제하자 저항 의식 싹튼 것이다.

김정일 사망 이후에 정권을 잡은 김정은은 장마당을 대대적으로 장려하고 있다. 실제로 장마당 돈주들에게 국가에 일정 수준 이상의 돈을 내주면 노력 영웅 칭호를 수여하고 김정은 표창장을 수여하고 있다. 이런 방식으로 재정을 확충하면서 명예도 주는 방식으로 장마당을 활성화하고 있는 셈이다. 덧붙여 여타 지방에서도 장마당을 크게 늘리는 한편, 경제특구도 17곳을 지정하는 등의 행보를 보이고 있다.

지금의 장마당에서 북한 체제에 대한 직접적인 폭동은 일어나지 않고 있다. 주민들도 대놓고 체제를 비판하는 것은 아니다. 하지만 그들의 생각이 서서히 바뀌고 있다. 자기 삶은 스스로 책임져야 한다는 개인주의적이고 자본주의적인 생각이 싹트고 있다. 북한 당국도 어쩔 수 없이 장마당을 인정할 수밖에 없으며 적당한 선에서 타협이 이루어지고 있다. 직접적인 반항이 없는 한 주민들의 생존방식을 인정하는 쪽으로 바뀐 것이다.

북한은 더 이상 월급으로 사는 사회가 아니다. 식량과 생필품 공급체계가 무너지면서 월급은 사실상 무의미해졌다. 당 간부들에게는 생필품이 국정 가격으로 공급되지만, 일반 주민들은 대부분 암시장에서 구해야 한다. 월급보다 필요한 물품을 구할 수 있는 능력이 중요한 사회가 되었다. 한 달 월급으로는 외제 담배 한 갑 사기도 힘들어졌고, 술 한잔하기도 어렵다. 대부분은 갖가지 부업에 나선다. 집에서 가축을 기르거나 장사를 한다. 돼지 한 마리 잘 기르면 1년 치 월급 이상을 벌 수 있다. 그래도 사람들은 직장을 떠나지 못한다. 마음대로 직장을 그만둘 수 없을 뿐 아니라 그나마 식량 배급이라도 받으려면 직장이 있어야 하기 때문이다.

북한의 월급체계는 각 부분, 기능, 직급, 학위, 근속 연수 등에 따라 세분돼 있다. 사회주의 헌법(제70조)에 명시된 "공민은 능력에 따라 일하며 노동의 량과 질에 따라 분배받는다"는 원칙과 노동법에 따른 사회주의 분배 규정에 따라 노동시간, 작업량, 근무조건 등 세부적으로 명시된 규정에 의해 월급이 책정된다. 북한만큼 노동의 강도나 질에 따라서 월급체계가 세분된 곳도 드물 정도다.

근로자 중 월급을 가장 많이 받는 곳은 탄광이다. 내각의 상(장관)이나 대학의 교수보다 월급이 더 많다. 일이 힘들면 월급도 많이 주는 논리다. 그렇다고 광부의 생활이 여유로운 것은 물론 아니다. 월급이 많아도 자원하는 사람이 많지 않다. 보통 대졸 노동자는 고졸보다 10~20%를 더 받는다. 용광로 같은 위험하고 힘든 곳에 배치받으면 조금 더 지급된다. 대졸 입사자에게는 '기사' 급수가, 고등전문학교 졸업자에게는 '기수', 고졸자에게는 '기능' 급수가 매겨져 있다. 보통 1급부터~7급까지다. 2~3년에 한 번씩 급수 향상을 위한 검정시험을 치른다. 급수별로 월급이 달라지기 때문에 신경을 많이 쓴다. 의사, 설계원, 은행원 등 전문직은 물론 이발사까지도 1급부터 7급까지 급수가 매겨져 있다.

대학교수는 조교원, 교원, 상급교원, 부교수, 교수의 5개 직급으로 나뉘며, 교수는 1급, 부교수는 2급의 급수가 매겨져 있다. 교수들도 근속 연수나 학위, 직급에 따라 월급을 받는다. 기본급 외에 연한 가급금, 학위에 따른 특별보상금 등이 추가된다. 일반 근로자들은 '공훈' 칭호를 받으면 학사(준박사)에 해당하는 금액이 추가되며, '인민' 칭호를 받으면 박사에 해당하는 금액을 더 받는다. 근무 기간에 따른 연한 가급금 조정은 2년마다 있는데 대개 한 번에 1~2% 정도 오른다. 북한은 인플레를 공식적으로 인정하지 않기 때문에 물가상승에 따른 임금 인상은 없다. (http://nk.chosun.com/news/articleView.html?idxno=151908)

공급체계가 원활하던 시기에는 월급이 소중했고, 사람들은 한 푼의 월급이라도 더 받기 위해 검정시험, 학위 등을 취득하기 위해 야간대학에 다니는 등 열심히 노력했지만, 최근엔 그런 분위기도 사라져가고 있다.

7. 돈주와 정경유착

북한은 해방 이후 계획경제를 기반으로 배급제도를 시행했다. 국영상점에서 돈으로 구매할 수 있는 물품도 정해져 있었다. 그래서 임금이 많은 사람보다 필요한 물자를 잘 구할 수 있는 지위에 있는 사람들이 선망의 대상이었다. 하지만 배급제도가 무너지면서 장마당이 성행하자 돈이 위력을 발휘하기 시작했다.

중앙SUNDAY와 동국대 북한학과 북한일상생활연구센터(센터장 박순성 교수)의 공동 조사에 의하면 북한에서 '돈주'라고 불리는 북한판 백만장자가 늘어나고 있다. 센터는 한국학술진흥재단의 지원을 받아 2008~2009년에 걸쳐 25명 탈북자를 심층 면담했으며, 중앙SUNDAY는 이를 토대로 10여 명을 추가로 심층 인터뷰했다.

그 가운데 장사를 하다 탈북한 사람들은 "지역마다 돈주들이 있다. 평양이 가장 많고 재산도 세다"고 꼽았다. 돈주가 있는 지역으로 나진·신의주·평성·원산·해주·사리원·회령·함흥 등 대도시와 온성군·무산군 등 전국을 망라했다. '누가 돈주인가'에 대해 장사했던 사람들은 같은 '장사꾼'을, 다른 이들은 '외화벌이꾼과 당 비자금 관리자'들을 꼽았다.

통일연구원 홍민 박사는 "황해도의 도시에선 5000~1만 달러 정도를 꼽기도 하지만 지역에 따라 80년대 이미 1만 달러, 90년대는 3만~5만 달러를 가져야 돈주로 봤다는 말도 있다.”고 했다. 1만 달러는 암시장 환율로 3,000만 원, 당시 평균 월급 2,500원인 근로자의 12,000개월 치 월급, 1000년 치 연봉이다. 사회주의 체제라 전기료나 교육비·의료비 등이 무료이기에 북한에선 엄청난 돈이다.

홍 박사는 “90년대 중반 이후 등장한 상인 가운데 부를 축적한 ‘돈주’는 2002년 7월 1일 경제관리개선조치, 2003년 5월 ‘종합시장 운영에 관한 조치’가 나온 뒤 상업자본가로 진화하고 있으며 북한의 변화를 감지할 수 있는 중요한 온도계가 되고 있다.”고 했다. 또 “돈주가 북한 전체 대외 교역의 70%를 장악하는 것으로 추정되고 있으며, 그들은 북한 상업 유통의 모든 단계에서 개입해 돈을 굴리거나 뒷돈을 댄다.”고 했다. (https://blog.daum.net/kjw77/13755708)

여윳돈을 가진 사람들은 재일 교포, 화교를 비롯해 무역 및 외화벌이 일꾼, 마약 장사꾼, 밀수꾼, 당 간부 부인 등 실로 다양하다. 외화벌이 기관이나 러시아에 벌목공으로 가서 돈을 벌었거나 해외의 가족이나 친인척이 송금해준 돈을 축적한 주민들이 돈주가 되는 경향이 있다.

(사)북한민주화네트워크의 「NKvision 8 호」(2008. 08)에 따르면, 돈주들은 목돈을 가지고 고리대를 전제로 한 사채업에서 유통, 부동산, 교통 운행까지 장악하고 북한 경제를 암암리에 움직이고 있다. 북한의 계획경제가 파탄되고, 공장 기업소들이 자율적 경제관리형으로 선회한 이후, 기관 기업소들과 연계하여 생산활동에 참여하고, 나오는 이윤을 나누는 방식으로 살아가고 있다. 또한 돈을 빌려주어 친인척 또는 지인들에게 장사를 장려하고 있다. 장사밑천을 빌려주는 대가로 월 30%에 달하는 금리를 적용해 돈을 받아내기도 한다.

이들의 뒤에는 '해결사'가 있는 것이 특징이다. 꾸어준 돈을 갚지 못하면 '해결사'들이 나타나 채무자를 처벌한다. 그의 집을 강제 퇴거시켜 경매에 부치거나, 따라다니면서 채무를 갚도록 괴롭히고 있다. 북한에서는 개인 상호 간 분쟁이 민법을 거쳐 조정되는 것이 아니라 '해결사'의 주먹에 의해 해결되는 것이다.

최근 몇 년 동안 평양을 비롯한 신의주와 평성 등지에서 돈주가 자본을 대어 아파트 공사를 하는 경우도 생겼다. 돈주가 돈을 대고 아파트를 지으면 돈 있는 사람들이 아파트를 사는 형태이다. 하지만 합법적인 것이 아니기 때문에 적발되면 돈주들이 돈을 날리는 일도 있다.

북한에서 유통업은 몇몇 '돈주'들의 손에서 좌우되고 있다. 이들이 손을 뻗치고 있는 지방은 함경북도 청진, 평안남도 평성과 남포, 신의주 등이다. 이 지역은 중국과 남한의 상품이 몰려들어 도매업이 성행하고 있다. 돈주들이 중국에서 상품을 사서 신의주로 들여오면, 도당과 도 인민위원회, 도 보안서에서는 상품의 보관과 유통에 협조하게 된다. 그러면 창고에 상품을 쌓기도 전에 전국에서 올라온 '작은 돈주'들이 차에 실어 지방으로 빼낸다. 이들은 돈을 트렁크에 넣어서 '큰 돈주'들에게 안긴다.

남북교역이 활성화되었던 시절에는 남포항에 한국산 제품이 넘쳐났다. 중국 상품보다 남한과 일본 상품에 더 가치를 느끼고 있는 북한 사람들의 수요에 맞게 주문해 들여온 상품들은 트럭에 실려 평성과 순천 등 장마당으로 넘겨진다. 이 과정에서 '돈주'들은 항에서 직접 항 세관과 한국 무역업자들을 장악하고 물건을 통째로 넘겨받는다. 물건이 도착하는 날에는 평성과 순천 등 전국 각지에서 몰려든 '작은 돈주'들로 항이 붐빈다고 한다. 항에서 직접 물건을 받은 '작은 돈주'들은 '큰 돈주'들에게 달러와 위안으로 돈을 거래한다.

달러에 관한 관심이 증폭되면서 북한에서 외화 환전도 하나의 인기 직종으로 급부상하고 있다. 국가 무역은행에서 공시한 외화환율이 너무 낮아서 주민들은 외화상점 앞이나, 호텔 앞에서 외화 암거래를 하는 것으로 알려졌다. 소식통에 의하면, 외화상점이나, 호텔 앞에서 할 일이 없이 떼를 지어 서 있는 여성들은 예외 없이 환전 '돈주'들이다. 이들은 국제시장에서 변동되는 달러화와 엔화 시세에 맞춰 북한돈과 외화를 바꾸어주면서 이윤을 챙긴다. 북한에서 외화 환전 자체가 불법으로 통제되기 때문에 환전꾼들은 보안원들과 내통하고 이윤을 나누는 방법으로 살아간다.

버스 운행도 개인에 의해 좌우되고 있다. 유통업에 손을 댄 '돈주'들은 중국에서 한 대당 5천 달러가량 주고 중고버스를 들여온다. 이런 중고버스들은 신의주만 해도 수십 대가 된다. 중국에서 새 버스한 대당 인민폐(人民幣) 100만 원(15만 달러)가량 하는데, 주행거리가 20만km가 넘은 폐차들을 북한에 수출하고 있다. 들여온 버스를 '돈주'들은 국가 산하 자동차사업소나 버스사업소에 등록하고 국가의 재산으로 '가등기'하게 된다. 실제 주인은 자기지만, 국가의 명의를 빌리는 것이다. 그들은 신의주-평양, 신의주-평성, 신의주-함흥 등버스 운행노선을 정하고 기름도 자신이 주유시키고 운전사도 자기가 고용한다. 버스 운행으로 벌어들인 수입 가운데서 20%가량을 버스사업소에 바치면 된다.

돈주들이 성장할 수 있었던 것은 북한의 관리들이 그들과 결탁했기 때문이다. 단속해야 할 당, 국가의 관리들이 그들과 이윤을 나눠먹는 식으로 기생하고 있다. 현실적으로도 돈주들의 자금이 있어야 기업소가 돌아가기 때문에 돈주들을 무작정 단속할 수도 없는 실정이다. 그리고 돈주들도 단속을 대비하여 국가에 많은 기부금을 내고 단속요원들을 자기편으로 만들어 놓고 있다. 북한판 정경유착이 끈끈하게 유지되고 있는 셈이다.

북한에도 자본의 힘이 빛을 발하면서 남한의 음성화된 사채 시장과 유사한 형태의 지하 경제가 자리 잡고 있다. 이들은 사회 각 분야에서 자신들의 영역을 굳혀놓고 막대한 이윤을 창출하고 있다. 당국이 단속하기에는 실물 경제에 끼치는 영향이 너무 크고 관리들과 이윤을 나눠 먹었기에 함부로 할 수도 없는 상태이다. 기업소는 이들의 도움이 실제 공장을 운영하는 데 큰 힘을 발휘하며, 북한 주민들도 장사하기 위해 이 돈주들에게 의지하는 경향이 늘어나고 있다. 물론, 돈을 제때 갚지 못하면 엄청난 보복이 뒤따르지만 어쩔 수 없이 돈주들에게 돈을 빌리는 사람들이 늘어나고 있다.

세월이 흐른 지금 북한의 돈주들은 예전보다 훨씬 많은 액수를 보유하고 있을 가능성이 크다. 이들은 국가로부터 안전을 보장받기 위해서 막대한 양의 공채를 사거나 헌금을 한다. 국가로부터 감사장이나 표창을 받으면 위법행위가 적발되더라도 안전할 수 있어서 기부금 경쟁이 붙기도 한다. 때로는 큰 돈주는 직접 나서지 않고 5~6명가량의 대리인(중간상인)을 두기도 한다. 따라서 큰 돈주가 밖으로 드러나지 않는 때도 있다.

일각에서는 북한 주민들의 사적 경제 활동이 활발해지면서 시장 경제 영역이 크게 확대되자 이를 체제 약화의 징후로 보기도 한다. 그러나 시장이 확대된 것은 북한 당국이 통제를 강화하지 않고 일부 양성화했기 때문이다. 북한에서 사금융, 돈주의 활동 등을 포함한 시장 영역의 확대는 갈수록 가속도가 붙겠지만 당국의 통제 아래 있으므로 이를 체제 약화의 징후로 볼 수는 없다.

북한의 부자들은 철저하게 체제에 순응하면서 살아가고 있다. 기존 체제가 허락하는 범위 내에서 부를 축적한 것이기 때문에 북한 정부에서도 모른 척하고 있다. 아마 열렬한 노동당원 이상으로 돈주들은 북한 체제를 사랑하고 있을지 모른다. 그들에게 막대한 부를 안겨준 조국이 얼마나 고맙겠는가? 실제 탈북한 사람 중에는 돈주가 한 명도 없다.

8. 보기 좋은 떡이 먹기도 좋다

과거 북한을 방문한 사람들이 진열된 상품을 볼 때는 조잡하다는 느낌을 많이 받는다. 상품의 질이 좋고 나쁘고를 떠나서 포장이 너무 구식임을 느꼈다. 도시의 거리도 단순하고 삭막한 느낌까지 든다. 계획 경제체제에서 오래 생활한 그들이라 애써 상품을 판매할 필요도 없기에 치장하는 면에서는 매우 뒤떨어져 있다.

하지만 2002년 7.1 사회주의경제관리개선 조치가 시행되면서 북한이 변하고 있다. 실적주의, 실리주의, 실력주의로 대표되는 7.1조치 이후 북한 기업소에서는 실적을 올리기 위해서 많은 노력을 기울이고 있다. 더 많은 성과급을 올리기 위해서 적극적인 판매 경쟁이 벌어지고 경쟁시스템까지 도입되고 있다. 판매원들은 원하는 상품에다 하나라도 더 끼워 팔려고 하고 매장에 원하는 물건이 없으면 다른 매장에서 빌려서라도 판다.

북한 경제의 변화를 가장 극명히 보여주는 것은 2003년 가을 문을 연 평양 시내 한복판에 있는 통일로 시장이다. 약 2,200개의 점포가 들어선 이곳에선 농산물에서 텔레비전까지 갖가지 상품을 팔기 위한 치열한 자본주의적 경쟁이 벌어지고 있다. 거래되는 식료품 가운데는 할당량을 채운 뒤 남는 농산물을 판매할 수 있다는 정부의

허가를 받은 농촌 지역 협동농장에서 가져온 것도 있다. (한겨레, 2004. 5. 1 참조)

기업소에서는 더 많은 성과를 올리기 위해 상품의 다양화와 품질을 개선을 이루고 있다. 상품의 종류와 포장이 다양해졌고 과자도 웨하스와 쿠키, 스낵, 젤리, 빵 등으로 분화되고 있다. '굴즙 요구르트', '과일단묵' 등 새로운 상품도 속속 선을 보인다. 또한 제품의 질도 높아졌다.

최근에는 여성의 패션도 변화하고 있다. 펑퍼짐하고 촌스럽던 패션에서 벗어나 몸매가 드러나는 세련된 옷이 유행하고 있다. 평양시 편의기술준비소 홍복순 재단사는 2006년 2월 12일 재일본 조선인총연합회 기관지 조선신보와 인터뷰에서 "옷선이 몸에 붙어서 몸매를 곱게 살리는 형태의 디자인이 최근의 경향"이라고 밝혔다. 특히 몸매를 늘씬하게 보이게 하려고 윗옷은 짧게 입고, 치마는 길게 입는 것이 추세다. 평양의 젊은 여성들은 길거리에서 다른 사람들의 옷차림을 눈여겨보고 이를 따라 하면서 유행을 주도하고 있는 것으로 알려졌다.

여성뿐 아니라 북한 남성들도 패션에 민감하게 반응해 세계적인 추세에 따라 옷을 입고 있다. 그동안 북한 남성들은 주로 허벅지 부분이 헐렁한 통바지를 즐겨 입었지만, 최근에는 허벅지와 발목 부분이 좁은 일자바지와 허벅지가 좁고 종아리 부분이 넓은 나팔바지가 유행하고 있다. 바지의 밑위길이(바지 허리선으로부터 엉덩이 아래선까지의 길이)도 짧아지고 있다. (세계일보 2006. 2. 12 참조)

과거 북한 사회는 계획경제 속에서 주민들의 사상 무장을 강조했다. 변하지 않는 신념을 강조하는 분위기 속에서 상품을 팔기 위한 경쟁은 일어나지 않았다. 당의 노선에 충실한 개인과 기업이 인정받는 분위기였다. 하지만 지금 북한은 변하고 있다. 지배인 중심의 기업경영과 함께 실적을 올리기 위해 많은 노력을 기울이고 있다. 하나라도 더 팔기 위해서는 상품의 포장과 판매원의 친절이 강조되고 있다. 그래서인지 점원들은 북한을 방문한 남한 사람들에게 친절하게 대한다.

2005년에는 양각도 국제호텔에서 체크아웃을 하는 남한의 기업가에게 40∼50m 떨어진 복도 끝에서 작업하던 객실 청소담당자와 지도원이 엘리베이터 앞에까지 달려와 "안녕히 가십시오. 다음에 또 저희 호텔을 찾아주십시오"라며 깍듯이 인사를 했다고 한다. 남한 사람들을 무뚝뚝하게 쳐다보며 경계하던 과거의 모습과는 너무 큰 차이가 난다. 개성이나 평양, 향산 등 남, 중, 북부 주민들 모두 해맑은 얼굴로 남측 인사들에게 반가워하며 손을 흔드는 모습도 자주 목격된다. 이제 북한 주민들에게는 남한 사람들이 분단체제에서 자신들과 대결하는 사람도 아니고 미제 식민지에 사는 불쌍한 사람들도 아니다. 그저 그들은 북한 주민들에게 북한 땅을 방문한 관광객으로 인식되고 있다.

평양 시내 아파트들도 밝은 색상으로 색칠되고 있다. 곳곳에 청량음료 광고판이나 식료품 등의 매대들이 많이 늘어나고 있으며 도시 분위기가 전반적으로 밝아지고 있다. 자본주의 도시의 화려한 네온 사인은 아니지만 좀 더 치장하려는 분위기는 확연히 느껴지고 있다. 2014년 12월 평양에 문을 연 북한판 편의점인 황금벌 상점은 이른 시간에도 매장 안에는 손님들로 가득 차고, 진열대마다 상품이 가득하고, 점원이 판촉 활동을 하거나 물건을 포장해주는 모습이 우리의 대형마트와 유사하다. 2015년에는 평양 시내에 20곳으로 확대되었다.

평양을 방문하는 외국인들을 위한 새로운 관광상품도 속속 개발되고 있다. 2009년에 베이징에서 외국인 관광객을 모집하는 고려 관광은 외국인이 대동강에서 수상 보트를 즐길 수 있는 상품을 내놓았다. 미국인이나 중국인이 배를 타고 대동강을 유람하는 시대가 온 것이다. 북한은 집단체조 '아리랑'에서도 외국인 관광객을 위한 요소를 강화하고 있는 것으로 알려졌다.

북한은 2021년 1월 제8차 노동당 당대회에서 평양시에 해마다 1만 가구씩 건설해 새 경제발전 5개년계획 기간인 2025년까지 5만 가구를 건설하겠다는 목표를 밝혔다. 구체적으로 송신과 송화지구, 서포·금천지구, 9·9절거리지구에 매년 1만 세대의 주택과 공공건물을 건축해 평양의 도시구획을 동·서쪽과 북쪽으로 넓혀 나가겠다는 계획이다. 이들 주택은 주로 고층, 초고층 살림집들로 현대적인 거리의 면모를 웅장하게 드러낼 예정이다. 즉, 자본주의 국가의 도시처럼 평양을 단장하고 있다.

사상으로 경제가 지탱되지 않는 한 물건을 팔아야 생계가 보장되고 실적이 올라가야 상여금도 받을 수 있다. 사람들에게 많이 팔기 위해서는 예쁜 포장도 필수적이다. 어차피 보기 좋은 떡이 먹기도 좋기 때문이다. 그리고 적극적으로 사람들에게 다가가는 호객행위도 필요하니 미소 짓는 얼굴이 많이 보이게 된다.

사회주의의 틀 속에서 자본주의적 경제체제가 혼합되는 흐름은 북한에서 이제 대세가 되었다. 북한이 현재의 어려움을 극복한다면 새로운 문화가 창출될 것이다. 더 많이 팔기 위해서 상품을 치장하고 상냥한 미소를 보일 뿐만 아니라 자신을 돋보이게 하기 위한 패션이 유행을 탄다면 도시의 거리는 분명 화려해질 것이다.

하지만 과거 자신의 속내를 속이지 않고 거침없이 표현했던 북한 주민들의 모습이 그리워질 수도 있을 것이다. 통일에 대한 당위성과 사회주의 조국을 지키기 위한 당찬 신념으로 논쟁을 일삼던 그들에게서는 순수함을 느낄 수도 있었다. 자신의 이익을 위해 남을 속이고 마음에 없는 말은 하지 않았기 때문이다. 이해관계 속에서 남한 주민을 만나는 것이 아니라 같은 민족이라는 당위성 때문에 "조선은 하나다"라고 외친 그들이었다.

이제 세월이 더 흐르면, 북한의 도시 주민들은 이해타산적인 인간관계에 길들여질 것이다. 동포라고 환영하고 같은 민족이라고 통일을 부르짖던 그들이 남한 주민들을 물건을 팔기 위한 고객으로 인식할 것이다. 그러므로 무뚝뚝한 얼굴보다 상냥한 미소를 지닌 그들을 오히려 더 경계해야 할지도 모른다.

9. 자본가와 노동자

북한에서는 개인이 다른 사람을 고용하여 영리를 추구하는 행위는 원칙적으로 금지되어 있다. 사유재산을 인정하지 않는 사회주의 체제에서 자본주의적 고용관계는 있을 수 없는 일이다. 하지만 변화의 바람이 불고 있다. 개인소유의 뙈기밭이나 소토지에서 일을 해주고 땅 주인으로부터 옥수수를 받아 가는 사람이 생기기 시작했으며, 개인이 운영하는 배를 타고 일을 해주면서 임금을 받는 일도 있다. 그리고 국가가 운영하는 공장이나 직장이 아닌 개인 사업자가 노동자를 하루 단위로 채용해 노임을 주는 일용노동직이 점차 늘고 있다.

2008년 7월 평양에서 탈북한 여성에 의하면, 북한 주택의 세금은 매우 적지만 도둑 방지를 위해 약 1,500원의 돈을 걷어 사설 경비원을 고용하는 일도 있다고 한다. 이들 경비원의 월급은 대략 20,000원 선으로 알려졌다. 북한에서 개인이 노동력을 고용한다는 것은 과거에는 상상도 할 수 없었다.

북한 일용노동자는 금광에서 금돌(금광석)을 캐는 채굴 노동, 도시 건축 노동, 열차 등에 물건을 실어주고 돈을 받는 짐꾼, 가정부 등에 집중된 것으로 나타나고 있다. 북한에서는 이러한 고용노동자를 '뻘뻘이' 또는 '삯바리', '일꾼'이라고 부른다. 대도시나 폐광 주변에는 이러한 일꾼들이 모여드는 인력시장까지 생겨났다고 한다. 이들의 하루 일당은 업종에 따라 크게 차이가 난다. 금광 채굴은 광산에서 숙식을 제공받고 하루 1,500원을 받는다. 도시에서 미장 등의 기술을 가지고 건축에 참여하면 일당 2,000원 이상을 받지만, 잡부는 1,000원 미만이다. 북한 일반 공장 노동자의 한 달 월급이 대략 2,000원 수준임을 고려할 때 적지 않은 보수이다. (2007. 12. 09, The DailyNK 참조)

일본 강점기부터 금광으로 유명한 평안남도 회창군의 한 광산에서 일용노동자로 일한 전력이 있는 탈북자 김영철(가명) 씨는 "2004년경부터 회창군 장마당에 '뻘뻘이'들을 모집하는 고용시장이 생겼다. 고용주들은 여기서 건장한 남녀를 골라서 데리고 갔다"라면서 "고용된 사람들은 금을 캐는 것뿐만 아니라 고용주 집을 짓거나 수리하는데도 많이 동원되었다"라고 말했다.

평안남도 회창에는 당국이 더 이상 사업성이 없다고 판단해 폐광된 금광이 널려 있는데, 인근 주민들이 90년대 후반부터 여기서 억척스럽게 금돌(금광석)을 캐기 시작해 큰돈을 벌었다고 한다. 2003년경부터 타지방 사람들을 고용하기 시작해서, 회창군에는 고용노동으로 돈을 벌려고 찾아온 타지방 사람들로 넘쳐난다고 한다. (대학생 웹진 '바이트', 2007. 12. 9)

북한의 당 간부나 신흥 부자들 사이에서는 집안일을 해주고 아이들을 돌봐주는 가정부가 유행하고 있다. 이들은 대부분 고용된 집의 친척으로 행세하며 집안일을 돕고 있는 것처럼 보이지만 사실은 고용노동자들이다. 간부들과 부자들은 동네 사람들에게는 가정부를 '먼 친척'이라고 소개한다.

이처럼 사적 고용이 보편화되자 2004년 개정된 북한형 법에는

'로력착취죄'(제119조)를 신설하였다. 이것은 '비법적으로 돈 또는 물건을 주고 개인의 일을 시킨' 경우 처벌하는 것인데 경제관리질서를 침해한 범죄(제5장)의 하나로 규정하고 있다. 각종 기술 및 기능직 노동자들이 소속 직장에 출근하지 않고 더 많은 돈을 주는 개인사업자의 일을 해주며 돈을 버는 행위가 여기에 해당한다.

하지만 2017년 탈북한 청년의 증언에 의하면 평양은 사업하기에 좋은 땅이며 자본주의화되어 있다고 한다. 장사나 자영업을 북한에서는 '개인사업'이라고 일컫는다. 자본만 확보하면 누구든 사업을 시작할 수 있으며, 김정은 집권 이후 사업 환경이 매우 좋아졌다고 한다. 자신도 평양에서 탁구장과 빵 생산, 휴대전화 판매 등 개인사업을 통해 많은 돈을 벌었다고 한다. (https://blog.naver.com/ynk53/221446400326)

북한에서 사장은 '책임자 동지'라고 하며 '책임자 동지'가 종업원을 직접 고용하고, 해고한다고 한다. 계급 없는 평등한 사회를 구현하겠다는 북한에서도 미약하지만 자본가와 노동자가 형성되고 있다. 고용과 해고 속에서 좀 더 나은 직장을 찾아다니는 모습은 아닐지라도 자신을 고용한 사람에게 깍듯이 대하면서 생활을 연명하는 북한 주민들이 늘어나고 있다. 오순도순 살던 공동체는 무너지고 그들의 의식도 돈줄을 쥔 사람에게 복종하는 형태로 바뀌고 있다.

10. IT 산업을 통한 단번도약

　북한 당국은 1999년을 「과학기술의 해」로 정하고 과학기술 관련 예산을 해마다 증가시켜 왔다. 그리고 2000년도에는 강성대국 건설의 3대 기둥(사상, 총대, 과학기술)의 하나로 과학기술을 설정하기도 하였다. 또한, 2012년까지 단계별 과학기술 발전을 목표로 한 '과학기술발전 5개년계획'을 수립하고 제3차 계획(2008-2012)을 수립해서 추진했다.

　그런데 북한은 '21세기는 정보산업시대'이며 '첨단과학 기술은 컴퓨터 산업'이라고 규정하면서 과학기술 육성이 곧 IT(Information Technology)산업의 육성으로 표명되고 있다. 이는 IT산업 육성을 통해 인민 경제 각 부문의 정보화를 실현하고 경제회복을 이룩하여 강성대국 건설의 '단번도약'을 이룩하려는 북한의 의도에 따른 것이다. 북한은 2000년대 초반 단순히 경제회복만을 지향하는 경제정책만으로는 사회주의 강성대국으로의 진입이 어렵다고 보고, 경제회복과 동시에 일거에 이 단계로 진입할 수 있는 '단번도약' 전략이 필요하다고 생각했다. 그래서 IT산업 육성 및 컴퓨터 기술의 활용을 강조하고, 2001년부터 대대적으로 전 산업에 걸쳐 IT 기술을 응용한 기술 재건 운동을 벌이고 있다. 내각의 주도 아래 몇몇 주요 산업 및 공장 부문의 설비들을 정보화 기술을 활용하는 시설들로 대체하는 운동을 벌이고 있는가 하면 사무자동화까지 추진하고 있다. 각 대학에도 정보 관련 단과대학 및 학과를 설치하여 IT 인력양성에도 힘을 쏟고 있다.

북한이 정보통신을 선택한 것은 사회주의 강국인 중국과 러시아의 경험을 참고한 것으로 판단된다. 중국의 모델은 점진적인 발전모델이기에 많은 시간과 비용이 필요하다. 러시아는 사회주의를 포기하고 자본주의를 도입 및 시행하는 과정에서 혼란과 시행착오를 겪고 있다. 북한은 시간이 많지 않고 시행착오를 담보할 경제적 여유도 지니고 있지 않아서, 경제발전의 중요한 동력으로 인식되고 있는 정보통신을 통해 강성대국 대열에 합류하고자 하는 것이다.

북한은 2008년에 전국적 광케이블망을 구축했으며, 소속 기관별로 광케이블망을 각각 구축해 운영 중인 '인트라넷망'은 물론 '인터넷망'도 언제든지 연결만 하면 운영될 수 있고, 비상시에도 가동될 수 있는 복수의 망이 구축된 것으로 알려졌다.

인터넷에 관한 관심도 높아져 북한의 '국가도메인. KP'가 2007년 9월 국제인터넷기구(ICANN)로부터 승인을 획득해 조선콤퓨터센터를 관리기관으로 지정했고, 실리뱅크(@silibank. com)를 통한 인터넷 전자우편(e-mail) 서비스도 부분적으로 이루어지고 있다. 다만 북한의 인터넷은 인트라넷으로 불리는 북한 국내 망을 중심으로 운영되기에 국제 접속은 매우 한정되어 있다. 북한의 접속 서비스는 평양전화국이 실시하고 있고, 전화선에 의한 접속과 광섬유 케이블에 의한 접속의 양쪽 모두가 가능하다. 현재 북한에서의 인터넷의 보급도는 도시지역을 중심으로 높아지고 있고 사이트도 한두 개씩 개설하고 있다. 또, 평양 도심에는 피시방이 존재하지만 주로 외국인이 이용한다.

북한에서는 사설 인터넷 서비스 제공자가 존재하지 않는다. 그러나 몇몇 정부 엘리트들은 중국으로 향하는 비밀 링크를 통해 인터넷에 접속하고 있다. 2010년 '우리민족끼리'가 트위터, 유튜브, 페이스북 계정을 등록하였다. 노동당 창건 65주년 기념식을 취재했던 외신 기자들은 평양에서 트위터를 썼다. 북한의 인터넷은 중국을 통해서 국제 인터넷을 연결한다.

외부 세계와 연결된 인터넷은 없지만, 북한 안에서만 연결되는 인트라넷은 많이 발달해 있다. 인트라넷 주소를 가진 기관이 수천 개나 된다. 북한은 2004년부터 2007년까지 3년 동안 인트라넷용 광케이블을 주요 도시와 읍까지 연결했다. 평양의 데이터 전송속도는 70~80Mbps, 지방 속도는 10Mbps로 한국의 2000년 수준이다.

그러나 2006년 6월 평양의 한 누리꾼이 '번개'를 제의해 실제로 300여 명이 평양체육관에 모이는 사건이 발생하자 가정에서의 인트라넷 접속이 모두 차단됐고 평양의 피시방들은 모두 폐쇄되었다. 그 사건 이후 북한의 인트라넷은 가정에서는 접속할 수 없으며 기관을 통해서만 접속할 수 있다. 하지만 2015년 1월 다시 개인에게 광명망이 허용이 되었고 지금은 다시 ADSL(비대칭 디지털 가입자 회선)을 개인에게까지 재설치를 하였다. (이윤걸이 쓰는 진짜 김정은 이야기, "북한 사이버테러 조직·능력 완전 해부")

현재 남한은 북한의 웹사이트인 민족통신, 조선신보, 조선 음악, 조선인포뱅크, 조선우표, 우리민족끼리를 포함한 다른 30개 사이트를 차단하고 있다. 대개의 북한 웹사이트는 미국, 일본, 중국 등 해외에 서버가 있다.

김일성 정권에서 창출된 이론을 그대로 계승하고 있는 김정일 정권에서 앞 정권과의 차이 중 가장 큰 것은 IT산업의 강조일 것이다. 항일무장투쟁의 과정에서 생긴 동지애를 북한 정권의 창출로까지 연결하면서, 또 대중과의 직접적인 접촉을 통해 카리스마를 획득한 김일성은 반제반봉건투쟁의 과정에서 성장한 인물이다. 그의 시대는 제국주의 투쟁과 냉전 속에서 형성된 것이다. 하지만 냉전의 붕괴와 함께 도래한 인터넷의 시대는 모든 장벽을 허물고 있다.

새로운 시대를 맞이한 김정일 정권은 경제발전의 동력을 IT산업에서 찾았다. 폐허로 변한 산업시설을 모두 원상 복구하는 길을 택하지 않고 과학기술을 이용한 첨단 산업을 성공시켜서 낙후된 경제를 재건하려는 의도는 북한 당국이 선택할 수 있는 최선의 길일 수도 있다. 그리고 그것은 김일성 정권과의 차별화이기도 하다.

하지만 북한은 어디까지나 김일성을 시조로 하는 사회주의 국가이다. 정보통신 분야에서도 자력갱생의 원칙은 재연되고 있다. 김정일은 이미 1998년에 프로그램 개발 도구(tool)를 독자적으로 가져야 한다는 점을 강조했고, 운영체제(OS) 역시 윈도우즈(Windows) 대신 '우리식 조작체계'를 개발할 것을 지시해 공개 프로그램인 리눅스(Linux)를 자체 개발해 사용하는 것으로 알려졌다. 김일성종합대학 학보는 "콤퓨터조작체계가 제국주의자들에게 종속되게 되면 그 후과는 비단 자체의 독자적인 정보기술 및 산업발전이 심한 제약을 받게 된다는데만 그치지 않는다. 컴퓨터조작체계 분야에서 세계의 ≪일체화≫를 실현하려는 것은 제국주의자들의 악랄한 세계지배책동의 한 고리이다."라고 지적하고 있다.

그뿐만 아니라 산업용 프로그램 개발에서도 '우리식 사회주의' 관리체제에 맞는 독자적인 프로그램 개발에 중점을 두고 있으며, 소프트웨어 개발에서도 바둑 프로그램인 '은별'이나 '조선어 음성인식,

문자인식 프로그램', '고려의학 관련 프로그램' 등 북한 고유의 민족 문화를 발전시키기 위한 노력에 힘을 쏟고 있다.

김정은은 2012년에 '새세기 산업혁명'을 제시하며 과학기술 발전을 통한 '지식경제강국'을 건설하겠다는 방향을 제시하였다. 이에 따라 인공지능, 빅데이터, 증강현실, 블록체인, 사물인터넷 등 다양한 첨단기술이 북한에서도 연구되고 있다. 제4차 과학기술발전 5개년 기간(2013~17년)인 2015년에 평양에 건설된 과학기술전당은 북한의 과학기술 발전을 견인하고 있다. 2015년 10월에는 3D 프린터가 의료 분야에 활용되기 시작했고, 2016년에는 '먼거리 의료봉사'라는 이름의 원격진료 서비스가 북한의 모든 도로 확대됐다. 예를 들어, 생산 분야에서는 전력 부문에서 2017년부터 국가통합전력 관리체계 (통합생산관리체계와 통합부하관리체계)가 갱신되어 전력의 효율적 운용이 가능해진 것도 과학기술이 진전된 성과이다. (이찬우, 「북한 경제와 협동하자」, p. 127)

2007년 대통령 비서관으로서 남북정상회담의 수행원이 되어 '10.4 선언문'을 작성·발표한 배기찬 국가안보전략연구원 고문은 2018년 10월 4일~6일 평양을 방문한 후 북한이 '군사' 우선에서 '과학기술' 우선으로 확실히 변화하고 있다고 밝혔다. 3일 동안 평양에 있으면서 군사적 대결을 강조하는 구호를 하나도 볼 수가 없었다고 한다. 시민들의 삶은 여전히 팍팍해 보였지만, '과학과 기술'을 강조하는 구호가 평양의 도로와 시설 곳곳에 도배되어 있다고 할 정도로 많이 눈에 띄었다고 한다. (https://blog.naver.com/jchull22/2213 74217988)

그런데 북한 당국이 IT산업을 발전시키는 데에는 여러 가지 제약이 있다. 자본주의 국가들의 사상·문화적 침투를 우려하고 있는 북한 당국은 인터넷을 전면 개방하지 않고 특수한 영역에 제한적으로만 접속을 허용함으로써 스스로 발목을 잡고 있다. 인터넷 시대에 인터넷을 묶어두고서 IT산업 발전을 바란다는 것은 상상하기 힘든 일이다.

11. 김정은 시대의 경제개혁

 미국의 대북 제재로 인해 경제적 고통을 받는 북한은 과거처럼 당과 국가기관이 주민들의 삶을 책임질 수가 없다. 주민들이 영리 행위를 통해 삶을 영위해야 하고 당국도 이를 어느 정도 묵인할 수밖에 없다. 김정은 시대에 와서도 이런 흐름은 계속되고 있고 주민들의 삶도 계속 변하고 있다.

 현재 북한은 공장, 기업소, 협동단체, 협동농장 등 개별 생산 단위의 자율성을 확대하는 것을 경제관리에서 주요 목표로 하고 있고, 국가가 이를 당의 영도하에 통일적으로 관리한다는 입장이다. 이것이 성과를 내려면 거시경제 부문에서 임금, 가격체계, 재정, 금융 등 전반에 걸친 정책조정이 필요하다. 재정문제에서 시장수매가격을 적용하는 것은 재정적자를 일으키는 문제가 있고, 도시노동자 임금과 밀접하게 관련된다. 임금 인상과 물자 및 상품 공급능력이 비례하지 않으면 늘어난 통화량으로 심각한 인플레가 발생하는 것은 필연이다. 그러나 2019년 초까지 쌀을 비롯한 소비재 물가가 안정적인 성향을 보이는 것에서 공급이 안정되어 있다고 볼 수 있다. 경제제재 하에서도 국내 공급이 안정되고 있는 것은 북한이 말하는 자강력의 징표이기도 하다.

물론 경제 제재 망을 회피하는 국제무역을 떠올려볼 수도 있지만, 기본적으로 원유를 제외하고는 국내 생산이 정상화에 들어섰기 때문이라고 볼 수 있다. 2000년대 이후 들여오거나 만든 현대적 설비들로 공장이 새로워진 것이 북한말로 '은(성과)'을 내고 있다고 할 수 있다. 소유관계와 조직 관계에서 사회주의적 소유와 집단주의적 운영에 개혁을 가하지 않는 것이 북한의 '우리식'이다. 전면적인 시장경제화로 가지 않고 조직 관계에서 생산 단위의 경영 자율성을 높이고 분배 관계에서 생산과 관리의 주인인 근로자의 생활 향상을 추구하는 것이 사회주의기업책임관리제라고 정리할 수 있다. (이찬우, 「북한경제와 협동하자」, p.155)

북한은 2019년 4월 11일 최고인민회의 14기 1차 회의에서 개정한 헌법에서 "국가는 경제관리에서 사회주의기업책임관리제를 실시한다."(북한 헌법 33조)라고 명시했다. 북한은 헌법에서 당이 주도했던 기존의 '대안의 사업체계'를 삭제했다. 대신 기업의 실제적 경영권을 보장하는 '사회주의기업책임관리제'를 시행한다고 못 박았다. 국가가 제시한 생산 목표를 채우면 그 외의 부분은 기업이 자율적으로 생산·판매를 할 수 있게 된 것이다. 개정 헌법은 32조에서 "실리를 보장한다"라는 말을 새로 넣으며 북한 경제 원칙을 재차 밝혀두었다.

사실 사회주의기업책임관리제와 관련한 김정은의 방향성은 뚜렷했다. 그는 집권 초인 2012년 6월 28일 노동당 중앙위원회 전원회의에서 "현실 요구에 맞게 우리식의 경제관리 방법을 연구, 완성할 것"을 지시했다. 당과 군 소관이던 북한의 경제사업이 내각으로 이관되었고, 기업의 경영자율권이 확대되었다. 미국의 대북 제재로 경제특구 등 북한의 대외적인 경제개방정책이 사실상 물거품이 되고 있지만, 내부적으로는 체제를 개혁하기 위해서 사회주의 정책보다는 기업의 자율권을 강화하는 방향으로 나아가고 있다.

농업 분야에서는 협동농장에서 운영방식을 분조관리제를 강화하되 소수 작업 단위인 분조 단위 위주로 변경하여 그들이 포전(圃田, 일정한 크기로 나눈 경작용 논밭)을 담당케 하는 포전담당책임제(포전담당제)를 실시했다. 그리고 협동농장에 독립채산제를 도입했다. 이에 따라 국가가 작업조에게 필요한 생산비용을 선(先)지급하며, 생산비 책정이나 수확량에 대한 가격평가 과정에서 현실적인 시장 가격을 반영하기로 했다. (가변가격 제정) 또 농민들은 국가에 토지 이용료와 트랙터 같은 장비 사용료, 비롯값, 전기세, 물세 등을 제외하고는 모든 생산물을 자율적으로 처분할 수 있게 되었다. 이러한 내용을 담은 6 · 28 방침은 2002년 7 · 1경제관리개선 조치와 마찬가지로 물질적 인센티브와 시장을 인정하고 그것들을 활용하는 정책으로 방향을 전환한 것이었는데, 7 · 1경제관리개선 조치보다 진일보한 내용을 담고 있다.

북한은 2013년에 포전담당책임제를 전국적으로 확대했고, 씨를 뿌리기부터 수확에 이르는 모든 농사 과정을 포전마다 책임지고 진행하고 있다. 이러한 포전담당책임제는 자연히 적당히 일하고 같은 분배를 받는 건달꾼을 없애고 개인적으로 더 많은 분배를 받으려는 농민들의 물질적 동기부여 덕분에 농민들이 포전을 자기 집 텃밭처럼 여기고 주인답게 일하도록 함으로써 노동생산성을 높여 증산을 이룩하기 위한 것이다.

참고로, 북한은 아직은 가족농 도입은 생각하고 있지 않은 것으로 보인다. 그리고 모든 지역에서 분조를 3~5명 단위로 나눠 포전담당책임제를 실시하고 있는 것은 아니며, 그 지역의 토지의 규모, 조건, 농작물의 종류 등의 상황에 따라 분조를 나누지 않고 그대로 유지하는 곳도 있다고 한다. 한편, 포전담당책임제는 규모가 큰 농장보다 산골의 조그마한 농장에서 그 효과가 더 뚜렷한 것으로 알려져 있다. 규모가 큰 협동농장에서는 규모가 큰 작업 인원이 함께 일하는 것이 더 효과적일 것이기 때문이다.

포전담당책임제의 경우, 농민 대 협동농장 간의 분배가 6:4제를 적용하고 있어서, 농민들이 더 많은 이익을 얻기 위해 열심히 일하게 되었다고 한다. 그리고 밭의 이용률이 급격히 높아지고 국가가 정한 이모작 외에 3모작, 4모작까지 하는 곳도 생겨났다고 한다. 결론적으로 북한은 농업에서 포전담당책임제와 생산물 분배 방법의 개선 등 개혁 조치를 통해 1990년대 중후반 고난의 행군 시기의 심각한 식량난에서 벗어난 것으로 보인다.

공업 분야의 경우, "기업소의 최초 생산비는 국가에서 투자하고, 그 돈으로 원자재를 구입하여 생산·판매하게 되면 판매 수입을 국가와 해당 기업소가 일정 비율로 나눈다"라는 내용이 포함되었다. 또 서비스, 무역 분야에서 개인 자본을 투자하여 국가 및 편의협동기관 명의로 영리활동을 하는 것을 합법화했다. 2012년 12월 1일에는 시범적으로 시행하던 6·28 방침을 전 기업소와 전 지역에 확대·적용하였다. 그 핵심 골자는 독립채산제의 도입을 중심으로 한 '지배인 책임경영제'의 전면 실시와 공장·기업, 협동농장의 상대적 독자성의 확대였다.

구체적으로 지배인 책임경영제는 공장 지배인이 독립채산제를 도입해 각 기업소가 독자적으로 생산 계획부터 인원과 물자 조달, 생산물 판매·분배까지를 책임지고 경영토록 한 것이다. 이에 따라 각 기업소는 기업소 간의 계약을 통해 원자재를 조달하고 생산제품을 판매할 수 있게 되었다. 또, 지배인이 수익을 내서 근로자의 임금과 후생(식량과 복지 등)을 보장토록 했다. 국가가 기업소와 공장을 정상화하고 제품을 생산하는 데 필요한 초기밑자금(대략 30%)은 국가가 보장할 테니, 각 기업소와 공장은 확대재생산을 통해 근로자의 임금과 후생사업(후방사업)을 책임지라는 것이다. 기업소는 수입 중 토지이용료와 설비 사용료, 전기료 등을 국가에 납부하고 남은 수익금을 동일 임금제가 아닌 노동시간과 기여도 등에 따라 노동자들에게 일한 것만큼 노동보수(생활비)를 주는 성과급 중심의 차등 임금제를 실시하게 됐다. 공장과 기업소는 필요한 경우 생산성 향상을 위해 인력을 최적 규모로 구조조정을 할 수도 있게 했다. 결국, 이 모든 것은 생산성 제고, 경영과 판매전략 등 기업소의 경영전략, 기업전략이 중요해졌다는 것을 의미한다.

참고로 지배인 책임경영제라고 해서 기업소와 공장에서 당비서, 지배인, 기사장의 3위일체식 집체적 지도방식이 변한 것은 아니었다. 여전히 사회주의적 소유를 옹호·고수하고 집단주의 원칙을 철저히 구현해나가야 함을 강조하고 있다. 종합해 본다면, 당비서가 인사권을 행사하는 등 3위일체식 집체적 지도는 그대로 유지하면서도 기업소와 공장의 현실적인 운영에서 지배인책임제가 강화된 것으로 볼 수 있다.

이 모든 것은 북한이 1960년대 공업 분야에서의 경제관리체계로서 대안의 사업체계가 들어서기 이전인 1940-150년대 북한의 기업소에서 시행되었던 지배인 유일책임제가 어느 정도 부활한 것이라고 할 수 있다. 대안의 사업체계에서는 모든 경영활동이 당 위원회의 집체적 지도하에 정치사업을 우선시하면서 이루어졌다. 당시 김일성은 당적 지도를 통해 주민들의 근로의욕을 고취해 생산성을 증대하는 방향으로 정책을 폈고 이는 엄청난 성과를 이루었다. (백학

순, 「김정은 시대의 북한 정치 2012-2014」, Ⅴ. 참조)

2013년에 들어, 김정은은 3월 전원회의에서 한 보고에서 "생산수단에 대한 사회주의적 소유를 확고히 고수하면서 국가의 통일적 지도 밑에 모든 기업체가 경영활동을 독자적으로, 창발적으로 해나감으로써 생산자 대중이 생산과 관리에서 주인으로서의 책임과 역할을 다하도록 사회주의 관리방법으로 되어야 한다"라고 했다. 즉, 우리식 경제관리 방법의 핵심은 무엇보다도 모든 기업체가 경영활동을 독자적, 창발적으로 해나간다는 것이다. 김정은의 이러한 기준에 따라, 북한은 내각이 경제사업을 확고하게 책임지도록 했고 군 산하 무역회사들에 대한 관할권이 내각 산하로 이전됐다.

2014년 5월 30일, 김정은은 당, 국가, 군대 기관 책임 일군들과 한 담화인 「현실발전의 요구에 맞게 우리식 경제관리방법을 확립할 데 대하여」(5.30 담화)에서 사회주의 기업책임관리제를 내세웠다. (5.30 조치) 김정은은 사회주의 기업책임관리제를 "공장, 기업소, 협동단위들이 생산수단에 대한 사회주의적 소유에 기초하여 실제적인 경영권을 가지고 기업활동을 창발적으로 하여 당과 국가 앞에 지닌 임무를 수행하며 근로자들이 생산과 관리에서 주인으로서의 책임과 역할을 다하게 하는 기업관리방법"이라고 설명했다. 즉 사회주의 원칙을 확고히 견지하면서 생산과 관리를 객관적 경제법칙과 현대 과학기술의 요구에 맞게 하여 최대한의 실리를 얻자는 것이었다. 이제 국가가 북한 전역의 공장과 기업, 회사, 상점 등에 자율경영권을 부여하고, 생산권·분배권에 이어 무역권까지 허용하는 등 공장과 기업의 독자적인 자주적 경영권을 허용하게 된다.

또한, 외국과의 금융거래도 진행되고 있다. 2016년 1월 한 외국인이 자신의 인스타그램에 "고려호텔 인근의 창광 외국인 숙소에서 처음으로 ATM을 보았다."라며 사진을 게재해 평양에도 현금자동입출금기(ATM)가 설치된 것이 외부에 알려졌다. ATM을 운용하는 곳은 '류상은행(柳商銀行, Ryugyong Commercial Bank)'이다. 이 은행에 대해 알려진 바는 없지만 류경이 평양의 옛 이름인 점으로 미루어 북·중 합작 은행일 가능성이 크다. 이 외국인이 밝힌 바에 따르면, ATM에서 북한 원화를 제외한 다양한 외화를 교환할 수 있고 이용자 대부분은 해외로부터 송금을 받는 용도로 사용한다. (임을출, 「김정은 시대의 북한 경제: 사금융과 돈주」, pp. 41-42)

한편 북한에서 휴대전화는 환차익을 추구할 수 있는 자금이동 수단으로 쓰여 개인 간·기업 간 사금융 거래를 더 신속하고 원활하게 하는 데 기여하고 있다. 또 탈북자들이 북한에 남아 있는 가족들에게 돈을 보내는 송금 수단으로도 사용되는 등 휴대전화가 사금융 활성화에 기여하는 측면도 주목할 부분이다. 탈북자들이 연간 송금하는 규모는 1,000만 달러(2011년 기준)에 이르는 것으로 추산되는데, 특히 한국에서 들어오는 송금은 '한라산 줄기'라고 불릴 만큼 북한 주민들 사이에서 중요한 자금원이 되었다. (위의 책, p. 180)

Ⅲ. 사회

1. 하나는 전체를 위하여, 전체는 하나를 위하여

주체사상에 의하면 북한 사회는 수령과 당, 대중이 하나의 생명체인 사회정치적 생명체로 구성된다. 인민대중은 수령의 영도를 떠나서 살 수 없고 인민을 떠난 수령은 존재할 수 없다. 당은 수령과 대중을 연결하는 신경과도 같은 존재이다. 이것은 다른 사회주의 국가에서도 존재하지 않는 북한만의 독특한 특징이다. 그러므로 북한은 집단주의를 철저하게 고수한다. 실제로 북한 헌법 제63조는 "조선민주주의인민공화국에서 공민의 권리와 의무는 <하나는 전체를 위하여, 전체는 하나를 위하여>라는 집단주의 원칙에 기초한다."라고 서술되어 있다.

사회주의와 자본주의의 가장 큰 차이점 중의 하나가 개인주의와 집단주의이다. 이는 체제의 속성상 당연히 구별될 수밖에 없다. 개인의 영리를 기반으로 하는 자본주의에서 개인주의는 필연적이며, 사유재산을 부정하고 재산의 사회적 소유를 주장하는 사회주의에서는 집단주의는 당연하다.

서구에서 봉건제가 무너지면서 등장한 자본주의는 값싼 노동력을 손쉽게 구하는 것이 유리하다. 그러므로 농노를 일정 지역에 묶어두는 장원제는 해체될 수밖에 없었으며 봉건제의 몰락은 필연적이었다. 고용과 해고가 자유롭기 위해서 거주이전의 자유 등 개인의 권리가 강조되었고 이는 개인주의를 바탕으로 하는 정치 이념을 파생시켰다.

자본주의에서는 개인이 사회 구성의 기초이자 우선시되기 때문에 개인의 이성, 도덕 등이 정당해야 한다. 그래서 개인의 이성은 신뢰할 수 있어야 하며, 개인이 내린 도덕 판단도 보편타당해야 한다. 우리가 배우는 많은 철학자는 대체로 개인주의를 정당화시킬 수 있는 부류들이다.

흔히들 북한에서는 거지 될 자유도 없다고 한다. 집단주의 원칙에 의하면 개인은 집단이 추구하는 이념에 따라야 하며 집단의 결정에 순응해야 한다. 그러므로 개인이 집단에서 벗어나서 무위도식하는 행위는 용납될 수 없다. 북한은 1990년대 소위 '고난의 행군' 이후 많이 약해지긴 하였으나 기본적으로 집단주위에 기초한 통제사회였다. 모든 주민은 자기 직장에서 행정·경제적으로 조직 생활을 해야 할 뿐만 아니라 자신이 소속된 당이나 근로 단체에 가서도 정치적으로 조직 생활을 해야 했다. 그래서 북한 주민들은 어릴 적부터 각종 사회단체에 소속되어 집단주의 생활 원리를 배운다.

물론 북한에서는 집단주의가 전체주의와 다르다고 항변한다. 전체주의의 특징이 억압으로 인한 개인의 희생, 소수의 특권계층을 위한 희생이라는 두 가지 측면이라고 보았을 때, 북한의 집단주의는 전체 인민대중과 국가를 위한 자발적 희생으로 풀이한다. 그리고 북한이 주장하는 집단주의는 개인의 이해와 요구를 무시하는 것이 아니라 집단의 원칙과 잘 조화시키는 것임을 강조한다. 하지만 개인보다 집단을 앞세우는 것은 부정할 수 없다. 집단과 생각이 다른 자는 격리되어 자신의 사상을 집단에 맞추어야 한다. 그것이 불가능하다면 수용소에서 평생 살아야 하는 비참한 현실을 받아들여야 한다.

북한에서 벌어지는 공개총살이 외부 세계에서 많은 비판을 받아 왔다. 그런데 공개총살을 당한 죄목 중에 협동농장에서 소를 훔친 것도 포함되어 있다. 개인의 사유재산인 소를 훔친 것으로 생각할 때는 결코 이해할 수 없다. 단순한 절도로 생명까지 앗아가는 체제로 비칠 수 있지만, 집단주의를 원칙으로 하는 북한 사회를 고려해야만 한다. 협동농장에서 소를 훔친 행위는 개인의 재산을 훔친 것이 아니다. 그것은 협동농장이라는 집단의 존립 근거를 해칠 수 있는 중차대한 문제가 될 수도 있다. 집단에 해악을 끼치는 행위를 자본주의적 시각에서 바라보아서는 이해될 수가 없는 것이다.

집단주의적 시각에서는 인간이 생존할 수 있었던 원천을 집단으로 본다. 원시 시대 때 공동생활을 통해서 맹수로부터 자기 생명을 지켰으며, 집단을 구성함으로써 정착 생활이 가능했다고 본다. 그래서 북한 주민들은 최소한 3인 이상으로 구성된 집단 속에서 생활을 영위해 나간다. 그런데 북한은 수령과 결합한 독특한 집단주의를 창출했다. 동구 공산권이 무너진 것을 수령과 같은 최고지도자의 부재에서 원인을 찾고 집단주의를 수령에 대한 무한한 충성으로 연결했다. 집단이 하나의 생명체로 발전할 때 생명체의 뇌수와 같은 수령은 절대적인 권위를 지니게 되는데, 이것은 집단의 생존을 위해 필연적으로 요청되는 것이지 외부 세계에서 비판하는 독재가 아니라는 것이다.

북한을 여행하다 아리따운 처녀를 보면 마음이 설렐 것이다. 하지만 남한의 방식대로 접근하면 별 소득이 없을 것이다. 남한 사람들과 귓속말하는 것도 부담스러워하는 북한 주민들에게 개인적으로 사랑의 작업을 하는 것은 불가능에 가깝다. 차라리 그 처녀가 속한 집단에서 인정받는 것이 벽을 허무는 데 유리할 것이다. 통일을 위하는 애국청년으로 그 집단에서 인정받으면 아리따운 처녀도 마음을 열 것이다.

북한을 여행하는 사람들은 극심한 통제를 불평한다. 좋은 것만 보여주고 어두운 면을 숨기려는 그들의 자세에 거부감도 많이 가진다. 하지만 북한이 통제사회임과 동시에 집단주의적 원칙에 의해 움직이는 사회임을 알아야 한다. 남한 주민들도 자기 집에 손님이 오면 보여주기 싫은 곳이 있을 것이다. 자신의 치부를 드러내는 것을 좋아할 사람은 없다. 북한도 마찬가지이다. 북한 사회를 하나의 거대한 집단으로 생각하기 때문에 북한의 치부를 보여주기 싫어한다. 집단과 떨어진 개인이 있을 수 없으므로 집단과 무관하게 개인을 만나는 것을 꺼린다.

직업총동맹(직총), 농업근로자동맹(농근맹), 사회주의로동청년동맹(사로청), 조선민주여성동맹(여맹), 소년단 등등 각종 사회단체가 남북의 창을 통해 소개되고 있다. 이 단체들을 가입과 탈퇴가 자유로운 남한의 단체로 생각해서는 안 된다. 극심한 굶주림이나 정말 특별한 경우가 아니고서는 북한 주민이 집단에서 벗어날 수는 없다.

그러나 배급이 중단되고 개인들이 각자 능력대로, 수단대로 장사, 부업, 돈벌이 등의 다양한 방식으로 생계를 유지하는 상황이 되자 지금은 '스스로 벌어서 먹고살아야 한다(자력갱생)'는 현실 인식이 확산하면서 집단주의가 많이 무너지고 개인주의가 성행하고 있다. 집단보다 개인의 실리를 먼저 챙기고 개인의 능력에 의해 빈부가 정해지는 모습이 드러나고 있다.

북한 당국은 이런 흐름을 경계하면서 집단주의를 강조하고 있다.

2021년 8월 19일 자 노동신문은 "'사회주의 우리 집은 언제나 화목하고 따뜻하여라"라며 집단주의 사상을 강조한 과거 사진을 여러 장 보도했다. 신문은 만포방사공장의 여성 지배인에 대해 언급하며 "수십명의 부모 없는 아이들의 친부모가 돼 주었다."라고 설명하는 등 당 차원에서 북한 당국은 집단주의를 계속 강조하고 있다. 개인주의의 확산은 북한 체제의 붕괴로 이어질 수 있기 때문이다. 하지만 이미 시대적 흐름이 되어버린 개인주의 확산을 막을 수 있을지는 미지수이다.

2. 배급만 잘 되면 통제도 잘 되고

북한 경제는 모든 경제 활동이 국가계획과 명령에 따라 움직이는 경제체제이다. 따라서 경제계획의 작성 및 집행·감독은 국가계획위원회에서 맡고 있다. 이곳에서 도·시·군 및 공장에 이르기까지 생산할 물건과 생산량을 정해주고 있다. 정부의 각 위원회 및 부처들도 각기 계획부서를 가지고 있는데, 이들이 작성한 목표들을 국가계획위원회에서 모아 조정한다.

계획경제 아래에서는 영리활동이 금지되므로 주민들의 생필품은 국가에서 배급하게 된다. 배급에는 생필품 외에 임금도 포함된다. 그리고 넓게 포함하면 국가에서 제공하는 의료, 교육 등도 배급에 해당한다. 주민들의 생활을 위해서는 필수적인 것을 거의 무상에 가깝게 이용을 할 수 있기 때문이다.

북한은 주민들의 노동 강도를 고려하여 임금을 지급해 왔다. 경노동보다 중노동이, 중노동 중에서도 위험한 직종의 노동이 보수가 높고, 또 사무직보다 일반 노동직의 보수를 높게 책정했다. 2002년 7·1 경제 조치 후의 일반 노동자 임금은 2천 원으로 약 18배 인상되었고, 광부의 월급은 6천 원이다. 하지만 임금을 노동의 강도에 따라 적절하게 지급한다고 하더라도 의식주와 관련된 재화들이 계층별로 차별적으로 배급되므로 실제로는 사회적 지위에 따라 많은 생활차가 난다.

배급제 하의 북한 노동자들은 기업소 경리부를 통해 배급표를 받아 매달 2회(1일, 16일)씩 배급소에서 그 배급표에 따라 유상으로 식량을 구입했다. 협동농장의 농민들은 1년 배급을 한 번에 받는다. 만약 계획량은 60%밖에 못했다면 배급량도 60%를 준다. (통일부 통일교육원,「북한 이해 2009」참고)

북한의 식량 배급은 9급수로 나눈다. 나이별, 직업별로 1일 1명에게 배당되는 곡류의 양이 있다. 9급은 100g으로 갓난아이에게 나오는 배급량이다. 8급은 200g, 2~4세의 아이에게 주는 양이다. 죄수들에게 주는 양이기도 하다. 7급은 300g, 유치원생과 연로보장이 된 나이 든 사람이나 집에서 노는 부인을 비롯한 부양가족에게 주는 양이다. 6급은 400g, 소학교 학생에게 주는 양이다. 5급은 500g, 중학생에게 주는 양이고 4급은 600g, 대학생이나 연로보장 중에서도 공로자들이 받는 양이다. 3급은 700g, 일반 노동자들이 받는 양이고 2급은 800g, 탄광이나 광산의 갱내 외의 운반공, 중장비를 다루는 사람들로 힘든 일을 하는 노동자에게 주는 양이다. 마지막으로 1급은 900g으로 탄광이나 광산의 막장에서 직접 탐이나 광석을 캐는 중노동자들과 각 공장 기업소의 유해 직장에서 일하는 노동자들이 받는 양이다. 사람마다 자기가 배급을 타는 날짜와 카드번호가 있다. 배급을 탈 때는 자기가 다니는 기관 기업소에서 배급표를 준다. 무단결근이나 지각한 횟수만큼 공제하는 것이 원칙이나 피부양인들의 식량은 공제하지 않는다. 하지만 애국미, 절약미 등 개인의 반 달 치 배급량에서 2~3일 정도의 양을 떼 갔다. 1980년대에는 자기 배급량에서 10% 떼던 것이 시간이 지나면서 20%, 지금은 30%까지 뗀다. 식량을 겉곡이나 통옥수수라도 주면 이것을 정미하면 자연 감소하는 50g의 양이 또 있다.

엄격히 말하자면, 군이 간부들의 비리가 아니더라도 북한의 정상적인 배급은 아마 1970년대 말까지라고 탈북자들은 증언한다. 물론 최초에는 옥수수밥이라도 배불리 먹었기 때문에 식량난이라고 생각지 않았다. 하지만 90년대 고난의 행군 시절부터 배급제도는 거의 붕괴된 상태였다. 2005년에 다시 배급제를 시행했지만, 완전히 회복되지 못하고 있다. 주민들은 장마당에서 생필품을 구매하고 있다.

2007년 북한의 국가 공식 배급가격은 쌀 1kg이 44원, 강냉이 26원이다. 부식도 역시 배급제로 공급되는데, 가구별로 가족 수에 따라 정해진 배급량을 할당받아 국정 가격으로 구매하게 되어 있다. 주요 공급 품목은 간장, 고추장, 된장 등 장류와 식용유, 계란, 육류, 당과류 등이고 나머지 품목은 자유 판매품으로 되어 있다. 그러나 탈북자들의 증언에 의하면 실제는 배급 할당량의 50~70% 정도만 공급받으므로 생일잔치나 특별한 기념일에는 대부분 장마당에서 국정 가격 이상의 가격을 주고 샀다고 한다.

북한은 1960년대에 '사회주의 보건 제도'를 만들어 예방 의학, 무상 치료제, 의사 담당 구역제를 시행해 왔다. 예방 의학은 위생 방역 주거 환경 개선을 통하여 전염병과 각종 질병을 예방한다는 것이다. 무상 치료제는 모든 치료를 무상으로 한다는 뜻이지 사실은 주민들이 사회 보장비 명목으로 임금의 1%, 복지 후생비 명목으로 임금의 10%를 의무적으로 내고 있다. 의사 담당 구역제는 동네의 리 단위까지 진료소를 설치하여 의사 한 명이 한 지역씩을 맡아 책임지고 순회 진료하게 하는 의료 체계이다. 의료 시설은 동과 리 단위에 진료소, 군 단위에 군 병원, 시의 구역 단위에 구역 병원, 시·도 단위에 시·도 병원이 있다.

　북한은 사회 전반의 부존자원과 생산수단을 국가의 소유로 하는 바, 교육재정을 국가가 책임지고 국가의 사업으로 교육을 한다. 이를 두고 무상교육이라 한다. 북한의 무상교육은 의무교육 기간의 교재 등 교육자료의 무상공급도(저렴한 가격) 포함된다.

　배급제도는 사회통제의 중요한 수단이 된다. 기업소나 협동농장을 벗어나는 행위는 범법자가 되는 동시에 굶주림을 뜻한다. 따라서 주민들이 식량을 공급받기 위해서는 지정된 장소에서 벗어날 수 없다. 북한 당국은 정해진 장소에서 주민들에게 각종 사상학습을 시키고 행사 때에는 주민들을 단체로 동원하였다.

　또 배급제도는 북한 주민을 차별적으로 분류하는 데 큰 역할을 한다. 성분이 좋은 사람들에게는 많은 혜택을 주어 정권에 대한 충성심을 유도하고, 성분이 안 좋은 계층에게는 더 좋은 계층으로 나아가도록 노력하는 유인책이 되었다. 또한, 김일성·김정일 생일의 선물로 특별 식량을 배급함으로써 정치적 상징 조작에도 활용하고 있다고 볼 수 있다.

　자본주의를 살아가는 남한 국민은 북한의 배급제도에 상당히 부정적이다. 배급을 타기 위해 줄을 선 북한 주민들이 무료급식을 위해 줄을 서 있는 사람들처럼 보이기 마련이다. 식량을 받고 수령의 은덕에 감사하는 그들의 문화는 분명 이질적이다. 하지만 북한 주민들은 배급을 탈 때 전혀 부끄러워하지 않는다. 직장에서 월급 받는 것으로 생각하면 된다. 그리고 시장경제 하에서 살아온 사람들에게는 선택권이 없어 보이지만, 북한 주민들은 골치 아픈 일들을 당에서 해결해준다고 생각한다.

　북한의 배급체계가 잘 돌아갈 때 주민들의 정권에 대한 충성심도 컸다. 남한 사람들은 자신에게 월급을 주는 회사에 고마움을 느끼는 정도로 이해하지만, 그보다 훨씬 더 고맙게 여긴다. 단지 임금만을 받는 것이 아니라 거의 모든 생필품을 값싼 가격에 공급받기 때문이다. 그리고 자본주의에서 빈부격차에 의해 문제가 많이 되는 교육과 의료를 평등하게 이용할 수 있는 것을 늘 자랑해왔다.

그동안 북한 당국은 배급제도를 통해 주민들을 통제하고 정권에 대한 충성심을 고양했다. 배급은 월급을 받는 의미도 있고 당이 자신의 모든 삶을 책임져준다는 것을 의미한다. 자본주의에서는 돈이 없으면 인간 이하의 생활을 한다고 믿는 북한 주민들에게 평등한 배급제도는 체제에 대한 자부심도 심어주었다. 그리고 배급제도를 이루어놓은 최고지도자에게 자기 삶을 맡겨도 큰 문제가 없다고 생각해 왔다.

하지만 배급체계가 붕괴한 이후 북한 주민들은 자기 삶을 스스로 책임져야 했다. 장마당에서 생필품을 구매하고 의사에게 치료받기 위해서 뇌물을 바치는 것이 당연한 일이 되었다. 그리고 만성적인 재정난으로 학교 운영비와 교원 생계비를 보장하지 못하는 상황에 이르자, 일선 학교와 교사들이 학부모들에게 돈이나 물품을 걷기 시작하면서 무상교육이 사실상 사문화되었다고 한다. 이런 상황에서 주민들은 최고지도자를 우러러보는 것보다 자본주의의 생리를 배우는 것이 더 효과적이다. 그렇다면 '수령님 은덕' 또한 핵심 계층을 제외한 일반주민들에게는 접대용 멘트로 전락했다고 보면 된다.

3. 나쁜 짓 중에서도 제일 나쁜 게 사람 잡는 짓

북한은 철저한 통제사회이다. 당 조직은 거의 모든 사회조직에서 당의 지도를 담당하고 있으며, 각종 공안 기구는 이중 삼중으로 북한 주민들을 감시하고 있다. 북한 체제에 불평했다가는 그날 밤 정치범 수용소로 끌려갈 정도로 감시가 삼엄한 곳이 북한이다. 그런데 이러한 사회 분위기가 과장되어 북한은 가족끼리도 서로 고발하는 사회라고 알려졌다.

하지만 탈북한 사람들의 대다수 증언에 의하면 북한에서도 가족끼리 서로 고발하는 경우는 거의 없다고 한다. 여기서 가족이란 한 집에서 기거하는 사람들을 의미한다. '거의'라는 표현은 전혀 없다고 단정할 수는 없으나 자기가 경험한 바에 의하면 없다는 것이다. 부부가 서로 고발하는 경우는 사이가 멀어졌을 때 생기는 현상으로 정상적인 가정생활을 하는 동안은 일어나지 않는다. 물론, 정치범 한 명 때문에 다른 가족이 피해를 보기 때문에 자기 살고자 가족을 고발하는 경우가 전혀 없다고는 할 수 없다. 하지만 정상적인 경우는 잘 일어나지 않는다. 이웃끼리도 사이가 좋을 때는 서로 고발하지 않는다.

주민의 동태를 감시, 통제하는 대표적인 국가기관은 국가보위성과 사회안전성이다. 국가보위성은 정치범을, 사회안전성은 기타의 범죄자를 취급하는 것이 차이점이다. 국가보위성은 출범 초기에는 국가안전보위부였다가 1982년 국가보위부로 개칭됐고, 1993년 국가안전보위부로 개칭됐고, 2016년 국가보위성으로 다시 개칭되었다. 주요 임무는 북한 내의 정치 및 사상 동향 이상자를 감시, 사찰하고 외부에서 보낸 고정 간첩을 잡아내는 방첩 업무다. 특히 김일성, 김정일, 김정은 비방 사건에 대해서는 반드시 범인을 잡아내려고 한다.

사회안전성은 경찰 기능을 가진 국가기관으로서 국무위원회 직속 기관이며 교화소를 운영하면서 범죄자를 관리하는 역할까지 한다. 2000년에 인민보안성으로, 2010년에는 인민보안부로, 2020년에 현재의 명칭인 사회안전성으로 다시 개칭하였다. 평양의 중앙조직과 각 도·시·군 보안서 및 말단 조직으로 우리의 파출소 격인 분주소로 조직되어 있다.

인민군 내에서 반당 반혁명 분자를 감시하는 곳은 보위국이다. 1996년 보위사령부로 명칭이 바뀌었다가 2016년에는 다시 예전의 명칭인 보위국으로 바뀌었다. 이러한 기관들은 사회 곳곳에 요원들과 그들의 정보원을 심어놓고 주민들을 감시하고 있다. 사방이 지뢰밭에 있는 사람이 지뢰를 피하려고 조심하듯이 북한 주민들은 같은 형제간끼리도 정치 이야기를 조심한다.

누군가 내 말을 엿듣고 보고한다고 생각하면 기분 좋은 사람은 아무도 없을 것이다. 그것도 공개적으로 감시하는 것이 아니라 남들 모르게 비밀리에 하는 것은 더 싫을 것이다. 그래서 북한 주민들은 국가보위성이나 사회안전성 요원들보다 그들의 정보원 역할을 하는 사람을 더욱 싫어한다. 남의 약점을 몰래 보고하는 사람을 좋아하지 않는 것은 큰 설명이 필요 없을 것이다. 공간 기관의 끄나풀 역할을 하는 사람은 그 사실이 알려지면 따돌림을 당하기 십상이다. 그리고 실제로 그러한 임무를 수행하는 사람들은 공안원들에게 약점이 잡혀서 형식적으로 하는 경우가 많다.

군대에서도 보위국의 끄나풀 역할을 하는 병사는 따돌림당할 가능성도 크다. 처신을 잘해서 남들에게 밉상을 받지 않는 사람도 있는 반면에 대놓고 감시한다든지 약점을 캐면 소대원들이 좋게 생각하지 않는다. 소대장도 무조건 보위부의 정보원들에게 머리를 숙이는 것도 아니다. 지휘관의 재량을 이용하여 소대원들의 약점을 보호하는 지휘관도 많다.

북한 주민을 감시하는 사람 중에는 인민반장이 있다. 남한의 동 아래 반에 해당하는 인민반을 책임진 인민반장은 주민을 감시하는 제1일선에 서 있다. 그들은 한동네에 살기 때문에 주민들을 더욱 세밀하게 감시할 수 있다. 하지만 주민들을 감시하는 것이 썩 유쾌한 일이 아니기 때문에 인민반장을 하지 않으려는 경향도 있다. 그리고 공안기관에서는 인민반장도 별도로 감시한다고 한다.

인민반장은 행정상의 상급 기관뿐만 아니라 국가보위성이나 사회안전성으로부터 주민 감시에 대해 직접적인 명령도 하달받는다. 그래서 인민반장의 신고로 주민들이 불이익을 받을 수 있어서 위세도 강한 편이다. 인민반장의 신고로 두메산골로 추방되는 재일교포가 있을 정도이다. 하지만 사소한 것을 신고해서 주민들의 삶이 바뀌는 경우는 거의 없다. 반혁명범죄에 직접적으로 연관되지 않는 한 가벼운 경고나 처벌로 끝나는 경우가 많다.

1994년 김일성 사망 이전까지는 인민반 감시가 먹혀들고 인민반장의 말에 제법 날이 섰지만, 식량 배급이 끊기면서 장사가 활발해지자 인민반장의 위세도 한풀 꺾였다고 한다. 종전 같으면 반동으로 몰릴 수 있는 말도 함부로 내뱉기 일쑤였지만, 배급을 못 받아 굶어 죽어가는 사람들이 이야기한 것을 모두 보위성에 일러바칠 수는 없는 노릇이기 때문이다. (김영순(68) 전 함흥시 동흥산구역 인민반장 증언, 출처:탈북자동지회)

항상 감시 체제에 사는 사람들이기에 다른 사람의 고자질로 삶이 파괴되는 것을 잘 안다. 그러므로 남의 뒤를 캐는 사람을 더욱 싫어할 수도 있다. 자신도 언젠간 당할 수 있기 때문이다. 북한 주민들 스스로도 "나쁜 짓 중에서도 제일 나쁜 게 사람 잡는 짓"이라 한다. 군대에서 보위국 요원으로 활동하던 탈북자도 남의 뒤를 함부로 캐는 일은 피했다고 한다. 사람마다 사정이 있어서 그것을 생각했다고 한다.

과거 반공 교육으로 남한에 알려졌듯이, 북한 주민들이 서로 정든 사람을 무작정 고발하는 일은 별로 없다. 가족 간에 서로 고발하는 일은 거의 없으며 오랜 세월 동안 같이 생활해 온 이웃을 감시하기 위해 밤잠을 자지 않고 감시하는 사람 또한 거의 없다. 물론 눈에 드러나는 범법 행위를 저지른 사람을 고발하고 처벌하는 일은 많다. 하지만 이것이 북한에서만 일어나는 것은 아니다. 범법자에 대한 신고는 남한이나 북한이나 매한가지이다.

북한 주민들은 남의 뒤를 캐는 것보다 공개적인 조직에서 인정받는 것을 좋아한다. 노동당에 들어가는 것이 큰 영광이듯이 각종 사회조직의 간부를 맡는 것을 원한다. 군대 내에서도 남을 감시하는 보위부에 들어가는 것보다 총정치국에 들어가고 싶어 한다. 총정치국은 군을 직접 통제하는 노동당의 집행기구로 인민군 내에서 당 사업을 담당하는 곳이다.

필자가 대면병 역할을 할 때, 어느 날 적공조가 솔직하게 이야기를 하는 것을 들었다. 월북자나 월남자의 이야기는 안 했으면 좋겠다는 것이다. 사람에게는 의리가 있는데, 자신이 살던 곳을 버리고 떠나가는 사람들은 의리를 버린 사람들이기에 좋은 사람들이 아니라고 했다. 그리고 도망친 다음에 살던 곳에 대해 나쁜 이야기를 하는 것은 뒤에서 남 욕하는 것과 같다고 했다. 북한 군인들도 남을 고자질하고 욕하는 것을 싫어함을 엿볼 수 있었다.

동서고금(東西古今)을 막론하고 남에게 해를 끼치는 것은 사람들이 다 싫어한다. 엄중한 감시 속에서 서로 비판하는 것이 생활화된 북한에서도 사람 잡는 짓은 환영받지 못하는 일이다.

4. 직통생

　북한은 11년제 의무교육을 시행하다가 2014년 유치원 높은반 1년, 소학교 5년, 초급 중학교 3, 고급중학교 3년 등 '12년제 의무교육 제도'를 도입하였고 2017년부터 전면적으로 실시하고 있다. 소학교 입학은 만 7세인데, 입학일인 4월 1일 이전에 태어난 학생은 그해 입학하고 4월 1일 이후에 태어난 학생들은 다음 해 입학한다. 그런데 2004년부터 같은 연도에 태어난 학생들이 같은 학년이 돼야 한다는 김정일의 지시가 하달되면서 제도가 바뀌었다는 증언도 나온다.

　남한과 차이점으로는 담임이 바뀌지 않는다. 그리고 교권은 상대적으로 높다. 북한에서 수학 교사를 하다가 남한으로 온 분이 남한의 공개수업을 보고 충격을 받았다고 한다. 북한 같으면 바스락거리는 소리도 안 나는데, 남한은 아이들이 너무 자유롭게 움직이고 선생님을 가지고 논다고 느낄 정도로 친근하게 대한다고 하였다. 그런데 배급체제 붕괴 이후 북한의 교사들은 학생들에게 돈을 걸어야 하는 일에 동원되고 생계를 위해 부업을 하는 등 많은 어려움을 겪고 있다고 한다. 특이한 것은 교장의 권한이 별로 없다는 것이다. 학교에선 교장이 대학을 보내준다든지 선생을 승진시켜준다든지 하는 권한이 없다.

북한에도 남한의 특목고에 해당하는 학교가 있는데, 이런 학교를 '제1중학교'라 부른다. 남한의 과학고등학교, 외국어고등학교가 신흥 명문고등학교로 부상하듯 북한에서도 수재들만 입학하는 제1중학교가 학부모와 학생들 사이에서 단연 인기다. 청진제1중학교, 사리원제1중학교와 같이 각 도소재지에 있는 제1중학교는 도내 학생 중에서, 각 도의 시에 있는 제1중학교는 시의 학생들을 대상으로 선발한다. 현재 200여 개의 제1중학교가 전국 각 지역에 문을 열었다.

평양제1중학교는 1984년 9월 1일부터 전국적으로 제일 공부 잘하는 학생들을 선발해서 공부시키는 수재 학교로 됐다. 지금은 소학반, 중학반으로 구성되어 있고 교원들도 대학과 연구기관의 뛰어난 교원, 연구사들이 가르치고 교재도 다르다. 중학반 1학년부터 3학년까지는 평양시 내에 거주하는 수재 학생들을 받아들이고 가르친다. 전국 도와 시의 수재들이 다니는 제1중학교 3학년 학생들은 예비고사를 통과해야 평양제1중학교에서 본고사를 볼 수 있으며, 여기에 합격하면 평양제1중학교 4학년에 입학할 수 있다.

이외에도 남쪽의 외국어고에 해당하는 외국어학원, 예술고에 해당하는 예술학원, 체육고에 해당하는 체육학원이 전국에 별도로 설치돼 있다. 이들 중 성적우수자는 평양외국어대학, 평양연극영화대학, 평양음악대학, 평양무용학원, 평양체육대학에 진학한다.

일반 학생들은 중학교를 졸업하면 대부분 입대하거나 직장에 배치된다. 그런데 졸업생 중에서 바로 대학에 진학하는 학생들이 있다. 이들을 '직통생'으로 부르고 졸업생의 약 10% 정도가 된다. 나머지 학생들은 제대 후 또는 직장 생활을 거쳐서 대학에 입학할 수 있다. 제대군인들은 대체로 대학교에 입학해서 예비과정을 거쳐서 본과

수업을 듣는다.

북한의 대학 중 남한의 종합대학에 해당하는 것은 김일성종합대학, 김책공업종합대학, 고려성균관 등 3개뿐이고(김책공업대학은 이공계 중심이고, 다른 하나인 고려성균관은 경공업 전문대학이기 때문에 인문·사회·이공계를 아우르는 실질적인 종합대학은 김일성종합대학교이다), 특정 분야를 특성화해서 설치한 단과대학이 대부분이다. 이들 대학은 학과에 따라 4~6년제로 운영된다. 하지만 교원대학은 3년제이다. 남한의 전문대학에 해당하는 고등전문학교는 2~3년제이다.

김정은 집권 초 북한 대학들이 외국을 본떠 '종합대학' 체계를 시도했으나 2019년부터 북한 특유의 학부제로 복귀하며 규모를 대폭 줄였다. 기존 평양건설건재대학을 평양건축종합대학으로 확대하면서 3개 단과대를 신설했으나, 지난해 가을 이후 이를 모두 폐지하고 학부제로 돌아갔다. 이름도 평양건축대학으로 바꿨다. 원산농업종합대학과 함흥화학공업종합대학도 산하 단과대를 없애고 명칭에서 '종합'을 떼어낸 기존의 원산농업대학과 함흥화학공업대학으로 각각 개편했다. 아울러 김정일 시절 김일성종합대학과 김책공업종합대학에 통합 확대했던 부속 및 단과대도 전부 없앴다.

이러한 변화에는 종합대학으로 몸집을 무조건 불리기보다, 전문적인 학부 체제로 운영하는 것이 북한의 교육 현실에 더 맞고 인재 양성에도 효율적이라는 판단이 작용한 것으로 보인다.

북한의 단과대학들은 도급대학과 중앙급 대학으로 분류된다. 북한에는 매도마다 사범대학, 교원대학, 의학대학, 농업대학, 예술대학이 있는데 이 대학들에는 그 도에 거주하는 학생들이 입학하고 졸업 후 배치도 거의 도 관내에서 이루어진다. 따라서 이를 도급대학이라고 한다. 또한 도에는 전국적으로 학생들을 모집하고 배치하는 대학들도 몇 개씩 있다. 예를 들어, 강원도의 원산수산대학, 원산경제대학, 함경남도의 함흥약학대학, 함흥수리대학, 함흥화학공업대학, 함경북도의 청진광산금속대학, 나진해운대학 등이 있는데, 이런 대학을 사람들은 중앙급 대학이라고 한다.

북한에서는 대학 서열에 대한 개념이 남한처럼 강하지는 않지만, 대학의 우열은 있다. 엄밀하게 보면 북한의 대학 서열의 의미는 남한의 대학교 서열이 아니라 남한의 대학교 내의 대학 서열에 더 가깝다. 북한에서 대학의 우열은 대학의 국가적 중요도, 대학의 교육적 환경과 물질적 조건, 대학 졸업 후 진로 등에 의해 결정된다.

김일성종합대학은 정치관료 양성을 목적으로, 김책공업종합대학은 기술관료 양성을 목적으로 국가가 세운 대학으로, 북한에서 정치관료의 대부분은 김일성종합대학 출신이며 기술관료나 기술자의 상당수가 김책공대 출신이다. 따라서 북한 당국은 이 두 대학을 가장 중요시하고 있으며 이 대학들의 교수진도 최고 학자들로 꾸리고 교육에 필요한 물질적 조건도 선차적으로 보장해주고 있다.

특히, 김일성종합대학교의 인기는 다른 대학과 비교할 수 없을 정도로 높다. 노동당 교육부에도 김일성대만 담당하는 부처가 별도로 있다. 1946년 창설된 김일성종합대학은 156만 제곱미터의 부지에 40만 제곱미터의 건평을 차지한 대학 건물들이 배치되어 있다. 전자도서관과 제1호 교사, 제2호 교사, 체육관, 과학도서관, 수영관을 비롯하여 자연박물관, 출판사, 인쇄공장, 실습공장, 해양실습소, 10개 연구소와 500여 개의 실험실, 100여 개의 연구실, 50여 정보의 실습농장, 해양실습소, 3,300정보의 학술림, 연구원과 박사원이 있으며, 기숙사, 식당, 병원, 종합편의시설 등이 갖추어져 있다.

김일성종합대학교에는 100여 개의 강좌와 600여 개 학급에 12,000여 명의 학생과 6,000여 명의 교직원들이 있다. 교직원 중 교육과 연구사업 담당 교수와 연구사가 2,200여 명 있는데, 1,000여 명 이상의 교원은 준박사와 박사학위를 가지고 있으며 여교수는 총 교원 수의 20%를 차지한다. 이들은 교수활동과 생활보장사업을 하고 있다. 학생들은 매월 소정의 장학금을 받으면서 공부하고 있다. 대학생들은 재학 기간 중 학용품, 교과서, 교복, 숙소비와 시내 교통비 등을 포함하여 장학금을 받게 되어 있다. 여학생은 총 학생 수의 20~30%를 차지하고, 기숙사에 있는 학생 수는 총 학생 수의 70%를 차지하고 있으며, 나머지 평양 시내의 학생들은 자기 집에서 대학에 다닌다. 창립 당시부터 1995년 초까지 졸업생 총수는 6만여 명에 달하는데, 연평균 1,300~1,500명의 학생이 졸업한다.

그동안 산하에 다른 대학을 편입하는 등 다양한 모습을 보이다가 2019년에 학부제로 개편하여 18개 대학과 학부로 구성되어 있으며 60여 개 학과가 설치되어 있다. 사회과학부에는 경제학부, 역사학부, 철학부, 법률대학, 문학대학, 외국어문학부, 재정대학이 있으며 자연과학부에는 컴퓨터과학대학, 수학부, 물리학부, 원자력학부, 화학부, 생명과학부, 지구환경과학부, 지질학부, 역학부, 재료학부, 전자자동화학부가 있다. 특이한 것은 재교육학부인데, 이 학부는 본과를 졸업한 후 3~5년간 일하다가 자기의 연구성과를 점검하거나 새로운 발전내용을 다시 학습하기 위해 대학에 나와 일정 시간을 공부한다. 이 학부의 학제 기간은 대체로 두 달간이다. 즉, 해마다 두 번씩 한 번에 두 달씩 공부하는데 철학, 역사, 경제, 외국어, 수학, 물리학과 등을 두고 있다.

북한에는 남한의 카이스트(KAIST)와 유사한 이과대학이 있다. 이

과대학은 수재들이 가는 대학으로 평성에 있는 국가과학원에 직속
되어 있다. 국가적 중요도 때문에 이과대학의 교육환경이나 학생들
의 학습조건도 국가에서 우선으로 보장해준다. 그러나 자연과학전공
을 선호하지 않는 관습이 있어 학생 실력에 비해 선호도가 따라가지
못하고 있다.

오히려 직업 때문에 인기 있는 대학은 평양외국어대학이다. 북한
은 폐쇄사회이다 보니 외국에 나가는 것이 하늘의 별 따기만큼 어렵
고 극히 제한된 사람들만이 허용된다. 또 외국에 드나드는 사람은
외화를 쓰면서 부유하게 사는 것으로 인식되어 있다. 따라서 외국에
나가볼 수 있는 직업을 가질 가능성이 많은 외국어대학의 선호도가
높지만, 이는 거의 외교관 자녀들이나 돈 많은 사람들의 자녀들만
갈 수 있는 대학으로 인식되어 있다. 외국에 나갈 수 있다는 이유로
무역선의 항해사, 기관사 등을 양성하는 나진해운대학도 인기가 꽤
높다.

김정일이 예술을 우선시하다 보니 평양 음악무용대학, 영화연극
대학, 각도 예술대학들의 인기도 매우 높아 경쟁률이 상당히 높았다.
(이상은 북한 김일성종합대학 철학부를 졸업했으며 함경북도 청진
모 대학 교수로 재직하다 지난 2004년 탈북한 현인애씨의 증언이다)

고려성균관의 전신은 개성경공업단과대학으로 1992년 5월 5일
고려시대 국가의 최고 교육기관이었던 성균관(成均館)의 이름으로
개칭하면서 종합대학으로 개편되었다. 주로 경공업 부문의 전문가,
기술자를 양성하는 종합적인 고등교육기관의 기능을 수행하고 있다.
현재 고려인삼학부, 고려도자기학부, 고려방직학부, 고려수예학부
등이 다른 북한 종합대학과 차별화되어 존재하며, 이외에 7개 학부
와 19개 전공학부가 있다. 북한에서는 고려성균관의 개교일을 성균

관의 전신인 국자감이 설립된 992년 9월 1일로 지정하였다.

성인 고등교육기관은 '일하면서 배우는 대학'으로서 특정 직종이나 생산현장에 종사하면서 교육을 받게 할 목적으로 설치된 기관으로 공장대학, 농장대학, 어장대학, 일반대학 야간부 및 통신대학 등이 포함된다. 그리고 남한의 전문대학에 해당하는 고등전문학교가 존재한다.

중학교 6학년(고급중학교 3학년) 졸업 시즌이 되면 학교마다 대학 폰트라는 것이 내려온다. 폰트는 대학 입학시험 자격을 의미한다. 북한은 지역별 할당제로, 중앙에서 각 지역에 일정한 숫자의 대학 폰트를 내려보낸다. 각 지역은 다시 할당된 폰트를 산하 학교별로 나눠주는데 제1중학교가 생긴 뒤에는 거기에만 폰트가 내려오고 농촌학교는 아예 소외되는 경향이 있다.

북한에서 대학입학시험은 예비시험과 본시험이 있다. 남한의 수학능력 시험과 비슷한 것이 예비시험이며 12월경에 치르는데, 시험 과목은 김일성 혁명역사, 김정일 혁명역사, 국어, 수학, 영어, 화학, 물리 등이다. (김정은 집권 이후 국어를 빼고 역사와 지리를 넣었다는 소식도 있다.) 수험생은 예비시험을 통과해야 대학별고사를 볼 수 있다.

학생들의 예비시험 성적과 지망 희망 대학을 고려하여 응시 대학교를 결정하는 것은 시인민위원회 대학생모집처이다. 대학생모집처에서 대학별고사를 치를 학생 명단을 각 중학교에 보내면, 각 학교에서는 대학별고사를 보는데 필요한 여러 서류를 준비하고, 학생들은 응시 자격을 얻은 대학에 가서 시험을 치른다. 대학별고사의 시험은 대학마다 다른데 남한의 본고사와 유사하다.

북한은 재수가 허용되지 않아 예비시험에 떨어진 학생은 군대나 사회에서 3년간 근무해야 다시 대학 시험을 치를 수 있는 자격이 주어진다. 대학 추천은 학교에 따라 차이가 있지만 약 20% 정도의 졸업생들이 추천받게 된다.

고급 중학교(남한의 고등학교) 성적이 뛰어나지 않은 학생은 일반적으로 우선 군대로 간 다음에, 다시 군대에서 대학 입학시험을 치를 기회를 얻으려 한다. 왜냐하면 예비시험은 중학교와 일반사회로 분리되어 해마다 치르고 있는데, 인민군대는 예비시험보다는 군사복무 기여도와 출신성분으로 대학 입학시험을 치를 수 있는 추천권을 받을 수 있기 때문이다. 또한 제대군인은 입학정원의 3~4배로 추천권을 받아 직통생과 구별해 제대군인만 따로 입학시험을 치르므로 상대적으로 수월하게 대학에 들어갈 수 있다. 따라서 중학교 성적이 좋지 않은 간부집의 자녀들은 군대에 가서 대학 추천권을 더 쉽게 받아 명문대학에 입학하는 경향이 있다.

졸업생들에게는 학사학위가 아닌 증명서가 수여되고 있다. 인문사회과학 및 예술분야의 졸업생에게는 '전문가' 증명서가 수여되고 자연과학 및 기술 분야의 졸업생에게는 '기사' 증명서가 수여된다. 사범대학이나 교원대학의 졸업생에게는 '교사' 자격증이 수여되고 중등기술인력의 양성을 목표로 하는 고등전문학교 졸업생들에게는 '기수(준기사)' 증명서가 수여되고 있다.

북한의 대학생들은 원래 군대에 가지 않아도 되었다. 푸에블로호가 피랍되었을 때처럼 군사적 긴장이 고조될 때 대학생들도 입대한 적이 있지만, 원칙적으로는 대학생들의 입대는 면제되었다. 대학을 다닐 때 군사 훈련을 이수한 후 예비역 소위로 편입한다. 하지만 2003년 3월 열린 제10기 6차 최고인민회의에서 '전민군사복무제(징병제)'를 법령화한 이후 대학생들도 입대하게 되었다. 그동안의 지원제를 대상자 모두 입영하는 징병제로 바꾼 것이다. 복무기간은 남자 13년에서 10년, 여자 10년에서 7년으로 3년씩 단축했다. 그러나 대학생은 복무기간은 10년을 다 채우지 않아도 된다. 정확히 몇 년인지 탈북자들의 증언이 달라서 말하기는 힘들지만, 일반 병사처럼 10년을 복무하지 않는 것으로 보인다.

북한의 조선노동당기에는 마치(망치), 낫, 붓이 그려져 있다. 이것은 지식인을 우대하는 그들의 정책이 고스란히 담겨 있음을 보여준다. 전민군사복무제를 시행하기 이전에는 직통생들의 입대를 면제하는 혜택까지 주면서 당의 일꾼으로 키웠다. 대학을 졸업한 후에는 다른 사람보다 출세도 빠르다. 따라서 북한에서도 대학을 가기 위한 경쟁이 치열하다. 그리고 입시 스트레스 또한 존재하며 몰래 과외를 받는 일도 있다.

평양에 있거나 인기 있는 대학의 간부과는 '뇌물의 온상'이라고 할 만큼 치맛바람이 거세기로 유명한 곳이다. 한국 대학의 학생처와 비슷한 간부과는 학생입학의 선택권을 쥔 핵심부서다. 북한에서 가장 인기가 많은 평양외국어대학 간부과장의 집에서 미화 10만 달러가 압수된 일이 있을 정도로 비리는 심각하다. 평양외국어대학 출신의 한 탈북자는 "1997년경 평양외국어대학에 자녀를 입학시키기 위해 대학 간부과를 찾은 지방 출신의 간부는 '꿩 다섯 마리'(1만엔 지폐에 그려진 꿩을 빗댄 은어)를 요구하는 말을 듣고 산에 가서 진짜 꿩 다섯 마리를 잡아 왔다가 이 소문이 퍼져 간부과 직원이 해임되는 사건이 있었다."고 말했다. (조선일보, 2006. 2. 5. 참조)

북한의 대학 신입생 수는 당에서 통제한다. 사회의 요구에 맞추어서 대학생 수를 조절하기 때문에 졸업 후 취업에 목을 매는 우리와 다르다. 대학을 졸업하면 어느 정도 신분이 보장되는 삶을 산다고 보면 된다. 특히 명문대학을 졸업하면 당 간부가 되는 데 상당히 유리하다. 그래서 대학을 가기 위한 로비가 치열하다.

남한이나 북한이나 더 나은 인생을 보장해주는 명문대를 가기 위한 경쟁은 치열하다. 오히려 좋은 대학을 가기 위한 로비는 남한보다 북한에서 더 치열하다. 실력 외에 성분이 중시되기 때문이다. 북한의 상류층은 자녀를 좋은 대학에 보내기 위해 큰 노력을 기울인다. 자신들의 사회적 지위를 물려받기 위해서는 좋은 대학에 입학하는 것이 필수적이기 때문이다.

대학을 졸업한 뒤 우리의 대학원에 해당하는 과정으로 박사원이 있다. 박사원에는 학사(준박사)반과 박사반이 있는데, 학사반은 대학 졸업 학력이나 그와 동등한 자격을 갖춘 사람이 입학하는 곳으로 우리의 석사과정으로 이해할 수 있다. 박사반은 학사학위를 수여한 사람이나 동등한 자격을 갖춘 사람이 입학하는 곳으로 우리의 박사 과정으로 볼 수 있다. 연구원은 대학 교원과 연구사가 될 전문인력을 양성하는 교육기관이다.

박사학위를 따기 위해서는 학위논문 제출 자격시험을 통과하고 논문 대중 공개 심의와 전문가 비공개 심의, 논문 내용이 인민경제 현실에 도입돼 어떤 결과를 가져왔는지를 따져야 하고, 학위학직심의위원회의 비준도 받아야 한다. 박사학위는 취득하기가 매우 어려워서 대학생들이 일반적으로 희망하는 목표도 아니고, 대학 교원들이 모두 학사나 박사학위를 가지고 있는 것도 아니다. 박사학위 취득이 이렇게 어려운 만큼 박사가 되면 무상으로 고급 아파트를 주고 내각 부상급 이상만 출입이 허용되는 특별 상점을 이용할 수 있으며, 월급의 30%에 해당하는 배려금을 지급받는 등의 혜택이 주어진다. 북한에서는 박사를 '총리만큼 높게 본다'는 말도 있다고 한다.

5. 백두산 줄기

북한은 스스로 계급 없는 사회라고 자랑한다. 하지만 정권 수립 이후 주민들의 성분을 조사해 출신성분과 사회성분별로 핵심군중(핵심계층)과 기본군중(동요계층), 복잡군중(적대계층)의 3계층 51개 부류로 구분해 계급성과 당성을 기초로 한 지위와 직업을 배치하는 계급 차별화 정책을 추진해 왔으며, 여러 차례에 걸쳐 주민등록 재조사 사업을 해왔다.

이러한 성분 제도는 주민들이 태어날 때부터 삶의 방향을 정해놓고 각종 차별적인 정책을 편다. 모든 출세의 첫 단계인 노동당 입당은 핵심계층에 속하는 사람만 대상이 되고 나머지 사람들은 모든 간부 등용에서 철저하게 배제된다. 핵심계층을 제외한 사람들이 노동당에 입당하기 위해서는 특별한 공로를 세우거나 김일성, 김정일, 김정은의 직접적인 은총을 입었을 때 가능하다.

북한은 당 선전 일꾼들을 통하여 주민들에게 지난 기간(과거)에 그 어떤 과오와 잘못을 저지른 사람과 자녀들에게 과거를 묻지 않고 본인이 현재 당에 충실하고 맡겨진 임무를 충실히 수행하면 간부 등용을 비롯한 모든 평가에서 차별 없이 한다고는 하지만 그것은 어디까지나 선전에 불과한 것이다.

성분적으로 착취계급·복잡군중에 속하는 사람들은 당 조직과 보위성은 물론 인민반에까지 이중삼중의 감시를 붙여 놓고 그들의 일거일동을 장악하고 있다. 특히 북한에서 말하는 조국 해방전쟁(6.25) 기간에 발생한 치안대 가담자, 월남자 가족을 비롯한 수많은 사람이 자신과 혹은 부모가 지은 죄로 인하여 대를 이어 기를 못 펴고 살아가고 있다. 북한 여러 곳에 널려 있는 정치범 수용소에서 고역을 치르고 있는 사람들 대부분은 성분에서 착취계급과 복잡군중에 속하는 사람들이다. 이들은 때로는 체제에 어긋나는 말 한마디로 인해 엄청난 고역을 치르고 있다.

계급 없는 평등사회를 주장하고 있는 북한 사회에서 자신의 출신 성분에 따라 삶의 질이 결정되는 것이 현실이다. 자기 능력으로만 인생이 결정되는 사회는 아니다. 그래서 북한 주민들은 자신들뿐만 아니라 태어날 자녀의 성분을 좋게 만들려고 한다. 성분이 좋지 못한 사람들과의 결혼이 기피되는 것은 당연한 일이다.

북한에는 출신성분이 좋은 사람들을 지칭하는 3가지 형태의 '줄기'가 있다. 남한의 상류층으로 생각하면 이해가 빠르다.

첫째는 '백두산 줄기'이다. 김일성과 빨치산 투쟁을 함께 하다 전사했거나 죽을 때까지 숙청되지 않은 수백 명의 동료와 가족을 가리킨다. 북한에서 가장 출신이 좋은 사람들로 증손자나 6촌 이상의 친척까지 조상 덕을 단단히 본다. 백두산 줄기에 해당하면 김일성종합대학에는 어렵지 않게 들어갈 수 있다. 그리고 이들은 범죄를 저질러 재판을 받을 때도 상당한 혜택을 본다.

둘째는 '낙동강 줄기'이다. 6·25전쟁에 참전해 전사한 북한군 병사들의 가족을 가리키는 말이다. 이들의 자식들은 승진하는 데 걸림돌이 없다. 물론 백두산 줄기와는 비교가 되지 못한다.

마지막으로 김정일의 동문을 의미하는 '용남산 줄기'가 있다. 대학 입학 당시 6촌까지의 출신성분을 따져 선발된 핵심계층이다. 용남산 줄기는 주로 백두산줄기와 낙동강 줄기에서 파생된다고 볼 수도 있다. 출신성분이 좋아야 김일성종합대학에 가기 때문이다.

통일부 인명록에 수록된 북한 주요 인물 455명 중 학력이 확인되는 인물은 모두 127명이다. 이 중 김일성종합대학 출신은 3분의 2에 해당하는 80명이며, 비(非) 김일성대 출신은 47명이었다. 수도에 있는 국립대가 권력 엘리트를 양산하는 점은 어느 나라나 공통된다. 하지만 김일성대의 경우는 예외적이라 할 만큼 권력을 사실상 독점하고 있다.

속을 들여다보면 김일성종합대학 출신의 권력 독점은 더욱 두드러진다. 비 김일성대 출신의 대다수는 김일성 시대에 등용된 구세대다. 47명 중 옛 소련, 중국, 일본 등 해외 유학파가 27명으로 이들 대다수는 이미 은퇴했거나 사망했다. 이 밖에 간부 재교육 대학으로 사실상 출신 대학을 알 수 없는 국제관계대학 출신 9명과 군부대학 출신 6명을 제외하면 김일성종합대학 이외의 대학을 나온 인물은 손으로 꼽을 정도이다. 특히 대남담당 부서와 외교 분야는 거의 전부가 김일성종합대학 출신으로 채워져 있다. (동아일보, 2007. 03. 27.)

남한에서는 특정 대학, 특정 출신들이 지나치게 많이 고위공직에 임명된다고 가끔 언론은 지적한다. 그리고 사교육비를 감당할 수 있는 중산층 이상의 자녀들이 좋은 대학을 독점한다고 발표된다. 그런데 계급 없는 평등사회를 건설했다는 북한에서도 이와 비슷한 일들이 일어나고 있다. 오히려 남한보다 더 심각하다고 할 수 있다.

과거 사회주의 국가에서도 특권층은 형성되었다. 마르크스-레닌주의에 의하면, 생산수단의 사적 소유제를 철폐하여 사회적 소유로 바꾸어서, 전(全) 인민의 관리하에 두면 프롤레타리아독재라는 과도기를 지나는 동안에 계급이나 계급지배는 일체 사라져야 했었다. 하지만 소련이나 동구 사회주의권 국가에서는 새로운 특권계층이 등장했다.

구소련에서는 새로운 관료계급으로 특권계층을 형성한 이들을 '노멘클라투라'라고 불렀다. 노멘클라투라란 원래 각급 당 기관의 직무·권한을 정밀하게 규정한 리스트를 뜻했는데, 이 리스트에 기재된 직무에 관련된 엘리트 당원 전체를 가리키게 되었다. 노멘클라투라가 되면 높은 소득을 보장받고 여러 특권을 누리게 되는 외에 고급 아파트와 별장을 준다. 노멘클라투라는 노후가 되면 '중요성을 갖는 연금수령자'라고 불리는 고액 연금수령자가 된다. 소련에서는 한때 노멘클라투라에 속하는 사람의 수가 70만 명(공산당원 1,700만 명의 약 4%)이 넘었는데, 그 가족까지 합하면 300만 명에 이르렀다. 노멘클라투라 중에는 기업가로 변신한 사람도 있고, 소련의 마피아 조직인 레케트(Reket)의 조직원인 레케차르와 손잡고 큰돈을 번 사람도 있다.

사람 사는 곳에는 상류층이 형성되는 것은 자연스러운 일이다. 계급 없는 평등사회를 꿈꾼 과거의 사회주의 국가에서도 특권층은 형성되었다. 북한도 마찬가지이다. 각종 특혜를 누리는 특권층이 형성되었다. 이들은 간부로 등용될 가능성이 아주 크다. 북한에서의 간부는 상당한 권한을 가지고 있으며 주민들과는 비교할 수 없는 특혜를 누리고 있다.

6. 결혼식은 사회적 신분의 과시

북한에서 결혼식은 대체로 3월과 11월에 많다. 겨울은 너무 춥고 여름에 음식물이 쉽게 변질하고, 4월부터 10월까지는 수시로 농촌 동원이 있을 정도로 농사일이 바쁘다. 북한 주민들에게 그나마 여유가 있는 달이 3월과 11월인 셈이다. 길흉을 따지는 일은 없어졌기 때문에 결혼식은 대부분 공휴일로 잡는다.

북한의 '가족법' 제9조에 의하면 "남자는 18세, 여자는 17세부터 결혼할 수 있다."고 규정하고 있다. 평균적인 결혼연령은 여성의 경우 23~28세, 남성의 경우 27~28세로 나타나고 있다. 과거에는 북한 당국이 청년들의 노동력을 공장이나 건설 현장에서 효과적으로 이용하기 위해서 만혼을 장려했지만, 최근 들어 만혼에 따른 저출산 현상이 심각해지자 북한은 적당한 나이가 되면 결혼을 하라고 종용한다고 알려졌다.

가족법 제10조는 "8촌까지의 혈족, 4촌까지의 인척 사이에는 결혼할 수 없다."고 명시해 놓고 있다. 배우자 선택방식을 보면 중매와 연애가 6:4 정도의 비율로 병행되고 있는데 최근에는 개방화 추세와 더불어 연애결혼에 대한 선호도가 점차 늘어나고 있는 경향이다. 하지만 한 번 연애해서 사람들에게 소문이 나면 헤어지기 어려운 것이 북한이다. 사귀는 남자를 자유롭게 바꿀 수 있을 정도로 북한 주민들의 생각이 개방적이지는 않다. 그리고 연애하다가 소문이 난 상태에서 헤어지면 서로에게 타격이 너무 크다.

군에 가지 않는 대학생들이나 일반 젊은이들은 대부분 연애를 선호하지만, 남자들의 인민군 복무 연한이 10년여에 달하기 때문에 제대 후 중매로 결혼하는 비율이 더 높다고 한다. 그리고 북한 고위층 자녀들의 경우는 당에서 지정하여 결혼하게 되는 특별한 예도 있다.

북한에서의 결혼식은 대부분 전통 혼례로 치러진다. 다만 과거처럼 전통적인 복장을 하거나 맞절 등의 방식은 없어졌으며, 신부들만 한복을 입고 신랑은 정장을 입는다고 한다. 과거에는 약혼식도 있었지만, 식량난으로 인해서 최근에는 거의 사라졌다.

북한의 결혼을 앞둔 청춘남녀들은 집안과 경제력, 능력, 외모가 중시되지만, 북한에서는 당의 간부나 간부의 자녀, 출신성분이 좋은 집안이 결혼 1순위에 해당하며 최근에는 외화벌이 종사하는 가정의 자녀들도 인기가 많다고 한다. 어떻게 보면 조건을 따지는 것은 남한이나 북한 모두 다를 바 없다.

결혼식은 대부분 집에서 치러지는데 결혼식을 두 번 한다. 신랑이 신부 집에서 '큰상'을 받고, 신부가 신랑 집에 가서 '큰상'을 받는다. 물론 처가와 본가의 거리가 먼 경우 한 번만 하기도 한다. 그리고 1987년에 완성된 경흥관에는 예식장이 있고 최근에 대동강구역 문수거리에 전문 결혼식장이 설립되어 당 간부들과 부자들이 예식장에서 결혼식을 올리기도 한다. 일반적으로 예식장에서는 집에서 마련하는 큰 상까지 다 마련해 준다. 그리고 지방에도 결혼식을 위한 식당이 존재한다. 하지만 고위층이 아닌 이상 집에서 하는 경우가 더 많다. 그런데 요즘은 결혼식을 식장이나 식당에서 하는 풍조도 많이 확산하고 있다고 한다.

결혼식을 할 때 가장 중요한 것은 결혼식 날 마련해야 할 '큰상'에 놓을 음식들과 과일, 그리고 손님들을 접대해야 할 음식을 마련하는 것이다. 큰상은 남한에서 신혼부부가 결혼식을 위해 웨딩드레스를 맞추고 식장을 고르는 것과 같은 의미를 지닌다. 또 손님 접대는 북한 생활에서 먹는 것이 중요한 문제라 결혼식에 오는 하객들에게 식사를 잘 대접하는 것이 결혼식의 의미를 살리는 요소로 보기 때문이다. 대체로 결혼식 날 신부는 다소곳이 앉아 있으면서 고개를 숙이는 등 자세를 낮추는 것이 보편적인 현상이다.

일반적으로 북한에서는 결혼에 앞서 남자들이 크게 돈을 쓸 일이 없다. 결혼식 날 술값으로 돈이 나갈 뿐이다. 집은 국가에서 배정해 주고 살림살이나 가구, 침구류 등은 신부 측에서 장만해 온다. 평안도나 황해도는 신랑이 여유가 있으면 살림살이를 충당해주기도 하는데 함경도는 살림살이 전부를 신부가 장만하는 풍습이 강해서 북한에서는 딸이 많은 집은 결혼을 다 시키고 났을 때 집안이 거덜 나기도 한다고 한다. (이용웅 교수의 북한 문예 산책, http://nkculture. ac.kr/. 참조)

북한에서는 결혼식 날 전후로 3~5일간의 휴가가 주어지며, 이 기간에 신랑과 신부의 친구들이 결혼식 준비를 도와준다. 결혼식에는 술이 가장 많이 필요하며, 국수와 김치 등도 필요하다. 돼지를 잡는 경우도 있는데, 이 정도의 접대는 흔치 않은 일이다. 북한에서는 술이 정말 귀하다고 한다. 그래서 결혼식에서 술을 얼마나 대접하느냐가 결혼식 잔칫집을 평가하는 기준이 되기 때문에 친구들의 도움이나 개인 집에서 만드는 밀주를 사서 충당한다고 한다. 직장에서 결혼 축의금이 나오고 동료들도 따로 현금을 주거나 선물을 사주기도 하는데, 북한에서는 현금보다는 현물이 워낙에 귀한 탓에 쌀이나 술을 주는 경우가 많으며 결혼식을 치르는 집에서는 이렇게 받는 것들이 도움이 많이 된다.

남한에서는 결혼식이 끝나면 신랑, 신부 친구들끼리 따로 피로연을 하고, 이때 신랑과 신부가 나타나면 친구들의 온갖 짓궂은 장난들이 이어지지만, 북한에서는 이런 일이 없다. 북한에서는 신랑과 신부의 양가 부모님이나 친지들에게 술잔을 올리고 가까운 하객들에게 술을 돌린다. 흥을 돋우기 위해 북한에서 귀한 물건인 오디오를 빌려와 볼륨을 최대로 해놓고 '휘파람'과 같은 경쾌한 음악을 틀어 잔칫집 분위기를 흥겹게 한다. 모두가 함께 돌아가면서 노래를 부르는데, 남한 노래가 북한에 유행하면서 최근에는 결혼식 잔치 분위기가 무르익으면 남한 노래가 분위기를 압도한다고 한다. 남한과 달리 신혼여행을 가지 않으며 첫날밤도 집에서 보내며, 신혼여행이라고 해봤자 고작 동네 한 바퀴 도는 것이 끝이라고 한다.

신부들이 가져가는 혼수에는 5장 6기가 있는데, 이걸 다 갖추는 경우는 거의 없다. 5장은 이불장, 옷장, 신발장, 찬장, 장식장을 말하고, 6기는 TV 수상기, 녹음기. 세탁기, 선풍기, 냉동기, 재봉기 6가지이다. 일반적으로 집을 장만하기 어려워서 부모와 같이 살면서 집을 배정해 줄 때까지 기다려야 한다.

남한에서 상류층들의 호화결혼식이 사회적 문제가 되듯이 북한에서도 결혼식의 빈부격차는 심하다. 북한 주민들의 결혼식은 삶의 고단함이 묻어나지만, 권력자들의 결혼식은 호화스러움이 묻어난다. 요즈음 결혼하려면 몇십만 원씩 들다 보니 식을 거르는 일도 있지만, 돈이 많은 사람은 잔칫상을 차린다.

생계가 어려운 북한 노동자나 농민들의 결혼식은 초라하다. 이들은 최소한의 먹을 것만 사고 나머지는 장마당에서 돈을 조금 주고 빌려다가 상을 차려 사진을 찍은 뒤 돌려주는 일도 있다. 신랑, 신부의 친척이나 가까운 사람들은 원래 특별상을 대접받았으나 근래에는 친척들이 부조한 만큼 대접하는 것을 당연하게 여기고 있으며, 집안 사정이 어려운 것을 모두 알고 있으므로 서로 이해한다고 한다.

하지만 북한 당 기관 간부들의 결혼식은 규모도 크고 잔치도 며칠을 지속한다. 간부들 속에서 결혼식 규모는 그 사람의 위신과 실력을 과시하는 것으로 상당히 중요하게 다뤄진다. 큰 간부들이 한 번씩 대사(결혼, 환갑 등)를 치르는 날이면 밑에서 충성해야 하는 간부들은 온갖 궂은일을 도맡아 해야 한다. 상을 차리는 작업부터 결혼식 부조금 액수까지 조직하고 관리해야 한다.

고위층으로 분류되는 중앙당의 간부 자녀들이 결혼할 때는 '대장함'으로 불리는 예물함을 양가에서 주고받는다. 신랑 쪽에서는 대체로 신부를 위한 옷이나 화장품, 신부의 가족을 위한 옷감을 넣는다. 드물지만 여유가 있는 집안에서는 신부의 일가친척들에게 옷 한 벌씩을 폐물로 주기도 한다. 일반 주민들이나 지방에서는 함이 따로 없으며 예물만 준비해서 양가에 전달하는 경우가 많다.

북한에서 결혼식은 그 사람의 사회적 지위를 드러낸다. 당 간부의 자녀가 결혼할 때면 호화결혼식이 진행되고 가난한 일반 주민들은 결혼식을 거르거나 아주 조촐하게 진행된다. 예나 지금이나 남한이나 북한이나 결혼식을 통해 자신의 사회적 신분이나 위세를 과시하려는 것은 똑같다. 단지 그 방식이 다른 것뿐이다. 북한 주민들도 잔칫날 나오는 음식과 모인 손님들을 보면서 결혼식을 올리는 두 사람과 그 부모의 사회적 신분을 확인하고 있다.

7. 이혼은 두려워

　북한은 1956년 3월 합의이혼을 폐지하고 재판에 의해서만 이혼을 허용하는 내각결정 제24호를 채택, 이혼을 재판에 의해서만 가능하도록 명문화했다. 이와 관련해서 북한의 가족법 제20조는 "남편과 안해의 관계는 리혼하면 없어진다. 리혼은 재판에 의해서만 할 수 있다."고 규정하고 있다. 또한, 이혼 사유를 제한하거나 이혼신청서의 수입인지를 고가로 책정하고 두 번 이상 이혼하는 자는 상급재판소인 도재판소에 청구해야 하는 등 이혼을 정책적으로 규제하고 있다. 그래서 북한 주민들은 이혼 사유가 발생한다고 하더라도 쉽게 이혼할 엄두를 내지 못한다. 따라서 이혼을 자유롭게 할 수 없다. 당연히 이혼율은 낮을 수밖에 없다. 이혼 사유와 관련해서는 가족법 제21조에서 "배우자가 부부의 사랑과 믿음을 흑심하게 배반하였거나 그 밖의 사유로 부부생활을 계속할 수 없는 경우에는 리혼할 수 있다."고 규정하고 있다.

　이혼에 관한 재판은 원칙적으로 재판소에서 담당한다. 이혼 판결에서는 자녀의 양육문제, 부부합동재산의 분배, 이혼 후 배우자 간의 부양의무에 대한 문제 등을 모두 결정한다. 이혼 재판에서는 이혼했을 경우 여자가 불리한 점을 고려해 통상 남자가 이혼을 청구할 경우는 이루어지기 어려우나 여자가 청구할 경우는 비교적 쉽게 이루어진다. 여자 쪽에서 무조건 안 살겠다고 하면 이혼이 성립되고 여자가 그래도 살겠다고 하면 이혼을 안 시킨다.

헤어질 때 재산 분배는 보통 결혼할 때 마련한 것은 자신이 소유하고 결혼 중에 같이 번 것은 아이를 부양하는 쪽에서 더 가진다. 그리고 자녀 문제는 이혼 당시의 합의에 의하며 합의가 이루어지지 않을 경우는 재판소 정하도록 하고 있다. 그리고 부득이한 사유가 없는 한 3살 미만의 자녀는 어머니가 양육하도록 가족법 제22조에 명시해 놓고 있다.

자녀를 양육하는 당사자는 양육하지 않는 당사자에게 자녀가 노동할 나이가 될 때까지 양육비를 요구할 수 있다. "자녀를 양육하는 당사자는 양육하지 않는 당사자에게 그가 로동할 나이에 이르기까지의 양육비를 요구할 수 있다. 양육비는 자녀수에 따라 월수입의 10~30% 범위 안에서 재판소가 정한다."(북한 가족법 제23조) 하지만 양육비를 지불하던 당사자가 노동능력을 잃거나 자녀를 맡아 기르던 당사자가 재혼하여 그 자녀가 계부모의 부양을 받을 경우 이해관계자는 재판소 양육비 면제를 요구할 수 있다. (북한 가족법 제24조)

재미있는 것은 북한에도 고부간에 갈등이 많다. 대체로 며느리들이 시부모한테 공손하지 못한 편으로 알려진다. 그래서 시어머니랑 며느리가 소리 지르고 싸우는 경우도 많다. 탈북자의 증언에 의하면, 며느리는 시부모보다 친정 부모를 더 챙기고 시부모도 딸에게 속마음을 틀어놓는 경우가 많다고 한다. 급기야 시부모님 문제로 이혼하는 경우까지 생긴다. 북한 주민들은 결혼해서 처음에는 시부모랑 같이 사는데, 첫째랑 같이 사는 경우가 많다. 하지만 꼭 그런 것은 아니다. 집안 형편에 따라 다른 자식들하고 사는 일도 있다. 요즘은 분가를 많이 시킨다고 한다.

이혼하겠다고 하면 소속 직장 당비서가 나서서 어떻게든 문제를 해결해 같이 살게 하려고 애를 쓰고 주위에서도 만류하지만, 강제로 살게 하지는 못한다. 북한의 이혼 재판의 경우 이혼 사유를 증명할 수 있는 이른바 증인이 필요하다. 이혼 청구 이유를 적은 이혼청구서를 제출하면 판사가 이혼 성사 여부를 판결한다. 이혼 사유로는 성병 등 건강상의 이유, 배우자의 폭력, 애정 결핍, 불륜, 자녀가 없는 경우 등등 그리고 특별히 법적으로 용납 못 하는 경우 등에 국한하고 있다. 특이한 것은 출신성분이 나쁜 것으로 판명되거나 신념이나 가치관이 불일치할 때 이혼하는 경우가 많다는 것이다.

예전보다 지금 북한에서는 이혼이 많이 일어난다고 한다. 2001년 7월 러시아를 방문한 김정일이 자신을 수행하던 러시아 대표에게 "소련에서 아주 나쁜 것이 하나 들어왔어요. 글쎄 이혼율이 눈에 띄게 증가했지 뭡니까"라고 말했다고 한다. 이제 북한에서도 이혼 문제가 만만치 않음을 보여주는 한 단면이다.

그래서 북한에서는 이혼에 대한 제재를 강화했다. 2008년에는 부부가 이혼하면 벌금 50만 원(당시 한 달 근로자 평균 월급 3,000원)을 내도록 하는 새 규정을 선포했다. 벌금 낼 돈이 없는데 꼭 이혼하겠다면 강제노역 6개월을 각오해야 한다. 이에 따라 전국적으로 이혼하고 싶어도 법적으로 이혼하지 못하는 부부들이 넘쳐났다고 한다. 이러한 엉뚱한 규정을 내놓은 배경에는 전통적인 결혼문화가 무너지면서 사회가 무질서해지는 것을 막기 위해서다.

이혼이 사적 영역에 속한 남한과는 달리 북한에서는 사회에서 이혼을 많이 간섭하고 있으며, 이혼하는 경우 많은 불이익을 주고 있다. 북한 당국은 "이혼은 사상의 변질로부터 온다."고 간주하기 때문이다. 이혼 재판과정에서 남자가 명확한 범죄행위를 저지른 것이 밝혀지면 교화소에 가야 한다. 그리고 당, 행정 간부가 이혼하면 철직(해임) 또는 강등되고 군관(장교)이 이혼하면 제대된다는 증언도 있다. 그러니 이혼이 쉽게 느껴지겠는가?

심지어 신의주에서는 2007년 하반기부터 이혼하면 다른 곳으로 추방하는 사업이 시행되었다. 이혼자 중에 나쁜 사람들이 많이 발생한다는 것이다. 신의주는 국경 관문 도시로써 평양 다음으로 중시되는 도시에 속한다. 평소에도 주민 거주 등록사업이 매우 엄격해 전쟁 포로와 월북자 등의 거주가 용인되지 않았다. (사단법인 '좋은벗들' 2007년 12월 3일 소식지)

이혼까지 국가의 눈치를 보면서 해야 하는 북한 주민들에게 사생활이 얼마나 보장될까? 집단에 해악을 끼칠 수 있는 행위는 사적 영역일지라도 통제받고 살아가야 하는 그들이기에 철저한 개인주의의 원칙 속에서 살아가는 남한 사람들의 삶이 이해되지 않을 때도 많을 것이다. 여자가 바지 입는 것도 통제하는 사회 속에 살아가는 사람들이 서양인처럼 머리를 물들이고 괴상한 옷차림을 입고 다니는 남한의 젊은이들을 어떻게 생각할까? 아마 노동단련대에 보내서 정신을 차리게 만들어야 한다고 말할 수도 있을 것이다.

8. 장례와 제사

북한에서 우리의 전통문화가 비교적 많이 남아 있는 부분이 바로 장례문화이다. 북한은 사람이 사망하면 먼저 상주와 그가 다니는 직장에 상을 당했다는 사실을 통보한다. 그러면 상주는 개인적으로 가까운 사람들에게 연락하고 이어 인근 병원 또는 진료소에서 사망진단서를 발급받아 동사무소와 사회안전성 분주소(지구대)에 신고한다. 동(리)사무소는 장례보조금과 약간의 식량과 술 등을 제공한다. 직계존속이 사망했을 때는 현금 (일반 노동자 평균 월급의 1/10수준)과 쌀 한 말, 술 5~6병이 특별 배급된다.

초상이 나면 가장의 소속 직장은 회의 시간에 부고를 공지하고 각 부서장이 직원들에게 알린다. 한국처럼 사무실의 게시판에 부고를 붙이지는 않는다. 그리고 직장에서 사람들이 나와 염습에서부터 입관·운구·매장에 이르기까지 모든 장례를 책임지고 맡아 치러준다.

과거에는 시·군 인민위원회 산하 도시경영사업소에 신청하면 관이 나왔지만, 최근 들어서는 일반 주민들의 경우 나무판자에 시신을 뉘고 헝겊으로 싸는 것으로 관을 대신한다. 때로는 병원이나 화장터에 문의하지만, 가격이 무척 비싸다. 지역에 따라 다소 차이는 있지만, 판자 1장 값이 북한 돈 6,000원까지 하는 지역도 있다. 노동자

한 달 월급이 3,000원~5,000원임을 고려하면 굉장히 비싼 편이다. 산림이 황폐해졌고 주민들이 땔감을 얻기 위해 무분별한 벌목을 해 판자 구하기가 쉽지 않아서이다. 부유층들은 시멘트와 차돌을 섞어 만든 인조대리석 관을 사용한다. 판자를 구하기 힘든 것도 있지만 조상을 더 잘 모시기 위해서다. 화장할 경우는 다르다. 각 직장이나 마을에 비치 중인 관에 시신을 눕히고 화장터에서는 시신만을 끌어 내어 화장하고 관을 가지고 가서 다음에 사용하기도 한다. 수의는 한국처럼 삼베를 입히지 않고 대체로 사망자 본인이 평소에 좋아했던 옷을 입힌다.

장례식장은 대부분 사망자의 집안에서 비교적 깨끗한 곳을 골라 설치한다. 한국처럼 병원이나 일반 주민들을 위한 장례식장이 따로 없다. 김일성·김정일 초상화가 걸려 있지 않은 벽 쪽을 향해 관이 보이지 않게 병풍을 치고 상을 차린다. 상 위에는 고인의 사진과 살 아있을 때 받은 표창장, 훈장 등과 음식, 술잔을 올려놓는다. 지방을 사용하지 않더라도 향은 피운다. 하지만 살림이 어려운 사람들은 향 마저 피우지 못한다. 상주는 평상복에 검은 완장을 두르며 여자는 머리에 흰 리본을 단다.

국가 주요 인사들을 위한 별도의 장례식장은 있다. 평양시 보통강 구역 서장회관·대동강구역 중앙노동자회관·중구역 천리마문화회 관 등이 대표적이다. 강석주(1939~2016) 국제담당비서, 김양건 통 일전선부장 등의 장례식은 서장회관에서, 이을설(1921~2015) 원수 는 중앙노동자회관에서 각각 열렸다. 만약 병원에서 지병이나 사고 로 사망하면 별도의 장례식장이 없으므로 시신은 병원에 놔두고 장 례식만 사망자의 집에서 치른다.

북한 주민들도 한국처럼 부의금을 준비한다. 형편과 친소관계에 따라 북한 돈 100~500원 정도를 한다. 상주들은 부의금보다 술·돼지고기·계란 등을 선호한다고 한다. 북한 돈은 교환가치가 떨어져 인기가 없는 반면에 현물이 오히려 손님들을 접대하는 데 도움이 되기 때문이다. 문상객은 빈소 앞에서 술잔에 술을 부은 다음 절이나 묵상을 한다. 그 후 상주에게 애도의 뜻을 전한다. 문상객은 한국처럼 상갓집에 오래 앉아 있지 않는다. 상갓집이 대부분 협소해 식사하기가 불편한 환경이라서 대부분 인사만 하고 돌아간다. 문상객들이 일찍 가는 것은 대중교통의 운행 시간도 한몫한다. 거리에 따라 다소 차이는 있지만 보통 오후 10~11시까지 운행한다. 문상객 가운데는 상갓집에 남아서 상주와 함께 밤을 새우는 경우도 있다. 장례식장을 돌보기 위해서다. 밤샘할 때는 대개 술을 마시며 얘기를 나누고, 일부는 주패(카드)놀이를 하기도 하는데 경건해야 할 장소라 흔한 모습은 아니다. 밤샘을 함께한 지인들은 장지나 화장터까지 따라간다. 국가 주요 인사들의 장례식장은 조문객들이 꽃다발·조화 등을 헌화하고 바로 집으로 간다. 별도의 음식을 장만하지 않기 때문에 얘기하는 분위기가 아니다.

장례는 한국처럼 보통 삼일장을 주로 한다. 90년대 중반 고난의 행군 시기는 1일장을 하기도 했다. 김일성과 김정일은 일반 주민들과 달리 모두 12일장이었다. 발인은 보통 오전 10시쯤 한다. 시신 운구는 상주가 병원에서 장의차를 빌리거나 장의차 역할을 할 수 있는 버스를 임대해 사용한다. 지방은 소달구지나 트럭 등을 여전히 이용하고 있다. 북한에서도 묘지 확대로 인해 매장 장소가 부족하여 묘지의 집단화를 추진하고 있다.

화장을 꺼리고 매장을 선호하는 관념은 남한과 마찬가지이다. 하지만 최근에는 화장에 대한 거부감이 예전보다 많이 약해졌다. 화장하면 시신은 장의차로 화장터까지 운반돼 영결식장에 안치한다. 화장하기에 앞서 영결식장에서 가족·친척·친구·직장 사람들이 모여 간단한 영결식을 한다. 화장하면 남은 재를 화장터 주변 유골 보관실에 안장한다. 평양 시민들은 중심지역에서 떨어진 낙랑구역에 있는 오봉산봉사사업소(화장터)를 주로 이용한다. 북한 주민들은 부모 사망의 경우 한국처럼 1주일 정도의 휴가가 주어진다.

제사는 한국전쟁 때까지는 전통 풍습대로 해왔으나 휴전 이후 금지됐다. 그러다가 1960년대 말부터는 직계존속이 사망하면 제사를 묵인하는 등 부분적으로 허용했으나 축문을 읽거나 지방을 쓰는 풍습은 사라졌다. 1988년 추석부터 4대 민속 명절을 잇달아 휴무일로 정함으로써 추석이나 한식(이후 청명으로 대체) 때 성묘를 하는 풍습은 여전히 남아 있다.

북한은 과거에 전통적인 제사 방식 대신 이른바 '사회주의적 제사'라는 새로운 제사 방식을 제시했다. 1974년 1월 김일성은 전국농업대회에서 행한 연설에서 "많은 음식을 차려놓고 절을 하는 것은 아무런 의미도 없다. 제사 지내는 것은 죽은 사람을 잊지 않기 위한 것이다. 그러므로 제삿날에 무덤에다 꽃을 가져다주든가 가족들이 한자리에 모여서 경건한 마음으로 죽은 사람의 지난날 투쟁을 회상하면서 그가 다하지 못한 일을 살아있는 사람들이 마저 하기 위하여 노력하자는 결의를 다지는 것이 좋겠다."라고 주장했다. 따라서 북한에서는 가까운 친척이 모여 전통적인 제사상은 차리지 않고 밥, 떡, 생선, 나물 등 주위에서 쉽게 구할 수 있는 몇 가지 음식을 차려놓고 사회주의적 내용으로 바뀐 제사를 지낸다. 특이한 것은 제사 지낼 때 큰 절을 3번을 하는데, 여자도 같이 절을 한다. 그런데 대부분의 북한 주민은 제사를 잘 지내지 않는다. 다만, 청명에는 주로 삽

을 가지고 가서 봉분을 손질하고 추석에는 낫을 가지고 가서 잔디와
풀을 벤 후 조성의 묘 앞에 제사상을 차리는 풍습은 아직 이어오고
있다.

9. 만만한 사람 건드리는 것이 세상 이치

　북한은 1970년대 초에 김정일에 의해 예술인들에게게만 생활총화가 시작되었다가, 1974년 2월부터 전국적으로 생활총화를 시작했다. 생활총화는 북한 주민들이 각자 소속된 단위에서 일정 기간 업무와 공·사생활을 반성하고 상호 비판하는 모임을 말한다. 당 조직에서는 당원들을 위해 '당 생활총화'가 있고, 청년동맹에서는 '청년동맹 생활총화', 직장에서는 직원들끼리 하는 '직맹 생활총화', 또 여성 직장인끼리 하는 '녀맹 생활총화' 같은 것들이 있고 그중 하나에 참가한다.

　생활총화는 일주일에 한 번, 매주 토요일 오전에 하는 것을 원칙으로 하고 있다. 농민들은 10일에 한 번씩, 학생들은 소학교 때부터 1주일에 한 번씩 생활총화를 한다. 문화예술계와 과학계 종사자들, 그리고 대학생들은 좀 자주 하는데 이틀에 한 번씩 생활총화를 해야 한다. 그만큼 사상교육이 필요한 사람들이기 때문이다. 그리고 석 달에 한 번씩 하는 분기동맹총화도 있고, 연말 결산을 하는 연말총화도 있다.

　북한에서 행해지는 생활총화는 공개된 장소에서 하는 것이며, 상호비판도 비판하는 사람이 듣도록 행해진다. 생활총화가 더 나은 발전을 위한 계기가 되도록 운영하는 것이지, 원칙적으로 남을 매장하기 위해 행해지는 것은 아니다. 그리고 타인에 대한 비난보다 자아비판을 기본으로 한다.

생활총화의 범위는 학교나 직장에서 본인의 업무와 생활에 대한 것을 위주로 한다. 원칙적으로 가정 안에서의 생활에 대해서는 생활총화의 대상이 되지 않는다. 하지만 그것이 충성심이라는 문제와 연계되면 제한이 없다. 집에서 늦잠을 자다가 직장에 지각한다든가, 충성심이 부족하여 '가정에 모신 김부자의 총상화 검열'에서 비판을 받았다든가 하는 문제는 생활총화의 대상이 된다.

주민들은 생활총화 시간에 상당히 긴장한다. 각 조직의 위원장은 생활총화 시간에 드러난 개인의 비판기록을 문서로 작성해 상부에 보고할 의무가 있기 때문이다. 위원장들은 매 분기나 1년에 한 번씩 정기적으로 생활총화에 나타난 개인기록을 참고해 거기에 자신의 평가를 붙여 상부 조직에 보고한다. 만일 이런 일들이 두려워 총화 시간에 참석하지 않으면 나중에 개인적으로 다시 해야 하므로 개인이 임의로 결석할 수 없다

생활총화는 우선 김일성, 김정일, 김정은의 말씀을 제시하고, 이 교시와 말씀에 따라 한 주간에 있었던 자기의 결함을 비판한다. 그 뒤 결함의 원인을 분석하고, 고칠 방법을 발표한다. 여기까지가 자기비판이다. 그다음에 다른 사람이 잘못한 점을 비판하고, 그것을 시정할 수 있는 대책과 방도를 제시한다.

문제는 상대방을 비판할 때 아무나 하지 않는다는 것이다. 사람들로부터 비판을 받는 것은 누구나 매우 불쾌해한다. 그래서 호상비판(상호비판)의 대상은 만만하고 순한 동료가 되는 경우가 많다. 주로 나이가 어리거나 어리숙한 사람이 많이 당한다. 괜히 똑똑하고 잘나가는 동료를 비판했다가는 뒤탈이 날 수 있으니 아예 언급을 안 한다. 그리고 친한 친구를 비판할 경우, 서로 마음이 상해서 싸우는 경우도 생긴다. 군대에서도 마찬가지도 대학생들이 입대해서 부대에 배치하면 다른 신병과 달리 취급한다. 어차피 제대 후에 자기보다 잘나가는 것이 정해진 사람에게 괜히 시비를 걸어서 좋은 것이 없기 때문이다.

속된 말로 사람은 자기 죽을 짓은 하지 않는다. 훗날을 생각해서 자기에게 좋지 않은 영향을 준다고 생각하는 일은 하지 않는다. 그래서 만만한 사람을 건드린다. 자기보다 강한 사람에게 대들어서 좋은 것은 없다. 북한 주민도 마찬가지이다. 사회 특성상 서로를 비판해야 하는 경우가 생기지만, 센 사람은 되도록 피하고 본다.

10. 뇌물은 모든 문을 열게 한다

한때 북한에서는 "당일꾼은 당당하게 해먹고 안전원은 안전하게 해먹고 보위원은 보이지 않게 해먹고 노동자는 노골적으로 해먹는다."라는 유머가 유행하였다. 뇌물이 만연한 것을 빗댄 말이다. 북한을 방문한 사람들이나 북한을 이탈한 주민들이 공통으로 하는 소리가 뇌물이다. 그만큼 북한에서는 뇌물이 만연함을 증명해주고 있다. 특정 분야에서만 통용되는 것이 아니라 사회 모든 분야에서 뇌물이 보편적으로 오고 가고 있다.

북한은 사회 전 부문에 걸쳐 조선노동당이 절대적인 권한을 행사한다. 따라서 중앙당을 비롯하여 각급 당 위원회를 둘러싼 뇌물수수 등 부정부패가 만연할 수밖에 없다. 각급 노동당 간부들은 직장배치나 주택 배정, 입당 등과 관련해서 외화, 시계, 옷감, 식료품, 담배, 술 등을 공공연히 요구하는 경우가 많다. 이 때문에 주민들은 "무엇이든지 고여야 (바쳐야) 일이 된다."며 한탄하고 있다. 여기서 '고이다'라는 은어는 어떤 물건을 지탱하기 위해 그 밑에 받쳐준다는 뜻을 가진 '괴다'의 방언으로 뇌물을 바친다는 뜻으로 변조돼 사용되고 있다.

특히 시장이 커지고 외국의 물품이 많이 반입되면서 뇌물이 더욱 만연하게 되었다. 북한 당국은 시장의 존재는 인정하지만 '사회주의 근간을 흔드는 세력'으로 보고 통제의 끈을 조인다. 상인은 북한에서 '동요계층'이기 때문에 두 겹 세 겹으로 통제한다. 장세를 걷고, 인허가 수수료를 받고, 금지 품목을 내걸고, 가격을 통제하며 끊임없이 단속한다.

그러나 규제를 지키는 경우는 별로 없으므로 부패가 생길 수밖에 없다. 당연히 시장을 관리·감독하는 구역당, 인민위원회, 군대 같은 기관들이 규제를 미끼로 뇌물을 요구하는 경우가 생긴다. 청진과 온성을 오가며 장사했던 한 탈북자는 "청진시로 들어가는 통행증을 끊을 때부터 기차 안, 검문소에서 걸릴 때마다 북한 돈 1만 원씩 줬다."고 진술했다.

북한에는 8대 도매 시장을 중심으로 전국에 300~350개의 시장이 있다. 148개 군(郡)마다 1~2개, 27개 시(市)마다 2~5개 시장이 공식 운영된다. 8대 시장은 평양 통일거리 시장, 평안남도 평성시장, 평안북도 신의주 시장, 함경남도 함흥 사포시장, 함경북도 나진 선봉시장, 청진 수남시장, 온성 온성시장, 회령 남문시장 등이다. 주로 중국과 국경을 접하는 지역에 발달해 있다. 8대 시장 중 6개 시장이 국경 지역이나 중국 상인들이 들어오기 쉬운 항구를 끼고 있다.

시장관리소는 뇌물 집합소다. 포항시장 출신 홍영희씨는 "식품 매대 상인 120명 중 10명 정도는 명절 때 꼬박꼬박 소장에게 뇌물을 바쳤다. 한 사람당 북한 돈으로 2만 원 정도의 고급 술·담배·달력을 꾸러미로 만들었다."고 했다. 또 "구역당 책임비서의 딸이 보름 동안 평양으로 시험 치러 갈 때 먹을거리, 옷가지, 선물로 줄 일본 상품 같은 걸 모두 챙겨줬다. 지역 비서는 왕이었다."고 했다. (중앙 SUNDAY, 제125호)

뇌물이 북한 사회를 움직인다는 것은 더는 비밀이 아니다. 대학 입학, 국경경비대 입대, 힘든 부대에서 빼주기, 대도시 거주, 노동당 입당 등 고위 간부로부터 말단 간부까지 사회 전반에 뇌물이면 다 통한다는 풍조가 만연하고 있다. 남한에서의 로비 현상은 주로 사회 상위층에서 많이 일어나고 있으며 그 액수 또한 어마어마하다. 그렇다 보니 사회 하위층 사람들은 감히 엄두조차 낼 수 없는 형편이다. 그러나 북한의 뇌물 현상은 사회 상위층에서부터 말단 계층에 이르기까지 전 사회적으로 만연되어 있다.

단적인 실례로 평양에서는 겨울철 김장을 할 때, 그 많은 배추와 무들을 집으로 올리기 위해 엘리베이터 운전공에게 술과 담배를 인사 삼아 주어야 한다. 한국의 아파트는 자동 엘리베이터지만 북한의 아파트는 북한산 엘리베이터의 잦은 고장과 관련하여 항시 운전공이 엘리베이터를 타고 운전을 해주고 있다. 그뿐만 아니라 소금에 절인 배추를 씻을 때도 수돗물이 한국에서처럼 24시간이 나오는 것이 아니라 하루에 1~2시간 정도 공급되므로, 급식 펌프장 근무 성원에게 찾아가 담배와 술을 주고 물을 몇 시쯤에 올려달라고 개별적으로 부탁해야 한다. 수돗물을 공급해 주는 펌프장 근무 성원에게 뇌물을 고이지 않고 배추를 소금에 절였다가 물을 보내주지 않아 절인 배추를 물에 씻지 못해 완전히 김장을 망친 실례도 적지 않다.

북한에서 뇌물로 고이는 담배와 술이 대한민국 사람들의 경우에는 별로 값이 나가는 물건이 아니라고 가볍게 생각할 수 있겠지만, 북한 사람들의 한 달 봉급이 고작해야 이런 담배 5~6곽을 사고 끝나는 돈이라고 볼 때 결국 그들이 뇌물로 바치는 담배와 술은 결코 가볍게만 생각할 것이 아니다. (호혜일, 「북한요지경」, 서울:맑은소리, 2006 참조)

뇌물 행위가 가장 극심한 분야는 교육 분야이다. 북한의 명문대학을 입학하기 위한 로비 가격이 대체로 정해져 있다는 소리까지 나온다. 그만큼 자녀들의 대학 입학은 평양에 사는 기득권층들에게는 하나의 전쟁이며, 해마다 대학입시를 한번 치르고 나면 반드시 몇 사람씩 해임되거나 철직 되는 사례들이 번번이 일어나고 있다.

병원에서도 뇌물 현상은 마찬가지이다. 의사들은 국가로부터 치료용으로 공급되는 고가 의약품들을 자기에게 뇌물을 고이는 사람에게 먼저 주고 있으며, 아파서 병원에 가고 싶어도 안면이 없거나 뇌물 준비가 되어 있지 않으면 상갓집 개 취급당하고 오는 것이 다반사이다.

뇌물은 국경도 넘게 한다. 사회주의 조국을 보위해야 할 군인들이 뇌물을 받고 탈북을 돕고 있으며 장사꾼들의 안전을 보장한다. 오죽했으면 북한 당국은 2004년 12월에 군 보위사령부, 국가안전보위부, 인민보안성, 당 기관, 인민위원회(해당 지역 '인민반') 등 5개 기관 '합동검열그루빠(검열단)'를 조직하여, 국경수비대가 뇌물을 받고 탈북, 밀수, 마약 밀매를 눈감아주는 행위 등에 대해 집중적으로 단속했다. (The Daily NK, 2004. 12. 15)

북한 사회는 뇌물 없이는 움직이지 않는 사회가 되었다. 원칙대로 움직이는 사회가 아니라 원칙을 움직이게 하는 동력인 뇌물을 써야 움직이는 사회다. 그리고 뇌물은 교화소에서도 힘을 쓰고 국경도 넘게 하는 마력을 지니고 있다. 주민들은 뇌물을 준비할 수 있는 능력을 기르기 위해 안간힘을 쓰고 있으며 원칙보다 뇌물의 힘을 더 믿고 있다.

11. 앞날이 걱정되니 점집을 찾고

북한 당국은 해방 후 북한에서 무속 신앙적인 행위가 근절되었다고 말하지만, 당국의 철저한 단속에도 불구하고 고난의 행군 이후 북한에서는 무속적 행위가 점점 성행하고 있다. 1990년대 후반부터 점집이 하나둘씩 생겨나다가 이제 평양 한복판에서 활동하는 데까지 이르렀다.

2005년 미 국제종교자유위원회(USCIRF)가 발표한 보고서에 따르면, 북한에 무속 신앙과 점술이 크게 유행하고 있지만 이를 단속해야 할 정부, 군, 보위부 관리들조차 무당과 점쟁이를 찾는 상황이기 때문에 이에 대한 단속이 사실상 이루어지지 않고 있다고 한다.

일반 주민은 살아가기 어려워지면 이혼해야 하는가?, 어떻게 하면 살길이 열리는가?, 언제 어떤 대상과 결혼해야 잘 사는가?, 날짜를 어떻게 정해야 하는가? 등등 개인 신상에 대해 점치는 행위로 궁금증을 풀고 있다. 심지어 일부 탈북자 중에는 언제 도강해야 무사히 나갈 수 있는지 점쳐보는 주민들도 있다. 북한 당국은 주민들의 이런 미신행위가 외래종교의 유입을 쉽게 하는 통로로 보고 늘 경각심을 불러일으키려 애쓰지만, 주민들은 당장 내일을 장담할 수 없는 불확실한 미래에 대한 불안으로 점치는 행위를 포기하지 않고 있다.

이런 실정이다 보니 직위를 이용해 점치는 행위로 돈벌이를 하는 간부들도 있다. 예를 들면, 주민들의 동향과 배경을 자세히 파악하고 있는 보위성 보위부원들과 사회안전성 안전원들이 자신들만 특별히 취급할 수 있는 개인 신상 자료를 이용해 점치는 데 사용하는 것이다. 함흥의 당 일꾼은 승진할 때가 되었는데 계속 탈락하다 보니 무슨 문제가 있는지, 어떻게 하면 승진할 수 있는지 궁금해 얼마 전 점집을 찾았다. 그 점집은 공민증 자료를 취급하는 안전원을 동업자로 둔 집이었다.

공민증 자료에는 본인도 모르는 각종 개인에 대한 평가와 사유들이 기록되어 있어, 점치는 사람은 그 사람이 승진하지 못했던 그간의 사유를 사주팔자를 알려주는 책 내용에 맞춰 그럴듯하게 들려주고 해결 방법까지 알려주었다. 그 안전원은 돈이 될 만한 사람들의 신상 자료를 입수해 그들의 점복행위를 유도하고 큰돈을 받는 식으로 돈벌이를 하곤 했다. 이런 사람들이 전국적으로 얼마나 되는지 헤아리기 어려울 정도로 암암리에 적지 않게 퍼져있다. 점복행위는 이렇듯 수요자와 공급자의 요구가 맞아떨어지는 또 하나의 시장 질서 속에 행해지고 있어 근절되기란 애초에 불가능하다. (사단법인 '좋은벗들', 북한소식지 52호)

그런데 북한의 점은 남한보다 긍정적인 특징이 있다. 평양에서 주로 당 간부를 상대로 점을 봐줬다는 탈북인 장애순씨에 의하면, 북한에선 '나쁘다' '좋다'는 흑백논리로 설명하지 않고 되도록 좋은 방향으로 풀이한다고 한다.

"수(水)가 부족하면 수(水)가 많은 사람을 만나 채우면 됩니다. 이름을 지을 때도 부족한 음양오행을 채워 넣도록 지어주려고 해요. 큰 나무 같은 사주로 태어났으면 물이 있는 한자를 넣고요. 호랑이 꿈을 꾸고 낳았다고 하면 수풀이 무성한 나무와 산을 나타내는 한자를 써요."

"북한에선 사주를 풀이할 때 '나쁘다' '좋다'로 딱 잘라 말하지 않아요. 못 먹고 못 살아도 낙천적입니다. 남한에 와 보니 사주팔자에 '살(煞)'이 있으면 무조건 풀어줘야 한다고 겁주던데, 북한에선 그렇지 않습니다. 살은 나쁜 게 아니거든요. 살려주면 대성할 수 있는 겁니다. 역마살이 있다면 돌아다니는 직장을 찾으면 신나게 일할 수 있거든요. 한번은 원유공업부에 다닌다는 높은 양반이 자식 사주를 보러 왔어요. 태어난 시(時)에 역마살에 수옥살(囚獄煞)까지 있었어요. 남한 점쟁이는 이런 사주를 놓고 감옥에 갈 수 있다고 풀이할 텐데, 제가 보기에는 그렇지 않아요. '살'을 잘 살려주면 경찰이 되거나 간수가 될 수 있어요. 북한에선 '살'을 살릴 수 있는 것으로 봐요. 여기선 점쟁이가 돈 받고 살풀이를 해주지만, 돈과 연결되니 점쟁이들이 순수해 보이지 않아요." (신동아, 2007. 3. 26)

사람은 앞날이 걱정되어 초조하게 되면 미래를 예측할 수 있는 수단에 의지하게 된다. 과학 문명이 극도로 발달하게 된 현대 사회에서도 미래를 예측하는 무속 행위가 근절되지 않는 것은 당연한 일일지도 모른다. 그래서인지 북한 사람들도 점을 본다. 특히 살기 어려워지기 시작하면서 무속 신앙에 의지하는 경우가 많아지고 있다. 배급체계가 그나마 유지될 때는 당의 정책을 따라가기만 하면 기본적인 생계가 보장되었기에 미신을 찾지 않았겠지만, 고난의 행군으로 표현될 정도로 사회가 어려워지니 내일에 대한 불안과 조바심이 주민들을 점집으로 이끌고 있다.

하지만 북한의 역술인들은 남한보다 긍정적으로 점을 풀이해주고 있다. 역마살도 이동을 많이 하는 직장인에게는 좋은 뜻이 될 수 있

음을 강조한다. 살을 무조건 죽이려고 하지 않고 살릴 수 있다는 것
으로 보는 것에서 그들의 낙천적인 성격을 느끼게 한다.

12. 여성은 꽃이라네 생활의 꽃이라네

북한은 1946년 7월 남녀평등권법령을 제정한 데 이어 '사회주의 헌법'(98.9 개정) 제77조에 "여자는 남자와 똑같은 사회적 지위와 권리를 가진다. 국가는 여성들이 사회에 진출할 온갖 조건을 지어준다."라고 규정, 남녀평등을 법적으로 보장하고 있다. 그리고 여성들의 정치 활동과 사회 참여를 장려하는 차원에서 모든 여성이 만 17세가 되면 의무적으로 '조선민주여성동맹'에 가입하도록 하고 있다. 현재 북한의 여성동맹원은 250여만 명이며 이 중 200여만 명이 경제활동을 하는 것으로 알려져 있다. 하지만 북한이 내세우는 남녀평등과 여성해방을 내세우는 것은 사회주의 건설이라는 이데올로기적 목표를 달성하기 위해 여성을 동원하기 위한 불가피한 정책이었다.

북한은 여성들의 인력을 동원하기 위해서 여성의 육아 문제를 해결하기 위해 많은 노력을 기울였다. 북한 각지에는 마을이나 공장, 기업소 및 협동농장별로 탁아소가 설치되어 있다. 과거 배급체계가 정상적으로 작동할 때는 여성들의 육아 부담을 상당히 덜어주었다. 북한 여성들이 집에서 아이를 키우는 것보다 탁아소에 맡기려고 할 정도로 탁아소 운영은 상당히 선진적이었다. 탁아소 운영에서 가장 잘 돼 있는 부분은 직장여성들이 근무시간에도 자녀들에게 모유를 먹일 수 있는 체계가 마련돼 있다는 것이다.

또한, 북한에서는 여성의 정치적 참여를 많이 보장하는 편이었다. 1970년대 이래 북한 최고인민회의 대의원 중 여성 의원 비율은 15~20%를 유지하고 있다. 지방 인민회의 대의원들 가운데 20~30%가 여성이다. 2014년 제13차 최고인민회의 여성 대의원 비율은 20.2%, 2015년 지방 인민회의 여성 대의원의 비율은 27%였다. 2019년 3월 치러진 제14기 최고인민회의 대의원 선거에서는 여성이 17.6% 당선된 것으로 보도됐다. (참고로 남한의 국회의원 중 여성이 차지하는 비율은 15대 국회 3.0%, 16대 국회 : 5.9%, 17대 국회 13.0%, 18대 국회 13.7%, 19대 15.7%, 20대 17%, 21대 19%이다.)

하지만 제도적 차원에서 남녀평등과는 달리 사회적으로 북한은 봉건적인 잔재를 많이 지니고 있다. 남녀평등법령 제정으로 북한 여성들은 오히려 가사와 직장 일로 이중의 부담을 느끼고 있다. 집안일은 여자가 하는 것으로 인식되고 있으며 남편이 집안일을 도와준 것이 알려지면 주변 사람들로부터 놀림을 받을 정도이다.

북한의 성인 남녀 간에 반말이란 없다. 대학생들끼리도 마찬가지다. 같은 학교, 같은 대학의 동기생들끼리도 남녀 간에는 "야, 자"하며 허물없이 지낼 수 없다. 여자가 남자에게 반말을 쓴다는 것은 생각하기 힘들다. 대신 남자는 여자에게 슬그머니 말을 놓아도 별로 흉이 되지 않는다. 상급생도 여자 선배가 남자 후배에게 이름을 부르거나 말을 놓을 수가 없다. 예외가 없는 것은 아니지만 이름 뒤에 '동무'를 붙여 부르는 것이 일반적이다.

여자가 남자에게 하대하면 사회적인 지탄의 대상이 된다. 평양의 명문대학에서조차 "여학생이 남학생에게 대들다가 사정없이 얻어맞는 일이 흔히 일어나고 누구도 말리지 못한다."는 것이 평양외국어

대학 출신의 탈북인 이철진(29)씨의 설명이다. 그리고 자기 아내에 대해 '간나'라고 부르며 혹독하게 대하는 경우는 북한 사회에서 흔히 목격할 수 있는 일이다.

직장 내에서도 남녀 차별이 심하다. 여자들의 특수한 사정을 인정해 주지 않고, 남자들과 똑같이 일할 것을 요구하는 분위기가 있어 여자들이 더 힘들어한다. 남자와 똑같이 배급을 탄다는 이유로 힘든 작업에서 빼주지 않고 있다. 그러면서도 관리직은 대부분이 남자이다. 경리직 정도에나 여자들이 많다.

정치적인 선전과는 달리 사회 분위기는 봉건적 잔재가 남아 있는 북한이라 북한 여성은 이중고에 시달린다. 경제활동에서 남녀평등을 강요받지만, 집안일은 혼자 도맡아서 해야 하는 처지에 있다. 식량난에 허덕일 때도 가족들의 생계를 책임지는 것은 남성보다 여성의 몫이었다고 한다. 사회적 분위기는 남성을 우대하며 '조선여성'이라는 이름 아래 여성의 옷차림까지 규제하는 것이 북한의 현실이다. 자본주의 사회에서 벌어지는 여성해방은 꿈도 꾸지 못할 일이다.

그래서 남한 국민에게 많이 알려진 북한 가요 '여성은 꽃이라네'가 정답게만 느껴지지 않는다. 이 노래의 가사는 북한 조선작가동맹 함경남도지부 시인 김송남이 개인의 생활 체험에 기초하여 1991년에 창작한 것이다. 그는 몇 년째 병고에 시달리던 아내를 잃고 열 살 안팎의 어린 자식 둘을 키워야 하는 홀아비의 설움과 고단함을 수년간 몸소 겪었다. 당시 그가 살던 함흥 쪽에서는 만성적인 식량난이 진행 중이었다. 따라서 각 가정에서 식구들의 끼니를 책임지고 있던 여성의 역할이 한 가족의 생존을 좌지우지하던 시절이었다. 이런 환경에서 아내가 없는 것만도 버거운 일인데, 특히 남존여비(男尊女卑) 의식이 유별난 함흥지구에서 쇼핑과 육아, 가사 운영 같은 일을 남자이며 시인인 그가 혼자 해내자니 죽은 아내 생각이 간절하였다. 그뿐만 아니라 여성이란 존재 자체가 그에게 각별한 의미로 다가온 것이다.

그는 이런 생각을 북한의 보통 아내와 누나들에 대한 칭송으로 승화시켰다.

1. 녀성은 꽃이라네 생활의 꽃이라네 / 한가정 알뜰살뜰 돌보는 꽃이라네
   정다운 안해여 누나여 그대들 없다면 / 생활의 한자리가 비여있으리
   녀성은 꽃이라네 생활의 꽃이라네
2. 녀성은 꽃이라네 행복의 꽃이라네 / 아들딸 영웅으로 키우는 꽃이라네
   정다운 안해여 누나여 그대들 없다면 / 행복의 한자리가 비여있으리
   녀성은 꽃이라네 행복의 꽃이라네
3. 녀성은 꽃이라네 나라의 꽃이라네 / 걸어온 위훈의 길에 수놓을 꽃이라네
   정다운 안해여 누나여 그대들 없다면 / 나라의 한자리가 비여있으리
   녀성은 꽃이라네 나라의 꽃이라네

여기서 나오는 '생활의 꽃'이라는 구절이 이중고에 시달린 북한 여성의 처지를 미화한 것으로 느껴질 때, 이 노래가 그렇게 흥겹게 느껴지지만은 않는다. 마치 중동 건설 붐이 불었을 때 '타국에 계신 아빠'라는 노래가 현실이 아닌 중동에서 일하고 있는 남편들의 바람을 드러냈기에 크게 히트한 것과 같다.

아빠가 떠나신 지 4계절이 갔는데 낯선 곳 타국에서 얼마나 땀 흘리세요
오늘도 보고파서 가족사진 옆에 놓고 철이 공부 시키면서 당신만을 그립니다
염려마세요 건강하세요 당신만을 사랑하니까
아빠가 떠나신 지 4계절이 갔는데 낯선 곳 타국에서 얼마나 땀 흘리세요

오늘도 보고파서 가족사진 옆에 놓고 철이 공부 시키면서 당신만을 그립니다
염려마세요 건강하세요 당신만을 사랑하니까

  그런데 경제난으로 장마당이 성행하면서 여성의 사회적 지위가
많이 향상되었다고 한다. 시장에서 장사하는 사람은 주로 여성이기
에 가정의 경제를 여성이 책임지면서 발언권이 강해졌다. 배급체계
가 잘 운영되던 시절에는 남편이 세대주로 불리며 가부장적인 권한
이 있었지만, 장마당에서 장사하는 여성이 돈을 만지면서 변화가 일
어난 것이다. 경제권을 지닌 배우자가 힘을 쓰는 것은 예나 지금이
나 어디에서나 통용되는 이치인 모양이다.

13. 도시처녀 시집와요

1. 고개 넘어 령을 넘어 뻐스를 타고 도시처녀 리상촌에 시집을 와요
   차창밖에 웃음꽃을 방실 날리며 새살림의 꿈을 안고 정들려와요
   시집와요 시집와요 도시처녀 시집와요 문화농촌 하좋아
   우리 살림 하좋아 시집을 와요
2. 다소곳이 숙인 얼굴 얌전도 해라 싱글방글 신랑총각 의젓도 해라
   모내기때 남모르게 맺어진 사랑 황금가을 좋은 날에 무르익었소
   시집와요 시집와요 도시처녀 시집와요 문화농촌 하좋아
   우리 살림 하좋아 시집을 와요
3. 신랑신부 마주보며 노래부르니 로인내외 너무 좋아 어깨 춤추네
   농촌테제 이 땅우에 꽃펴나더니 도시처녀 농촌총각 한쌍이 됐소
   시집와요 시집와요 도시처녀 시집와요 문화농촌 하좋아
   우리 살림 하좋아 시집을 와요

위 노래는 1993년 북한에서 리경숙이 불러 히트한 '도시처녀 시집와요'의 가사이다. 제목 그대로 도시 처녀가 농촌에 시집오는 것을 아름답게 그리고 있다. 그런데 이 노래를 곰곰이 생각해 보면 북한 처녀들이 농촌으로 시집가는 것을 꺼리는 것임을 알 수 있다. 농촌으로 시집을 가지 않으니 북한에서 처녀들을 계몽하기 위해 보급

한 노래이다.

이 노래는 평양에 사는 처녀 리향이 농촌 총각 성식에게 시집가는 영화로도 만들어졌다. 이 영화에서 성식이 도시 처녀는 농촌에 시집 오지 않을 것이라고 단정하는 모습이 나오는데, 농촌에 살기를 꺼리는 북한의 실상을 잘 반영해 주고 있다. 남한에서 농촌 총각들이 결혼을 못 해 애를 먹는 것과 유사하다. 북한에서는 농촌 처녀들이 도시 생활을 희망하여 무조건 도시 총각에게 시집가려는 경향이 강하다. 반대로 평양 여성들은 지방 남자들과의 결혼을 기피하고 있다. 따라서 북한은 평양의 인구증가를 막고 농촌의 노동력을 확보하기 위해 농촌 처녀와 도시의 남자가 결혼하면 남자가 농촌으로 이주토록 하는 등의 제한을 하고 있다.

공식적으로 북한은 김일성이 "우리나라 사회주의 농촌문제에 관한 테제"(64.2.25.)를 발표한 뒤 본격적으로 도시와 농촌의 격차를 없애는 것을 국토개발의 기본 명제로 삼고 있다. 하지만 현실에서는 그렇지 못하다. 각종 기반 시설이나 문화 혜택은 도시와 비교하면 많이 뒤처진다. 그래서 처녀들이 농촌으로 시집가기를 싫어한다.

어릴 적부터 사회주의 인간으로 키우기 위해 많은 사상교육을 할지라도 편하게 생활하고 싶은 것이 북한 주민들의 마음인 모양이다. 도시 처녀가 농촌으로 시집가길 오죽 싫어했으면 노래까지 만들어서 캠페인을 벌일까? '우리의 소원은 통일'을 '우리의 소원은 평양'으로 북한 주민들이 바꿔서 부를 정도로 북한 주민들도 평양을 그리워한다니 수도권 집중이 남한만의 문제가 아닌 모양이다.

북한에서는 자기가 사는 군을 벗어날 때는 여행증명서를 발급받아야 한다. 특히, 기차를 탈 때는 군 안에서 움직이더라도 증명서를 발급받아야 한다. 그런데 평양이나 국경지역, 금강산 지대, 개성지역, 휴전선 부근은 발급받기도 힘들고 여행증명서도 다른 지역을 갈 수 있는 여행증명서와 구별된다. 평양은 함부로 들어갈 수 없는 곳이라 여행증명서 받기도 그만큼 힘들다. 하지만 몰래 평양에 들어오다 잡힌 사람들을 수용하는 평성시 간리의 집결소는 언제나 만원이다.

북한은 거주 이전의 자유가 없어서 농촌 인구가 급격하게 감소하는 것은 막을 수 있다. 하지만 사람들의 마음속에 살기 편한 도시로 가고 싶은 것은 남북이 똑같다. 남한에서는 "말은 태어나면 제주도로 보내고 사람은 서울로 보내라."라고 할 정도로 서울에 대한 집착이 강한데, 북한 주민들도 평양에서 살고 싶은 욕망이 강하다. 아무리 사상교육을 하더라도 더 좋은 곳에 살고자 하는 인간의 욕구는 없앨 수 없는 모양이다.

14. 오마니

필자가 군 복무 때 적공조가 내게 질문을 한 적이 있다. "공화국 북반부에서 왜 어머니를 오마니로 부르는 줄 아냐?" 모른다고 하니 "아이 키우는 데 오만가지 정성이 든다고 오마니라고 한다."는 답변을 하였다. 남한이나 북한이나 낳고 키워주시는 어머니를 크게 생각하는 것은 똑같다는 느낌을 받았다. 자기가 낳은 자식을 기르고, 또 길러주신 부모님을 고맙게 여기는 것은 모든 사회가 같을 것이다.

북한의 노래 중에도 어머니를 그리는 노래가 많다.

리경숙이 부른 '나의 어머니'
1. 더울세라 추울세라 이 몸을 살펴주셨네 힘들세라 아플세라 안아주셨네
   어머니 어머니 인자하신 어머니 아~ 효성을 다해 길이 길이 모시리
2. 마른 길도 골라주는 뜨거운 마음이였네 밝은 길도 보살피는 눈빛이였네
   어머니 어머니 인자하신 어머니 아~ 효성을 다해 길이 길이 모시리
3. 우리를 키우시며 근심도 많던 어머니 다 자라도 변함없이 사랑을 주시네
   어머니 어머니 인자하신 어머니 아~ 효성을 다해 길이 길이 모시리

박순향이 부른 '어머니 생각'

1. 어려서는 철없어 애를 태우고 자라서는 철들어 속을 태웠네
   다정하신 눈가에 새겨진 주름 이 아들이 걸어온 자욱입니다
   아~아 어머니 나를 키운 어머니 우리 어머니

2. 종아리를 거두어 매를 드실 제 가슴속에 감추신 뜨거운 눈물
   그때에는 왜 미처 내 몰랐던가 해가 가고 달 가니 사무칩니다
   아~아 어머니 나를 키운 어머니 우리 어머니

3. 즐거움과 기쁨은 자식들에게 괴로움과 아픔은 그 마음속에
   이제라도 그것을 바꿔 드리면 귀밑머리 다시 검어지실가
   아~아 어머니 나를 키운 어머니 우리 어머니

4. 걸음마를 뗄 적에 잡아 준 손길 어이하여 오늘도 못놓으시나
   자식들이 잘 되길 바라는 마음 내 나라를 위하는 뜻이랍니다
   아~아 어머니 나를 키운 어머니 우리 어머니

가사만 보면 어머니를 그리는 남한의 트로트와 크게 다를 바 없다. 오히려 더 애절하다는 생각이 든다. 북한에서도 아이를 낳고 키운 어머니의 정을 그리워하고 어머니의 공로를 크게 생각한다. 오죽했으면 오마니를 아이 키우는 데 드는 오만가지 정성으로 풀이할까?

반공 교육에 물든 우리는 북한 사회에 대한 선입견이 크다. 물론 사상을 강조하고 독재체제를 유지하는 북한 체제에 환상을 가질 필요는 없다. 하지만 북한도 사람 사는 곳이다. 북한이 남한의 현실을 왜곡했다면, 과거 냉전 체제 때 우리도 그들의 삶을 왜곡한 것이 많다. 북한 주민들도 우리와 같은 사람이다. 자기를 낳고 길러주신 어머니를 귀하게 여기는 것은 똑같다.

김정은은 집권 첫해인 2012년 5월 열린 최고인민회의에서 매년 11월 16일을 어머니날로 지정했다. 이날은 할아버지인 김일성이

1961년 열린 제1차 어머니대회에서 '자녀 교양에서 어머니들의 임무'라는 주제로 연설한 날이기도 하다. 주민들에게 '자애로운 어버이'라는 이미지를 각인시키기 위해 어머니날을 제정한 것을 보면 남한이나 북한이나 어머니는 가장 친숙한 존재인 것 같다.

15. 인민군 입대

북한은 2003년 3월 최고인민회의에서 '전민군사복무제'를 법령화해 신체검사 불합격자를 제외하고 모든 남자는 입대하도록 했다. 하지만 과거에는 성분이 좋지 않은 사람은 인민군에 입대할 수 없었다. 그래서 인민군에 입대하는 것은 사회적으로 출신성분이 나쁘지 않음을 보장받는 일이었다. 그리고 제대할 때 당원이 될 수도 있고 대학에 입학할 수 있으므로 군대 생활을 열심히 하려고 한다. 특히, 특수부대를 제대하면 많은 혜택을 받았다. 저격, 경보병, 군단 정찰대대 이상 부대원들의 경우는 군 복무한 것을 대학 졸업으로 쳐준다. 이들은 군 복무기간에는 공산대학이라는 교재를 가지고 교육을 받는데, 해마다 시험을 보다가 제대 말년이 되면 마지막 시험을 치고 공산대학 졸업증을 받는다. 이 공산대학 졸업증만 있으면 적어도 기초 간부로 등용될 수 있다.

결론적으로 북한에서는 고위층뿐만 아니라 일반인도 군 경력이 있어야 사회적으로 대우를 받고 출세할 수 있으며 어디서나 당당하게 생활할 수 있다. 그래서 중학교 졸업반 남자아이들에게 장래 희망을 물어보면 거의 90% 이상이 군인을 선택했다. 신체 조건과 기타 여러 가지 문제로 군에 입대하지 못하는 남학생은 '문제아나 바보' 취급을 받았다.

일반적으로 초반에 모집되는 학생들이 좋은 곳에 간다. 북한에서 말하는 좋은 부대란 편한 부대가 아니라 특수부대와 같이 제대 후에 생활이 보장되는 그런 부대를 말한다. 입대 순서로 볼 때 호위사령부, 전연(전방부대), 특수부대, 공군과 해군 순으로 빠져나가고, 나머지는 인민경비대나 건설국 같은 공사부대로 배치된다. 그리고 북한에서는 전방에서 근무하는 군인들과 후방에 있는 도시와 민간 지역에 주둔하는 군인들의 차이는 상당히 큰 편이다. 사회에서는 전방에서 근무하는 군인을 더 인정해 준다. (이정연, 「북한군에는 건빵이 없다」, 참조)

북한 주민 외에 북한에 거주하는 화교들과 조총련 귀국자들도 군에 입대한다. 하지만 그들이 배치되는 부대를 보면 주로 건설부대나 공병부대 등에 한정되어 있다. 그들은 잘해야 후방부대의 운전병, 대공포병, 공병, 해안포병으로 배치되며, 보직 배정에도 제약받는다.

북한 군인들이 제대할 때는 무리배치를 받게 된다. 이것은 직장에 배치되는 것을 의미하는데, 꼭 고향에 가라는 법은 없다. 그래서 집으로 돌아가지 못하고 당이 정해준 곳에서 직장 생활을 해야 하는 경우도 발생한다. 이 때문에 무리배치를 잘 받기 위해 많은 뇌물이 오가고, 입당을 위한 뇌물도 많이 오가는 편이다.

북한의 군관은 통상 입대 후 5년 전후 복무한 현역 병사나 부사관 중에서 성분이 양호하고 당성이 강한 자를 중·대대장이 추천하며 군단 당 위원회 심사에서 확정된다. 그러나 최종 선발되려면 각급 군종(군종) 및 병종(병과)별 군관학교에서 통상 6개월 정도 가입교 기간을 무사히 통과해야 한다. 이들은 주로 강건종합군관학교, 해군 및 비행 군관학교 등에서 양성된다. 양성 기간은 병종에 따라 2~3

년으로 구분된다. 졸업 후에는 소위로 임관해 원소속 부대 소대장으로 보직되는 것이 원칙이며 성적우수자의 경우 중위로 임관되는 특혜도 주어진다. 그리고 군 복무 중 실무 능력을 인정받아 군관이 되는 일도 있다. 부대 추천으로 군단 내의 1년제 군관양성(직발제) 과정을 수료하면 소대장으로 보직되고, 이들은 통상 중대장급(대위)까지 진급한다.

전체적으로 본다면 북한에서 군입대는 자신의 출세를 위해서는 거쳐야 할 필수적인 코스이며, 대학 입학과 노동당 입대 또는 군관이 될 기회를 얻을 수 있다. 따라서 입대를 앞둔 마음이 남한의 젊은이와는 매우 다르다.

하지만 90년대 말에 군내 부조리인 고위층 자제의 군 보직과 관련된 문제가 불거지면서 군의 나쁜 이미지가 주민들 사이에 퍼져나갔다. 고위층 자제는 연줄에 의해 적당히 군 복무하다가 노동당에 입당하거나 만기 제대 전에 평양에 있는 대학에 입학하는 경우가 다반사였다. 반면, 노동자·농민의 아들, 즉 서민의 자식은 제일 어렵고 힘든 북(北) 강원도 휴전선 일대의 1·2·5군단에 주로 배치됐다. 그런데 여기서 여러 문제가 발생했다. 전방 오지에서 이들이 몇 개월을 버티지 못하고 사망하거나 영양실조로 귀가하는 사례가 늘어났다. 급기야 서민층 부모들은 반발성 신서편지(탄원서)를 여러 차례 중앙당에 접수했다.

이런 사태를 수습하기 위해 김정일은 인민무력부 대열 보충국에 대해 강도 높게 당 검열을 시행해 간부 자제들을 소위 괜찮은 부대로 빼돌린 군관들을 철직 또는 제대시켰다. 비정상적으로 보직된 간부 자제들은 원래의 부대로 돌려보내는 조치를 했다. 그런데도 아들을 둔 부모들은 군에 보낸 자식이 단련되기는커녕 죽지 않으면 몸이

쇠약해져 병에 걸린다고 우려한다. (국방일보, 2009. 1. 29)

그래서 부모들은 갖은 수단과 방법을 동원해서라도 군에 보내지 않으려고 구실을 만든다. 한편으로는 극심한 식량난으로 가족의 생계를 해결하기 위해 장사를 선호하는 풍조가 일면서 입대를 기피하기도 한다. 돈이나 뇌물을 주고 신체검사 불합격자로 꾸며 입영 대상에서 빠지기도 한다.

병역 기피 현상이 확산하자 북한군은 신체검사 미달 자격을 대폭 완화해 몸무게나 키가 작아도 합격할 수 있게 했고, 출신성분도 거의 제한하지 않는다. 병역 기피 현상을 막기 위한 북한 당국의 고육지책이 2003년부터 시행한 '전민군사복무제'다. 군 생활을 13년에서 10년으로 줄이는 대신 누구나 군 복무를 하는 것이다.

군대가 인생의 기회가 될 때는 가고 싶은 곳이 된다. 적어도 식량난 이전의 북한 군대는 젊은이들에게 기회를 제공하는 곳이었다. 군대를 갔다 와야 사회에서도 대접받았고 대학 진학이나 노동당 입대의 기회가 있었다. 하지만 군대에서 많은 병사가 굶주림과 영양실조로 고통받게 되자 입대를 기피하는 풍조가 확산하였다. 특히 장사로 인해 돈을 벌 기회가 많아지자 뇌물은 더욱 만연하였다.

남한에서는 고위공직자의 병역 비리가 개인에게 치명타가 되기도 한다. 고위층 자제들의 병역 비리는 어제오늘의 일이 아니다. 그것은 남한의 군대가 젊은이들에게 고생한 만큼 보상을 주지 않기 때문일 것이다. 군대에서 다치면 자기 손해다. 그래서 그저 몸 건강하게 제대하는 것이 목표가 되었다. 만약, 군대를 갔다 온 것이 큰 혜택을 가져다준다면 앞다투어 입대하려고 할 것이다.

이제 북한 주민들에게 사회주의 조국을 방어하는 신성한 의무가 큰 매력을 주지 못하고 있다. 사상과 구호보다 그 속에 잠재해 있는 혜택이 줄어든 까닭일 것이다. 물론 아직 군 제대자에게 주어지는 각종 혜택 때문에 모든 북한 젊은이들이 입대를 기피하지 않는다. 하지만 영양실조까지 걸리는 현실 앞에 거창한 구호가 무너져가고 있는 것도 현실이다.

16. 권리를 주장하는 것보다 자백하는 것이 편한 재판

엄격히 말해서 북한은 3권 분립이 존재하지 않는다. 국회에 해당하는 최고인민회의와 우리의 법원에 해당하는 재판소가 있지만, 당의 방침에 어긋나는 행동을 할 수 없다. 모든 조직이 당에 의해 통제되기 때문에 권력분립은 없다. 따라서 사법부의 독자적인 판단은 있을 수 없으며 노동당의 정책을 실현하는 무기의 역할을 할 뿐이다.

북한의 재판소는 중앙재판소, 도(직할시)재판소, 시(구역), 군인민재판소 등 3급 체계로 되어 있으며 특별재판소도 있다. 북한의 최고재판기관인 중앙재판소는 모든 재판사업을 감독하며 자기사업에 대해 최고인민회의와 그 휴회 중에 최고인민회의 상임위원회 앞에 책임진다. 북한의 재판소는 3급으로 나누어져 있으나 통상 2심제로 운영되며, 1심은 판사 1명과 인민참심원 2명으로 구성된 재판소가 재판하고, 2심일 경우에는 판사 3명으로 구성한다.

중앙재판소 소장과 판사의 임기는 최고인민회의 임기와 같은 5년이고 그 외 각급 재판소 판사의 임기는 해당 인민회의 대의원 임기(4년)와 같다.

특별재판소로는 형사재판만을 담당하는 군사재판소와 철도재판소가 있다. 특별재판소의 소장과 판사는 중앙재판소에서 임명 또는 해임한다. 그리고 이 재판소의 참심원은 해당 군무자회의 또는 종업원회의 등에서 선출한다.

북한에는 형사재판과 이혼재판이 많고 민사재판은 거의 없으며, 행정재판과 헌법재판, 선거소송 등은 인정되지 않는다. 그리고 북한에만 있는 특이한 것으로 동지재판이 있다. 군대 내에서 발생한 군사 규율 위반 및 범죄행위에 대해 공개적으로 이루어지는 재판이다. 그리고 재판을 받지 않을 정도의 위법 상황을 취급하는 법무생활지도위원회가 있다. 이곳에서 시·군내에 있는 기관, 공장·기업소 등의 지도일꾼들에게 나타나는 위법 사실을 심의·결정한다. 보통 제재는 직위해제나 6개월 무보수노동 등을 내린다. 법무생활지도위원회는 인민위원회에서 행정경제일꾼 가운데 선발해서 구성한다.

인민참심원은 영미법 체계의 배심원과 비슷하지만, 판사와 동등한 권한을 행사한다는 점에서 배심원과 구별된다. 일반적으로 판사 1명(특별한 경우 3명)과 인민참심원 2명이 재판에 참여하는데 중앙재판소 인민참심원은 최고인민회의 상설회의에서, 도(직할시)재판소, 시(구역), 군인민재판소 인민참심원은 해당인민회의에서 선출되고 임기 역시 해당 인민회의의 임기와 같다. (참고로 최고인민회의 대의원은 5년, 지방 인민회의 대의원은 4년이다) 인민참심원은 순서에 따라 재판에 참여하고 재판 참여일에 따라 소속 기관·단체로부터 그에 상응하는 보상을 받는다.

북한에는 우리나라의 사법시험과 같은 제도가 없다. 따라서 법률상으로는 내각원이 될 수 있는 자라면 누구나 학력·경력의 제한 없이 판사로 선출될 수 있다. 즉, '선거권을 가진 공화국 공민으로서 위대한 주체사상으로 튼튼히 무장하고 조선노동당의 정책을 관철하기 위하여 몸바쳐 투쟁하는 노동자·농민을 비롯한 근로자'들은 누구나 각 해당 인민회의 선거로 판사로 선출될 수 있다. 그러나 실제로는 국제관계대학 국제법학부, 김일성종합대학 법률대학 등에서 정규 법학 교육을 받고 재판소 실습생이나 보조판사 등의 업무를 5년 이상 수행하던 자 중에서 선출되는 것이 상례이다. 그리고 김일성종합대학 출신들이 대부분을 차지하는 것으로 알려져 있다.

판사는 노동당원 중에서 선출되는 경우가 대부분이나 예외적으로 노동당원이 아닌 자가 판사로 선출된 경우도 1~2년 후 반드시 노동당 입당 절차를 마치게 되어 있다. 판사는 출신성분이 좋아야 하므로 순수한 농민이나 근로자 출신이 판사가 되는 경우는 거의 없으며 특별한 경우 혁명유자녀 중에서 본인의 희망에 따라 일정한 교육과정을 수료하고 판사가 되는 일도 있다.

판사의 직급에 대해서는 명문 규정이 없지만 시(구역), 군인민재판소 보조판사·판사, 도(직할시)재판소 보조판사·판사, 중앙재판소 보조판사·판사 순으로 선출되어 실질적으로 승진과정을 거친다. 판사는 일단 선출되면 잘못을 저지르지 않는 이상 연임되기 때문에 실질적으로는 임명제와 비슷한 운용을 하고 있다. 따라서 일반 판사는 그 직에 상응하는 전문적인 법률 지식을 어느 정도 습득하고 있지만, 상급직에는 전문적인 법률 지식을 갖추지 않은 장관 또는 행정관료 출신들도 선출되는 경우도 있다.

우리의 검찰에 해당하는 조직으로 북한에는 검찰소가 있다. 검찰소는 헌법기관으로서 수사와 공소 유지뿐 아니라 남한의 감사원과 같은 역할을 수행하는 것이 특징이다. 검찰소는 재판소 조직에 대응해 중앙검찰소, 도(직할시)검찰소, 시(구역), 군검찰소 등 3급 체계로 돼 있고 특별검찰소로 군사검찰소와 철도검찰소가 있다. 남한의 검찰총장에 해당하는 중앙검찰소장은 임기 5년으로 최고인민회의에서 선출되고 그 외 검사는 중앙검찰소장이 임명한다. 현재 북한의 중앙검찰소장은 우상철이고 2021년 6월 정치국 후보위원으로 보선되었다.

북한의 검사는 법령상 학력 조건이 요구되지는 않지만 실제로는 전문적인 법학교육을 받은 사람 중에서 임명되는 것이 보통이다. 즉 5년제 국제관계대학 국제법학부와 김일성종합대학 법률대학 등의 졸업생 중에서 당중앙위 간부부와 중앙검찰소 당 위원회 간부부에서 선발·배치한다. 또한, 군 복무 대신 국가보위성이나 사회안전성에 근무하다가 제대한 자나 동 기관에서 계속 근무하다가 검사로 임명되는 일도 있으며 그중에는 사회안전성 정치대학 법학과 출신들이 많다.

사실상 검사는 북한의 사법기관 중에서 가장 권한 있고 대우가 좋은 직업이다. 왜냐하면, 피고에 대한 실질적인 변호가 전혀 없는 북한에서 판사는 검사의 수사 결과에 의존할 수밖에 없기 때문이다. 따라서 검사는 막강한 힘을 가지고 국가의 공급체계보다는 청탁 등에 의한 부수입에 의존하고 있다.

북한에서 변호사는 '법률전문가의 자격을 가진 자, 법 부문에서 5년 이상 일하던 자, 해당 분야의 전문가 자격을 가진 자로서 단기 법률교육을 받고 변호사 시험에 합격한 자' 중에서 조선변호사회 중앙위원회의 자격심사를 거쳐 변호사가 될 수 있다. 조선변호사회 중앙위원회는 변호사 자격심사, 자격박탈, 변호사 보수기준 결정 등 중요업무를 총괄하는 최고 단체로 그 산하에는 각 도·직할시 별로 변호사위원회가 있다.

변호사 보수는 변호사가 형사사건의 변호인 또는 민사사건의 소송대리인, 민사 법률행위의 대리인으로 활동하였을 경우나 법률 상담을 하였거나 법률적 의의가 있는 문건을 작성하였을 때 일의 중요성, 복잡성, 결과 같은 것을 고려하여 조선변호사회 중앙위원회가 정한 보수기준의 범위 내에서 해당 변호사위원회가 의뢰인과 합의하여 결정하게 되어 있다. 그러나 변호사 개개인이 사건을 수임하는 것이 아니라 각급 변호사위원회가 일괄적으로 사건을 수임하여 보수를 받고 변호사에게는 월급 형식으로 지급될 뿐이다. 그리고 뇌물을 받을 기회가 없어서 인기는 없다.

남한과 비교하면 북한에서 변호사는 피고에 대한 실질적인 변호가 불가능하다. 북한에서 변호사는 상징적인 의미만 있을 뿐이다. 단지 피고에게 법을 잘 설명하고 재판이 공정하게 진행되는지 확인하는 역할을 한다. 2017년 기준으로 북한의 변호사는 500여 명으로 추산되며 이들 중 200여 명은 변호사 업무만 수행하는 전업 변호사이고, 나머지는 교수와 연구원 등을 겸하는 겸직 변호사라고 한다. 변호사의 권리와 역할을 상세히 규정한 변호사법이 마련되어 있지만, 실제 북한 변호사의 역할은 형사재판에서 죄명을 나열하는 정도에 불과하다고 한다. 교도소를 출소한 한 경제사범에 따르면 북한의 변호사는 재판에서 아무 말도 없이 앉아 있는 경우가 많다고 한다.

북한에서는 특별한 경우가 아니면 재판과정을 공개한다. 그리고 법률가들만 재판에 참여하는 것이 아니라 인민참심원처럼 비법률가들도 재판에 참여하기 때문에 남한처럼 전관예우는 존재하지 않는다. 누가 무슨 말을 했고 어떤 판결을 받았는지 공개된 장소에서 재판하는 것은 남한과 매우 다르다.

남한의 재판은 개인의 선택과 이해에 달려 있다. 개인이 자신을 변론할 기회가 주어지며 개인이 고소를 취하할 수도 있다. 하지만 북한의 재판은 혁명의 무기이다. 비록 그들이 재판의 공정성과 독자성을 강조할지라도 2019년 개정된 북한 사회주의 헌법 제162조 2.는 "모든 기관, 기업소, 단체와 공민들이 국가의 법을 정확히 지키고 계급적원쑤들과 온갖 법위반자들을 반대하여 적극 투쟁하도록 한다."로 명문화되어 있다. 법은 계급적 원수들을 위한 투쟁의 도구인 셈이다. 따라서 개인의 권리를 최대한 보장하려는 남한의 법과 북한의 법은 엄연히 다르다. 북한에서의 법은 사회주의 혁명을 위한 무기가 된다.

물론, 북한의 헌법과 형법에는 국가에 의한 공권력의 남발을 막는 조항도 많다. 북한 헌법에는 "공민은 인신과 주택의 불가침, 서신의 비밀을 보장받는다. 법에 근거하지 않고는 공민을 구속하거나 체포할 수 없으며 살림집을 수색할 수 없다."고 규정하여 신체의 자유를 보장한다고 규정하고 있다(헌법 제79조). 또 북한은 1992년 1월 15일 형사소송법을 개정하여 형사소송절차에 있어 인권보장을 선언(제4조)하고, 과학적·구체적인 증거에 의해 형사사건을 처리토록 함으로써 적법절차에 의한 수사 및 증거재판주의를 채택(제35조, 제36조)하는 한편, 인신구속 등 강제처분에 신중성을 강조(제11조)하는 등 인권보장 측면에서 외형상 진일보한 면을 보였다.

구체적으로 "예심원은 피심자에게 강압적인 방법으로 범죄사실을 시인시키거나 진술을 유도하지 말아야 한다. 강압적인 방법으로 받은 피심자의 진술은 증거로 쓸 수 없다."라고 규정하고 있다(제93조 제1항). 그리고 구류소 운영규칙에서는 "구류소 운영자는 구류된 자에게 고문이나 가혹행위, 또는 상해를 입힐 수 없으며, 어떠한 비법적인 행위도 자제되어야 한다."고 규정하고 있다(제37조). 그뿐만 아니라 형사보상법에서는 고문이나 그 외의 강압적인 심문을 받은 피해자들에게 보상하도록 규정하고 있다(형사보상법 제5조 제3항).

하지만 법 따로 현실 따로이다. 탈북자들의 증언에 따르면, 북한 주민들은 수사받을 때부터 기본적인 권리를 무시당하는 경우가 많다. 각종 고문, 인격 무시, 영장 발부 없이 2개월 이상 수사 등등 적법한 절차가 잘 준수되지 않는다. 조사받은 후 재판장으로 향하는 북한 주민들은 모든 것을 체념한 상태에 있다. 자신을 변호할 권리도 제대로 주지 않을뿐더러 변호사도 재판과정이 공정하게 이루어지는 것을 살필 뿐이다. 재판장에서 자기 말을 들어줄 사람은 존재하지 않는다. 죄를 자백하고 자비를 구하는 것이 오히려 현명한지도 모른다.

남한에서는 피고인이 자신에게 주어진 권리를 최대한 이용하여 법정에서 유리한 판결을 받으려고 한다. 적어도 개인의 권리를 최대한 존중하려는 정신은 살아 있다. 하지만 북한에서는 죄상을 밝히기 위해서는 개인의 인권도 무시당한다. 그리고 죄가 밝혀지면 죄인은 사법부의 처분만을 기다린다. 그래서 북한 주민들은 죄가 밝혀진 피고인들이 감형받기 위해 노력하는 남한 사람들의 모습을 뻔뻔하다고 느낄 것이다. 그들은 비록 죄지은 사람일지라도 누릴 권리가 있음을 잘 알지 못한다.

17. 숙여야만 살 수 있는 구금시설

북한의 구금시설은 집결소, 노동단련대, 노동교양소, 교화소, ○○호 관리소라 불리는 정치범 수용소로 크게 나눌 수 있다.

원래 집결소는 열차 여행 과정에 공민증 또는 통행증(출장 및 여행증명서) 미소지자, 여행 목적지 위반자 또는 여행 기간 위반자, 여행 목적지 확인 미납자(여행 목적지에 갔다 돌아올 때는 거주했던 인민반과 보안소에서 통행증 뒷면에 숙박 확인을 받아야 함) 등 주로 '철도 질서 위반자'들을 수감하는 곳이었다. 그리고 집결소에 머문 기간은 전과기록에 등재되지 않는다. 단속에 걸리면 위반자의 직장 또는 거주지 분주소에 통보하여 신원을 확인하고 벌금을 매긴 후 근무하는 직장 또는 거주지 분주소에서 호송원이 올 때까지 강제노동시킨다. 집결소는 주로 철도의 환승(換乘)역에 설치되어 있는데, 최근에는 탈북자들을 대상으로 하는 새로운 집결소가 생겨나고 있다고 탈북자들이 증언하고 있다.

노동단련대는 죄를 지었지만 처벌하기 애매하거나 그냥 내보낼 수 없는 경범죄자들을 '육체적 부담을 가하여 교화시킨다'는 방침에 따라 수사와 재판 절차 없이 15일~최고 6개월간 수용하여 무보수로 강제노동을 시키는 곳이다. 북한 주민들은 노동단련대를 '꼬빠

크', '꽃바크', '깡판' 등으로 부르기도 한다. 주로 생계형 탈북자들이 많이 간다. 북한의 각 군·구에 1개소씩 설치되어 있으며 지역인민위원회가 맡아 관리 감독한다. 처음에는 노동단련대의 수감 사실이 기록되지 않았으나 지금은 기록에 남게 된다는 증언이 나오고 있다. 하지만 교화소와는 달리 당증과 공민증이 유지된다.

노동교양소는 교화소 대상자보다 형이 가벼운 사람들, 미성년자들 위주로 교화 노동형이 실시되는 곳으로 교화소의 또 다른 형태이다. 교화소와 비슷하지만, 단순폭행이나 절도, 명예훼손 등으로 2년 미만의 형을 선고받았을 때는 교양소에 수감된다. 때로는 정식재판 없이 즉결심판을 통해 경범죄자들을 교양소로 보내기도 한다. 교양소의 경우 수형 기간은 1년과 2년, 두 가지로 나뉜다. 수형 기간이 1년인 교양소는 흔히 22호 교양소로, 기간이 2년인 교양소는 66호와 88호로 불린다.

교화소는 재판을 통해 형이 확정된 죄수를 수감하는 곳으로, 남한의 교도소에 해당한다. 사회안전성이 관리하며, 보통 죄질과 성분에 따라 죄수를 분리해서 수감한다. 따라서 정치범 수용소와는 달리 서신, 면허가 어느 정도 가능하다. 그리고 북한에서도 대사면령이 있어 특별한 날을 기해서 조기 출소시키기도 한다.

관리소는 정치범 수용소를 의미한다. 통상 00호 관리소로 표현된다. 현재 20만 명에 달하는 정치범들이 강제로 수용되어 있다고 알려진다. 이곳에는 가족이 단체로 수용된 일도 있다. 교화소와는 달리 국가보위성에서 관리하며, 수용소 내에는 각 마을을 이루고 있다.

그동안 많은 사람의 증언으로 북한의 구금시설에서 일어나는 인권 유린이 알려져 왔다. 짐승만도 못한 대우와 연좌제로 인해 고통받는 사람들 등등 눈물 없이는 들을 수 없는 많은 증언이 나오고 있다. 강제노동과 영양실조는 기본적으로 일어나고 있으며, 각종 고민과 폭행이 일상적으로 일어나고 있다. 특히 비인도적이고 전근대적인 관행은 정치범과 사상범의 경우에 죄의 경중에 따라 가까운 친척들을 처벌하는 연좌제를 실행하는 것이다. 특이한 것은 자살도 범죄로 취급하며 연좌제의 대상에 포함된다는 증언도 있다.

정치범 수용소 경비대원 출신인 탈북자 안0철의 증언에 의하면, 정치범 수용소 내에서는 약식 재판에 의한 처형이 일상적으로 이루어지고 있을 뿐만 아니라 보위부원에 의한 자의적인 비밀 처형도 이루어지고 있다. 정치범 수용소 내에서 공개 처형되는 대표적인 경우는 탈출하다가 체포되는 경우이다. 정치범 수용소의 경비대원으로 근무(1983.5~86.6)한 경험이 있는 탈북자 최0철은 1985년 「11호 관리소」(함북 경성 소재)에서 할머니, 아들, 손자 3명 등 5명의 일가족이 도주하다 3일 만에 체포되어 공개 처형되었다고 밝혔다. 그의 증언에 의하면, 전체 정치범들을 한곳에 모이게 한가운데 기관총, 자동보총으로 무장한 경비대원들의 삼엄한 경비 속에서 어른 2명은 교수형, 아이들 3명은 총살형에 처했으며, 수용소의 보위부원들은 공개처형 직후 정치범들에게 시체를 향해 돌을 던지게 함으로써 "탈출하면 이렇게 죽을 수 있다."는 끔찍한 공포감을 조성했다. (통일연구원, 「북한인권백서」 2002, 참조)

북한의 구금시설에 수용된 사람들이 공통으로 하는 말은 간수의 말에 무조건 복종해야 한다는 것이다. 간수의 허락 없이 말조차도 함부로 할 수 없는 상황이다. 교도소에 있는 간수들도 법질서를 수행하기 위해 있는 사람들이기에 교도관이 규정을 어길 수 경우 당당히 항의할 수 있는 남한의 사정과 너무 다르다. 물론 때에 따라, 북한의 구금시설에서 사람이 죽으면 담당 간수는 문책받게 되는 등 죄수들에 대한 관리 조치를 개선하려는 노력도 벌이고 있다. 하지만 전체적인 분위기는 복종만을 강요하고 있다.

북한의 구금시설에 수용된 사람들은 고을 수령 앞에서 '죽여달라고' 읍소(泣訴)해야만 생존할 수 있는 봉건사회의 백성과도 같다. 오히려 그들보다 기본적인 권리를 더 박탈당하고 있는지도 모른다.

18. 수령님 덕분에 교회에 가요

해방 이후 북한은 종교인을 많이 탄압했다. 당시 종교인 중에는 일제강점기 때 친일에 앞장선 사람도 많았고 해방 이후 반공에 앞장 섰기 때문이다. 또한, 한국전쟁 시기에 연합군에 협조한 기독교인들이 많았다. 그리고 한국전쟁 동안 행해진 미군의 무자비한 폭격과 대량 학살은 당시 북한 주민들에게 기독교에 대한 안 좋은 선입견을 남겼다. 미국이 기독교 국가이기 때문에 교회로 피신하면 폭격을 안 할 것으로 생각했다가 죽은 사람도 많을 정도이다. 물론 도산 안창호 선생의 누이동생 안신호 권사처럼 식사 기도를 하는 등 기독교인임을 공개적으로 밝히고 북한 정부에서 일한 사람도 있기는 하다.

기본적으로 종교는 개인을 기본으로 하고 있다. 비록 대승 불교에서는 나와 남이 다른 존재가 아님을 강조하면서 자비를 강조하지만, 어디까지나 해탈의 주체는 개인이다. 남을 위해 헌신하고 보살펴줄 수는 있지만, 구원이나 해탈은 개인에게 주어지는 것이지 전체적으로 주어지는 것은 아니다. 한 개인의 헌신으로 사회가 밝아질 수는 있으나, 그 헌신으로 사회의 모든 성원이 종교적인 구원이나 해탈을 받는 것은 아니다. 따라서 북한에서는 종교를 원칙적으로 허용하지 않는다. 아무리 어렵고 힘든 고난이 닥쳐도 모두가 같이 노력해서 극복해야 하는 것이지 개인의 정신수양으로 개인적 해탈을 추구하는 것은 반동이 될 수밖에 없다. 어디까지나 개인의 행복은 집단 속에서 추구해야 한다. 그래서 북한 당국은 종교를 좋아하지 않는다. 특히, 한국전쟁 때의 경험으로 인해 기독교에 대해서는 매우 부정적이다. 교과서나 영화에서 기독교인을 매우 잔인하고 부정적인 존재로 부각한다.

한국전쟁 이후에 북한에 남은 기독교인 중에는 선거를 거부하거나 협동 농장화를 반대하는 등 북한 당국의 정책에 반대하는 사람이 많아서 1958년에서 1960년 초까지 북한에서는 대대적인 종교인 탄압을 시행하였다. 1962년 김일성은 사회안전성 직원들을 대상으로 한 연설에서 "우리는 종교인들을 데리고 공산주의 사회로 갈 수 없습니다. 그래서 우리는 기독교, 천주교에서 집사 이상의 간부들을 모두 재판해서 처단해 버렸고 그 밖의 일부 종교인들 중에서도 악질들은 모두 재판하였습니다. 그리고 일반 종교인들은 본인이 개심하면 일을 시키고 개심하지 않으면 수용소에 가두었습니다."라고 주장하였다(http://www.bluetoday.net/news/articleView.html? idxno=9933).

물리적 탄압과 함께 문화·교육 면에서도 종교가 자리 잡을 틈은 없었다. 북한 당국이 전개한 반종교선전 활동의 대표적인 사례가 바로 영화 '최학신의 일가'(1966년)와 성황당(1969년)이다. '최학신의 일가'는 최학신 목사의 가족에 대한 실화를 바탕으로 영화를 만들었다고 하는데, 최학신 목사의 일가족은 기독교 신앙을 지키기 위해 끝까지 미국 사람들을 신뢰하려 하였으나, 미국의 야만적 행동을 경험하게 되면서 반미주의 투쟁에 나서는 내용으로 되어 있다.

또한 1969년에 제작된 연극 '성황당'은 반종교선전의 중요한 자료로 활용되었다. '성황당'은 무속신앙과 불교, 기독교 등 모든 종교를 비과학적인 미신이라는 관점에서 비판하는 작품이다. 지난날 일제 식민지 통치 밑에서 갖은 굴욕과 무지몽매한 생활을 강요당하면서도 그것을 타고난 팔자로 여기고 종교에 의지했던 사람들을 깨우쳐 혁명 투쟁에 떨쳐나서도록 종교와 미신의 비과학성을 강조했다.

하지만 과도한 탄압으로 주민들의 불만이 고조되자 1960년대 후반에는 북한 당국이 '풀어주는 사업'을 실시하여 현재 일을 잘하고 있는 사람들을 대상으로 과거의 전과를 말소시키고 60대 이상 노인 중에 신앙을 포기하지 않고 지하에서 종교활동을 계속하고 있던 자들에게 공식적으로 가정예배를 허용했다. (전 노동당 간부 신평길의 증언, 김흥수·류대영「북한종교의 새로운 이해」, p.104) 그리하여 1972년 12월 제정된 사회주의헌법에 '신앙의 자유'와 '반종교 선전의 자유'를 동시에 명기하면서 종교의 자유를 부분적으로 인정했다. 그 후 1992년 제정된 헌법에서는 '반종교 선전의 자유'란 문구를 삭제한 뒤, 그 대신 '종교건물을 짓거나 종교의식 같은 것을 허용'하는 것으로 종교의 자유를 인정했다. 그러다 1998년 9월 5일 최고인민회의에서 개정된 헌법에서는 기존의 "누구든지 종교를 외세를 끌어들이거나 사회질서를 해치는데 이용할 수 없다."라는 조문에서 '누구든지' 문구를 삭제, 종교에 대해 강력한 탄압을 하지 않고 있다는 인식을 대외에 심어줌으로써 종교를 대외 경제지원 획득 창구로 이용했다.

현재 북한의 종교단체로는 조선불교도연맹, 조선그리스도교연맹, 조선카톨릭협회, 조선천도교회 중앙지도위원회와 이들 종교단체의 협의체인 조선종교인협의회가 있다.

북한의 개신교는 봉수교회, 칠골교회와 같이 예배당을 갖춘 교회와 예배당이 없이 신자의 가정에서 예배를 드리는 가정예배소로 구분된다. 특히 가정예배소는 북한에서 중추적인 역할을 담당해 왔는데 북한 당국은 북한에 약 520여 곳의 예배처소가 있는 것으로 밝히고 있다. 평양과 남포, 개성에 각각 30개소, 평안남북도 각 60개소, 그 외의 도에 40개소씩 존재하고, 양강도와 자강도는 산간 지역이어서 가정교회가 아직 없다고 한다. 이들 가정예배소는 장로나 집사 등 평신도에 의해 운영된다. 전쟁 이후 20여만 명의 그리스도인들 가운데 부모들이나 친지들로부터 기독교 신앙을 이어받은 사람들이 정부 당국의 허가를 받아 지역별로 모임을 갖고 있다. 그리스도인들은 약 1만 명이 있는데 이들 중 약 6천 명이 10~15명으로 구성된 가정예배소에서 예배를 드리고 있다.

그리고 대한예수교장로회통합총회(예장통합)가 억대의 헌금을 들여 2005년 11월 평양에 건축한 '평양제일교회'가 있다. 북한은 가정예배소를 공식교회로 인정하지만, 남한에 알려진 지하교회는 불법으로 간주한다. 모든 주민이 각종 조직에 가입된 북한 체제의 특성상 비밀리에 모이는 지하교회는 현실적으로 존재하기 어렵다. 신도들이 전도할 수는 있으나 가치관이 형성되지 않은 미성년자에게는 전도할 수 없다. 일반적으로 북한 주민들은 종교에 대해 큰 관심을 가지지 않고 전도 활동에 호응하지 않는 편이다.

불교는 사찰은 60여 개, 승려는 300여 명인데 모두 대처승이다. 삭발도 스님의 자유이다. 북한이 공식적으로 불교 신도를 1만 명이라고 밝히고 있으나, 석탄일과 같은 큰 기념일에는 절을 찾는 이들이 10만 명에 달한다고 한다. 1989년에는 양강도 중흥사에 북한 최초의 승려교육기관인 불교학원(1991년 광법사로 이전)이 건립되었다. 불교학원은 3년제로 운영하고 있으며 지속해서 학생을 모집하는지는 정확히 파악할 수 없으나, 약 30여 명의 학생이 공부하고 있으며, 1기생으로 졸업한 승려들이 1996년부터 전국의 사찰에 배치되었다.

북한은 1988년 천주교인협회(1999년 조선카톨릭협회로 명칭 변경)를 결성하고 장충성당을 건립하는 등 천주교 신앙을 허용하는 조치를 취하였다. 북한의 천주교는 장재언 위원장을 대표로 하여 주일마다 공소예배를 갖고 외국에서 신부가 방문하면 미사를 봉헌한다. 북한 당국은 1970년대 이후 1980년대까지 북한의 천주교인 숫자를 800명 정도라고 밝혔으며, 1,258명(1991.4), 3,003명(1995.10) 등으로 발언한 바 있어 천주교 관계자들은 현재 북한의 천주교 신자 수를 대략 3천 명이라고 평가한다.

민족종교로 간주되는 천도교는 북한 주민에게 종교 본연의 활동보다는 정당 단체로서 더 많이 인식되고 있는 편이다. 해방 당시 천도교는 신도 2백80여만 명을 가진 북한에서 가장 큰 종교 세력이었으며 초기 북한 집권 세력과도 상당한 협조 관계를 유지했다. 천도교는 북한의 사회체제 안에서 가장 성공적으로 적응한 종교이다. 북한의 모든 종교단체가 참여한 조선종교인협의회를 실질적으로 이끄는 것도 바로 조선천도교 중앙위원회이다. 현재 1만 5천 명의 신자가 있으며, 천도교청우당이 노동당의 우당으로 활동하고 있다.

북한 종교의 역사적 경험에서 1988년은 큰 분기점이 된다. 1988년 10월에 평양에는 봉수교회가 건립되었다. 최대 300명이 동시에 예배드릴 수 있는 예배당 외에 목사 사택과 기독교도연맹 건물이 같이 마련되었다. 1992년 11월에는 칠골교회가 추가로 건립되었다. 그리고 1987년 10월 천주교인들은 '성당건립준비위원회'를 구성했고 1988년 6월 조선천주교인협회를 발족시켰다. 또한, 1988년 9월 말에 장충성당이 완공되었으며, 10월 첫 일요일에 장충성당에서 처음으로 예배를 드렸다.

1988년은 북한 불교에도 매우 의미 있는 해였다. 조선불교도연맹은 이 해부터 부처님 오신 날, 성도절, 열반절 등 중요한 불교 절기를 공개적으로 매년 기념하기 시작했다. 1988년 5월에 묘향산 보현사에서 거행된 부처님 오신 날 봉축 행사는 이런 점에서 역사적인 사건이었다. 비슷한 시기 보현사의 대장경 보존고에 보관 중인 팔만대장경이 번역 완료되었다.

유독 1988년이라는 해에 이런 일들이 집중적으로 일어난 것은 역사적으로 살펴보아야 한다. 북한은 1989년 6월 제13차 세계청년학생축전을 대대적으로 개최하였다. 북한 당국으로서는 눈에 보이는 종교의 외형을 갖출 필요가 있었을지도 모른다. 봉수교회와 장충성당이 당국의 요청과 협조로 1987년부터 건립되기 시작했다는 점은 이와 같은 정황과 맞아떨어진다. 그리고 조선불교도연맹이 1988년 5월부터 공개적인 불교 행사를 거행하기 시작한 점도 비슷한 맥락에서 된 일이라는 인상을 준다.

이 시기 북한의 종교경험에 가장 큰 영향을 끼친 일은 문익환 목사, 임수경 등의 방북이었다. 이들의 일거수일투족은 텔레비전을 포함한 북한의 언론 매체를 통해 자세히 보도되었다. 그들이 봉수교회와 장충성당 등에 가서 예배드리거나 발언하는 장면도 그대로 텔레비전을 통해 방영되었다. 문익환 목사는 방북하는 동안 봉수교회와 장충성당에서 예배를 드렸으며 보현사를 방문하여 종단의 승려들과 만나기도 했다.

문익환 목사 등의 방북은 북한 주민에게 상당한 충격을 준 것으로 보인다. 1970년대 중반부터 남한의 종교인들이 벌이고 있는 민주화와 통일운동이 북한 언론을 통해 소개되고 있었다. 그러나 정작 목사가 방북하여 국빈 대접을 받으며 김일성과 만나고 통일에 대해 견해를 밝히는 일을 직접 목격한다는 것은 분명히 기독교와 목사에 대한 새로운 인식을 요구하는 획기적인 일이었다. 문규현 신부의 방문도 그런 점에서 비슷한 의미를 지니고 있었다.

임수경도 북한에 한 달 이상 체류하면서 일요일에는 반드시 장충성당을 찾아 예배를 드렸으며, 때에 따라 성호를 긋는 등 천주교 신자로서의 모습을 북한 주민들에게 보여주었다. 그는 문규현 신부와 함께 판문점을 넘어 남한으로 돌아가기 직전 성 프란시스코의 기도를 드리기도 했다. 이 일이 있었던 직후에 북한을 찾은 미국 장로교 목사 홍동근은 임수경의 기도 장면을 지켜보며 북한 인민 "2천만이 다 울었다."는 말을 전해 듣는다. (김흥수, 류대영, 「북한 주요 종교의 현황과 남북 종교교류의 가능성에 대한 연구」, 한국기독교역사연구소, 2002 참조)

문익환과 임수경 등이 북한을 방문하고 돌아간 후 북한은 그동안 종교에 대하여 공식적으로 취하고 있던 비판적인 태도를 획기적으로 바꾼다. 남한에서 온 목사가 팀 스피릿 한미 합동군사훈련을 반대하고 연방제 방식으로 통일하는 것을 "우리 민족이 선택해야 할 필연적이고 합리적인 통일방도"라고 말한 상황에서 기독교와 종교에 대한 기존의 반종교 선전적 정의는 더 이상 정당성을 찾기 힘들었다.

종교에 대한 북한 당국의 공식적인 입장이 더 긍정적으로 되면서 생긴 변화 가운데 하나는 김일성과 종교인들과의 호의적인 관계를 조명하는 글들이 많이 발표되기 시작했다는 점이다. 특히 1992년부터 출간된 김일성의 회고록 「세기와 더불어」에서 더욱 부각되었다. 여기서 그는 특히 기독교와 어렸을 때부터 맺어 온 관계에 관해 이야기하고 있다. 그리고 손정도 목사와 같이 인간적인 도움을 받은 사람들을 기술하고 있으며, 애국적 기독교인들을 많이 소개했다.

회고록에서 김일성은 종교에 대한 자신의 견해를 다음과 같이 정리하였다.

"민족 우에 신이 없고 민족 우에 어떤 계급이나 당파적 리익이 있을 수 없으며 민족을 위해서라면 그 어떤 심연도 장벽도 뛰여넘지 못할 것이 없다는 것은 오늘 북과 남, 해외의 모든 조선사람들의 한결같은 종지이며 날과 더불어 더욱더 절감하는 현실이다."

민족이라는 공통분모를 통해 종교와 주체사상을 접목하려는 김일성의 생각 때문이었는지 종교를 전반적으로 긍정적으로 평가하는 가운데 민족종교에 관한 관심은 특히 두드러졌다. 김일성이 사망한 직후인 1994년 10월에는 그동안 대대적으로 발굴·재건한 단군릉을 준공했다. 단군에 관한 연구는 먼저 단군이 역사적인 실제 인물이었음을 밝히는 데 초점이 맞추어졌다.

하지만 북한의 종교단체가 북한 당국의 어용단체라고 폭로하는 의견도 많다. 탈북자 강명도 씨에 의하면, 중앙 종교단체들은 모두 노동당의 통일전선부(약칭 통전부)에 의해 운영된다고 한다. 통전부 요원들이 각 종교단체에 파견되어 근무하고 있다는 것이다. 통전부는 조국평화통일위원회, 조국통일민주주의전선, 아·태평화위원회, 해외동포원호위원회 등의 단체를 통해 해외교포나 남한 내 민간단체를 대상으로 한 공개적인 통일전선을 총괄하고 있다.

결과적으로 북한의 종교단체는 남북교류를 더욱 확대하는 데 일조를 했다. 2007년 5월 8일 국내 7대 종단 대표자 모임인 한국종교인평화회의(KCRP·대표회장 최근덕 성균관장)와 북한 종교단체 협의체인 조선종교인협의회(KCR·위원장 장재언) 소속 종교인 대표들은 평양에서 교류 10주년 기념모임을 갖고 향후 다양한 협력 사업을 개발해 추진해나가기로 합의도 했다. 이 외에도 각 종파 간의 교류 협력도 계속해서 진행된 상황이다.

하지만 우리가 명심해야 할 것이 있다. 북한에서는 주체사상이라는 유일사상의 틀 속에서 벗어나는 것은 존재할 수 없다. 김일성의 주장처럼 종교도 민족의 발전을 위해 존재하는 것이다. 종교가 조국 통일을 위해 필요할 때 허용되는 것이며 주체사상의 틀을 깨지 않을 때 허용되는 것이다.

유일신을 숭배하는 기독교에서는 민족보다 신이 앞선다. 민족도 중요하지만, 신의 존재가 먼저이며 유일신보다 다른 것을 더 숭배하는 것은 우상으로 타파되어야 한다. 이러한 사상이 북한에서는 절대로 통용될 수 없다. 그러므로 북한의 기독교 지도자들은 정치적인 문제에 있어 철저히 북한의 논리를 강조한다. 그리고 수령과 신을 서로 비교 대상으로 삼지 않는다. 어떻게 보면 북한의 종교인들은 "수령님이 나라를 찾아주시고 제국주의의 침략에서 지켜주셨기 때문에 종교를 가질 수 있었다."라고 고백할지 모른다. 속마음이야 어떻든 간에 수령을 뛰어넘는 종교는 허용될 수 없기 때문이다.

19. 명절

　북한에서는 남한과 달리 국경일, 기념일, 민속 명절을 모두 '명절'
이라고 부른다. 북한의 명절은 대체로 4가지로 분류된다. 첫 번째는
국가적 명절로 나라와 나라와 민족의 융성, 발전에 매우 의의 깊고
경사스러운 날, 둘째는 사회의 일정한 부문이나 인민 경제의 한 부
문에서 경축하는 기념일, 셋째는 프롤레타리아 국제주의에 근거해
국제 노동계급과 연대성을 강화하기 위해 경축하는 기념일, 넷째는
전통 민족 명절이다.

　김일성의 생일 4월 15일, 김정일의 생일인 2월 16일, 조국해방의
날(8월 15일), 공화국창건일(9월9일), 당창건일(10월 10일) 등은 첫
번째 부류에 속한다. 두 번째 부류에 속하는 기념일은 식수절(3월 2
일), 농업근로자절(3월 5일), 어부절(3월 22일), 철도절(5.11), 탄부절
(7.7), 공군절(8월 20일), 해군절(8월 28일), 포병절(6월 20일) 등이
있다. 세 번째 부류에 속하는 기념일은 국제부녀절(3월 8일), 국제노
동자절(5월 1일), 국제아동절(6월 1일) 등이다. 마지막 부류에 민속
명절인 음력설, 정월대보름, 단오, 한식, 청명, 추석이 해당한다.

　지금까지 알려진 북한의 법정 공휴일은 설날(1.1), 음력설(음 1.1),
정월대보름(음 1.15), 광명성절(김정일 생일, 2.16), 국제부녀절(3.8),

청명(4.4), 태양절(김일성 생일, 4.15), 인민군창건일(4.25), 국제노동자절(5.1), 조선소년단창립절(6.6), 전승절(7.27), 조국해방의 날(8.15), 선군절(8.25), 추석(음 8.15), 공화국창건일(9.9), 당 창건 기념일(10.10), 헌법절(12.27) 등이 있는데 해마다 조금씩 변한다. 법정 공휴일 이외에도 농업근로자절(3.5), 어부절(3.22), 철도절(5.11), 탄부절(7.7) 등 기념일에는 해당 부문 노동자들이 1일 휴무하고 있다.

2021년을 기준으로 공휴일로 지정된 명절을 보면, 양력설(1.1), 건군절(2.8), 음력설(2.12), 광명성절(2.16), 정월대보름(2.26), 국제부녀절(3.8), 청명(4.4, 일요일), 태양절(4.15), 국제노동자절(5.1), 조선소년단창립절(6.6.), 전승절(7.27), 조국해방의 날(8.15, 일요일), 선군절(8.25), 공화국창건일(9.9), 추석(9.21), 당 창건 기념일(10.10, 일요일), 어머니날(11.16), 헌법절(12.27)이 있다.

북한은 1948년 2월 8일 인민군을 창설했으며 1977년까지 '건군절'로 기념하다가, 그 이듬해부터 김일성이 조선인민혁명군(항일유격대)을 조직했다는 1932년 4월 25일을 인민군 창건일(건군절)로 기념해 왔다. 이후 2018년에 다시 2월 8일을 건군절로 삼고 4월 25일은 조선인민혁명군 창건일로 삼았다.

북한에서 명절은 무엇보다 배급이 많이 나오는 날을 최대 명절로 꼽고 있다. 북한 주민들이 진짜 명절로 여기고 있는 날은 신정(2003년부터 구정이 더 중요시됨)과 김부자 생일 그리고 공화국창건일과 당창건 기념일이다. 이들 5개 명절에는 특별배급이 나오는데, 그중에도 김부자 생일이 최대의 명절로 꼽는다.

북한에서는 우리 고유의 민속 명절은 공산주의 생활양식에 어긋난다는 이유로 1960년대 말까지 배격됐다. 그러나 북한 당국은 1972년 남북대화 이후 추석 성묘를 허용하고 1988년부터 추석을,

1989년부터 음력설을 휴일로 인정, 민족 고유의 명절 일부를 부활시켰다.

이 시기는 북한이 1987년 7월 김정일의 담화 '주체사상 교양에서 제기되는 몇 가지 문제에 대하여'에서 '조선민족제일주의'를 제시한 이후 민족주의를 강조하던 시기였다. 그리고 남한에서는 1989년 대통령령인 '관공서 공휴일에 관한 규정'이 개정(2월1일)되면서 설날과 추석 연휴를 이틀에서 각각 사흘로 늘리고, 그 대신 신정 연휴는 사흘에서 이틀로 줄인 시기였다.

북한에서 3대 민속 명절은 음력설을 비롯하여 정월대보름, 추석 등인데 이들 명절을 휴일로 정하고 있으며, 특히 음력설의 경우 3일 휴무를 시행한 적도 있다. 2003년 음력 정월 초하루를 앞두고 김정일은 그때까지 기본 설명절로 지켜 오던 신년 1월 1일을 대신하여 음력 1월 1일을 그 자리에 올려놓으라는 지시를 내렸다.

추석은 1988년부터 공휴일로 인정됐으며, 이후 1989년부터 설, 단오, 한식 등이 민속 명절로 정해졌고(그 후 91년경 한식은 민속 명절에서 제외, 2005년부터는 단오도 제외) 이후 청명과 정월대보름이 민속 명절에 포함되었다. 음력설과 추석에는 차례를 지내는 풍습을 지키고 있으며 추석날 성묘는 거주지 시·군을 넘어 다른 지역으로 성묘를 다녀올 수 있도록 묵인되고 있다. 청명은 남한보다 북한에서 중요하게 여기는 명절로 이날에는 조상의 묘를 방문하고 있다.

그런데 북한에서 민족 명절의 경우는 휴무일로 지정하고는 있으나 휴무일을 전후한 일요일을 선정하여 보충 노동을 해야 하는데, 북한에서는 이것을 대휴(代休)라고 한다. 명절날은 하루를 쉬되 다른 일요일을 택해 대신 일을 해야 하는 '반쪽 휴식'인 셈이다.

남한에서는 모든 국민이 법정 공휴일과 일요일에 쉬지만, 북한의 경우는 조금 다르다. 북한에서는 일반적으로 공휴일이란 말을 쓰지 않고 '휴식날'이란 표현을 쓰는데, 공업 단위인가, 농업 단위인가에 따라 휴식 날도 다르게 정해진다. 공업단위는 일요일이 휴식일이지만, 협동농장과 같은 농업 부문에서는 10일에 하루씩 휴식날을 정하고 있다. 1일, 11일, 21일이 휴식 날이다. 물론 휴식일에도 사업에 동원되는 날이 많다.

그런데 2004년 2월 9일 자 노동신문은 『휴식일에 어린 고마운 은정』이라는 기사를 실었다. 기사에는 김정일이 지난해 12월 말 일꾼들과 여러 가지 문제를 논의하던 중, "국가적으로 명절날에 휴식하였다고 하여 다른 날을 노동 일로 하여서는 절대 안 된다."는 지시를 내렸다고 한다. "올해 신정에도 1월 1일이 목요일이어서 하루건너 또 휴식하는 만큼 일요일은 쉬어서는 곤란하다."라는 보고를 받고 "명절날에는 사람들이 즐겁게 휴식하게 하여야 한다. 일요일에 다양한 문화정서 생활을 하게 하니 인민들이 아주 좋아하고 있다."라며 그 같이 지시했다는 것이다. 이때부터 북한은 명절날 쉬어도 일요일에 일하지 않는 '완전휴식제'로 만들기 시작했다.

실제로 노동신문은 "지난 시기 많은 사람들이 제국주의자와 반동들의 고립압살책동을 짓부시며 조국의 부강번영을 위해 너나없이 휴식일에도 일터에 나와 애국노동을 했다."라며 "이런 현상에 대해 일부 일꾼들은 이를 긍정적 소행으로, 애국적 열의의 발현으로만 여겨 왔으며 지어(심지어) 휴식일에 사회적 동원을 조직하는 일까지 있었다."라고 밝혀 휴일에도 제대로 쉬지 않았음을 드러냈다.

2003년까지의 북한의 민속 명절은 하루를 쉬되 다른 일요일을 택해 대신 일을 해야 하는 '반쪽 휴식'이 다반사였다. 그리고 일요일에도 각종 동원행사에 나가야 했다. 주민들은 법적으로 정해진 휴일보다 실제로 직장에 나가지 않아도 되는 국가적 명절을 휴식일로 생각했다. 그리고 명절날 일했으니 일요일에는 당연히 나가야 했던 주민들에게는 배급도 나오고 대휴도 하지 않아도 되는 김부자 생일이 더 반가웠다.

20. 지역감정

그동안 남한의 정치가 부정적인 이미지를 가지게 된 것에는 지역 갈등이 크게 작용하였다. 건전한 토론문화와 정당정치가 아니라 출신 지역에 의해 갈라져서 인물을 선택하다 보니 정치 문화가 낙후되었다. 이에 반해 북한은 유일지배체제라서 특정 지역을 바탕으로 하는 정치집단이 존재하지 않는다. 북한 공식 매체나 출판물에 지역감정에 대해 언급한 글이나 기사가 실린 적은 거의 없다. 과거 '함경도 제일주의'를 내세운 일부 간부들의 언행이 영화나 소설에 간헐적으로 등장했을 뿐이다. 대신에 사회적인 지역갈등이 존재한다. 하지만 '망국적'으로 표현되는 남한에 비하면 심각한 정도는 아니다.

남한의 지역갈등이 동서 간의 갈등이라면 북한의 지역갈등은 북남 간의 구도로 되어 있다. 여기서 북이란 함경도와 량강도를 말하고, 남은 평안도와 황해도를 의미한다. 북한의 남부지역 사람들은 북부지역 사람들의 영악하고 다혈질적인 기질을 싫어하고, 북부지역 사람들은 남부지역 사람들의 온화함과 이중적이고 생활력이 약하고 이기적인 것을 싫어한다. 또한 북한에서는 지역 간의 갈등과 감정을 통틀어 '지방주의'라고 표현한다. 북한에서의 지방주의란 체제에 위협적인 요소로 간주하기도 한다. (이하, 김승철, 「북한동포들의 생활

문화양식과 마지막 희망」, 참조)

북한의 이러한 지역갈등은 남한과는 발생 배경이나 원인이 다르다. 북한은 8·15광복 이후 생활 습관과 지역 성향으로 인한 차이와 북한의 정치과정에서 발생한 복합적인 원인으로 하여 지역갈등이 생겨났다.

남쪽(황해도와 평안도) 사람들의 성격과 습관, 기질은 북쪽 사람들의 그것과 아주 다르다. 황해도나 평안도 사람들은 평야지대에서 옛적부터 농사를 지으며 살아온 반면에 높고 험준한 산맥과 해안선으로 이루어진 함경도는 유배지로 사람이 살기 어려운 곳이다. 따라서 당연히 풍습과 성격도 다르고 기질도 다르게 형성되어 있다.

황해도 사람들은 일반적으로 심성이 착하고 남에게 해를 입히는 일을 하지 않는다고 한다. 대신 황해도 사람들은 북쪽 사람들과 비교하면 생활력이 강하지 못한 것이 결함으로 작용한다. 그리고 황해도 사람들은 6·25를 전후하여 남한에서 북한으로 수복되었기 때문에 정치·사회적 배경도 좋지 않다. 북한이 전후 황해도 휴전선에 가까운 지역주민들을 북부 내륙 주민들과 강제적으로 집단 교체한 것만 보아도 그렇다. 그들은 북한 내에서 출신성분이 좋지 않은 편에 속하며 웬만해서는 자신의 견해를 쉽게 드러내지 않는다. 이와 같은 성향이 남들에게 이중적인 성격으로 비치고, 남들에게 겉과 속이 다른 사람들로 보여서 믿지 못하겠다는 평을 듣는다.

평안도 사람들은 평양시를 중심으로 하여 살아오면서 사교성이 강하고 실리에 밝으며 이기적인 것이 특징이다. 평양사람들은 타지방 사람들에게 노동에 근면하지 못하다는 평을 많이 듣는다. 특히 평양 시민들의 경우 혁명의 수도에서 살고 있다는 자부심이 강하다.

평안도와 황해도 사람들은 함경도 사람들을 악평이라 할 만큼 나쁘게 평가한다. 남쪽 사람들이(황해도·평안도) 보기에 함경도 사람들은 너무나 영악하고 자존심이 강하며 나서기를 좋아한다고 좋은 평가는 안 한다. 또 어떤 일이 발생하였을 경우 함경도 사람들의 경우 단결력이 상대적으로 강하고 의협심이 있다. 일반적으로 북한 각 도의 사람들이 모이는 장소나 단체에서 함경도 사람들이 판을 휘어잡는 경우가 많다. 유순한 성향의 남쪽과 강하고 다혈질적인 북쪽이 맞지 않는 것이다.

함경도 사람들의 말투는 일반적으로 빠르고 투박하며 말의 강약이 뚜렷하다. 평안도나 황해도 사람들은 함경도 사람들의 말투를 알아들을 수 없다고 하여 '쏠라쏠라'한다며 거부감을 표시한다. 이제는 TV나 방송 매체를 통해 어느 정도 순화되기도 했지만 나이 드신 분들은 서로의 말투를 알아듣기 힘들어한다.

정치적인 이유로 인한 지역갈등도 심하다. 해방 후 오기섭(함경도 공산당비서)의 저항과 갑산파(8·15 이전 함북 갑산 지역 공산당원들)의 도전 등은 대부분이 함경도 출신들이 벌인 일이었다. 이로 인해 함경도 사람들은 1970년대를 전후하여 중요 요직에서 한직이나 지방으로 밀려났다. 또 김일성이나 김정일은 함경도 당 책임 비서로 새로 임명된 간부들에게 함경도의 '지방주의'에 대해 항상 경계할 것을 주문하였다.

함경도 사람들은 사업 능력이나 추진력이 없는 평안도(대체로 평안남도) 사람들이 김일성이 평양 출신이기 때문에 중요 간부직에 등용된다고 생각한다. 따라서 함경도 사람들은 집단적 소외감을 느끼고 있으며 평안도와 평양사람들을 배척하는 편이다.

1970년대 이후부터 북한은 수도 평양에 집중적인 투자와 함께 평양시 주민의 성분개량사업을 여러 차례에 걸쳐 진행하였다. 출신성분이 나쁜 사람과 장애인을 지방으로 소개(疏開)라는 명목으로 내보내고 지방에서 성분이 좋은 사람들로 충원하였다. 평양시는 북한에서 가장 대우가 좋고 생활 여건이 좋은 지역이다. 이러한 특혜는 '혁명의 수도' 시민이라는 자부심을 안겨주고 지방과의 차별의식과 갈등을 불러왔다. 특혜로 인해 평양시의 주민들은 자긍심이 강하고 지방 사람들을 업신여기며 멸시한다. 반대로 지방 사람들은 평양사람들에 대한 열등감이 강하다.

많은 탈북자의 증언에 의하면 이러한 북한의 지역갈등은 상층부보다 밑바닥 계층으로 갈수록 더 심각하다는 것이다. 철저한 통제사회이기 때문에 지역갈등이 겉으로 잘 드러나지 않지만, 일반 주민들 속에서는 은근히 존재하고 있다.

북한도 지역에 따라 사람들의 성향이 달라서 이질적인 문화가 존재한다. 인간은 주변 환경에 의해 기질이 형성되는 존재임을 고려하면 당연한 일이다. 농사를 지으며 유순하게 살아온 사람들과 험한 산맥을 배경으로 살아온 사람들의 기질은 서로를 낯설게 만들었다. 그리고 정치적인 격동 속에서 기득권이 형성되면서 차별의식도 싹트게 되었다. 다만, 이러한 지역감정을 드러낼 수 없는 통제사회이기에 북한의 언론에 나타나지 않을 뿐이다.

21. 장유유서

    일반적으로 북한 사회는 유교문화가 많이 발견되고 있다고 알려진다. 수령을 어버이로 모시는 '사회주의대가정'을 추구하는 북한 사회에서 충효를 강조하는 유교문화는 적절히 이용될 수 있다. 실제로 북한 사회는 일제 식민지에서 시민 사회를 경험하지 못한 채 바로 사회주의 체제로 넘어갔기 때문에 생활 속에서 봉건적인 풍습이 많이 남아 있다. 그래서 전통적인 효를 중시하고 남존여비, 장유유서 등의 남성 중심적인 사고와 태도, 그리고 우정과 맹세 등을 소중하게 여긴다.

    북한의 어린이프로그램에서도 연장자를 공경하는 내용은 자주 반영되고 있으며, 사회적으로도 나이가 중시되는 경향이 많다. 한 탈북자는 남한의 군대에서 나이가 새카맣게 어린 사람이 고참이라고 나이 많은 후임병에게 함부로 하대하는 것을 듣고 충격을 받았다는 소감도 밝혔다. 북한 사회 전반적으로 나이를 대우해주는 풍조는 많이 남아 있는 셈이다.

    김정일도 연장자에 예우를 깍듯이 지키는 모습을 보여주었다. 실제로 2000년 6월 13일~6월 15일 이루어진 남북정상회담에서 비행기 트랩을 내려선 김대중 전 대통령에게 김정일이 직접 다가가 환한 웃음과 악수로 맞았다. 6월 14일 저녁 목란관 만찬장에 입장할 때 김정일은 연장자에 대한 예우를 깍듯이 지킨다는 소문대로 김대중 전 대통령을 앞에 서도록 권유하며 박수를 치며 입장했다.

김정일은 백화원 영빈관에서 김대중 대통령에게 "외국 수반도 환영하는데, 우리는 동방예의지국이라는 도덕을 갖고 있다. 동방예의지국을 자랑하고파 인민들이 많이 나왔다"라고 했으며, 수행한 우리 장관들에게는 "공산주의자도 도덕이 있다."라고 말하기도 했다.

이러한 발언들에 대해서 북한에 정통한 사람들은 "북한도 웃어른을 존경하는 장유유서(長幼有序)의 전통을 지키고 있다."고 증언해 주었다. 여기에 덧붙여 김 위원장은 예절과 효를 상당히 강조해 온 것으로 전해진다. 실권자로 부상한 후 '인덕(仁德) 정치'를 내세우며 70세 이상 노인에게 국가가 생일상을 차려주도록 지시하기도 했다.

한 탈북자는 "길거리에서 젊은이가 연장자에게 무례하게 굴면 평양에선 주변 사람들에게 크게 혼날 각오를 해야 한다."고 말했다. 김일성 사망 후 김정일이 삼년상을 치르고 유훈 통치를 한 배경에도 효를 강조하는 북한의 분위기가 반영됐다는 분석이 있다. 전통적인 미풍양속을 봉건주의의 잔재라 하여 금지하던 것도 1989년 '세계청년학생축전' 개최를 계기로 대폭 허용했다. (조선일보, 2000. 6. 14)

2007년 10월 2일~10월 4일에 열린 남북정상회담 때 김정일은 미묘한 차이를 보여주었다. 지난 2000년 김대중 전 대통령 방문 때와 동일한 예우 수준을 보여주었지만, 다가오는 노 대통령을 자리에 서서 기다리다 악수로 영접했다. 또 백화원 영빈관으로 이동하는 과정에서 노 대통령과 함께 차량에 동승하는 파격도 없었다. 이 같은 영접 분위기의 차이는 연장자를 극진히 대접하는 김정일 위원장의 성향에 따른 것이란 분석이 유력했다. (2007. 10. 2 YTN TV)

물론, 북한의 수용소에 있었던 사람들은 간수들이 나이 많은 죄수를 존중하지 않는다는 증언도 많이 하고 있다. 북한이 연장자에 대한 예우를 중시한다는 것이 감옥을 포함한 모든 분야에서 이루어진다는 것은 아니다. 일반 주민들이 생활하고 있는 생활의 공간에서 대체로 지켜진다는 의미이다. 그리고 이것은 충효를 강조하는 전통 문화를 수령체제에 이용하는 북한 당국의 의도와 맞아떨어진 것으로 볼 수 있다.

22. 술 차표

북한은 남한보다 춥다. 그리고 주민들이 고된 노동을 몸으로 하기에 추위와 육체 피로를 잊기 위해 도수가 높은 술을 즐겨 마신다. 먹는 양도 상당하다. 북한 남자들은 모든 비즈니스를 술로 시작한다. 남자들은 일단 술을 한 잔 먹어야 뭔가 이야기가 된다. 그런데 유교적 전통이 남아 있어서 여자들은 잘 안 마시는 편이다. 재미있는 건, '히치하이커'에도 술이 단골로 사용된다. 교통이 상당히 불편하니까 자동차를 얻어 탈 경우가 많은데, 그럴 때는 길에서 술병을 들고 서 있으면 된다. 술병이 차표 대용이 되는 셈이다. 그래서 '술 차표'라는 말도 생겼다.

북한의 술 문화는 신분과 계급에 따라 술의 종류, 음주 파트너, 음주 장소, 음주 목적 등 상당한 차이가 있다. 하층 주민들은 술 음용 빈도가 잦고 주로 이웃 주민들이나 직장 동료들과 술자리를 갖는다. 술의 품질보다는 양을 우선하고 편하게 술자리를 즐기는 성향이 있다. 하층 주민들은 술 구매가 어렵기 때문에 주로 집에서 제조한 밀주나 장마당에서 구매한 술을 친구들이나 이웃들과 집이나 장마당 혹은 길모퉁이 등에서 마신다. 술을 마시다가 노래를 부르기도 하고 싸움도 빈번하게 벌어진다.

반대로 당 간부 등 고위층 계층들은 상대적으로 음주 빈도가 적고 신뢰할 수 있는 사람과 술자리를 가진다. 양보다는 술의 질을 우선하고 술자리 자체를 피하는 경향이 있는데, 이는 실수하면 잃을 것이 많아서 그런 것으로 보인다. 상류 계층들은 맥주나 양주 등을 집이나 유흥업소에서 마신다. 외화식당에서는 맥주 한 병에 제일 싼 것이 2달러 수준이다. 1달러에 쌀 2kg을 살 수 있는 북한에서 외화 사용 식당이나 평양시 중심가 유명식당에 가서 음식을 먹거나 맥주를 마시는 사람들은 외화벌이 계층이나 국가보위성을 비롯한 권력기관에서 근무하는 사람들이다.

북한의 주류는 식료품 공장이나 음료 및 주류공장에서 생산하며 당과 기관에서 생산부터 유통 단계까지 관리하고 있다. 공장에서 생산하는 술 대부분은 특정 기념일 배급용이나 수익 창출을 위한 외국인 관광객용으로 업소나 상점에서 제한적으로 판매하고 있다. 일반 주민들은 돈이 있다고 해서 술을 상점에서 무제한 구매할 수 있는 게 아니다. 술 구매는 개인당 제한이 있고 행사용 등으로만 한정된다.

북한에서도 남한과 유사하게 맥주·청주·과실주 등의 발효주와 소주와 위스키 등의 증류주 및 기타 주류까지 존재하고 있다. 고품질의 주류 배급은 당 간부 연회 및 행사용이 대부분이고, 주민을 대상으로 한 배급은 제한적이다. 주민들의 집에서 제조된 밀주가 장마당에서 은밀하게 유통되기도 한다. 술에 대한 인식은 도수가 높을수록 프리미엄이라는 이미지가 있어 접대나 선물용으로 위스키 등이 많이 사용된다.

맥주는 대동강맥주 등 유럽식의 고도 알코올 맥주를 선호하며 주로 평양의 고위 간부나 외국인 관광객용으로 소비된다. 북한의 맥주는 10여 종류가 있으며, 총 생산 규모는 연간 15만㎘로 추정된다.

북한의 맥주는 독일식 라거 맥주로 알코올 도수가 5.5%로 높은 편이다. 북한산 맥아와 호프를 사용하고, 추운 북쪽으로 올라갈수록 옥수수 함량이 높아진다. 맥주 공장 설비는 체코산을 주로 도입했다.

북한의 소주는 알코올 도수 25%의 고도 증류식이 대부분이다. 평양소주공장에서 생산하는 평양소주가 가장 유명하고, 원료로 옥수수와 쌀 및 기타 잡곡을 사용하기 때문에 맛이 거칠고 알코올 향이 강하다. 향을 부드럽게 하려고 벌꿀을 2% 사용한 것이 특징이다. 용량은 360㎖이며 알코올 도수 21%, 23% 및 25%의 세 가지 종류가 생산된다.

소주 제품은 식료공장에서 주로 생산되며, 특정 기념일 배급용으로 사용되는 경우가 많다. 소주는 주민 대다수가 선호하지만, 배급은 제한적이라 주민들이 직접 밀주를 제조해 소비한다.

이외에 지역 천연원료를 사용한 과실 특산주가 많다. 과실주는 들쭉술 등 지방의 특산품으로 만든 술로 주로 고위 간부 및 외국인 관광객용으로 사용된다. 2000년 남북정상회담 건배주로 사용된 들쭉술이나, 개성고려인삼술, 강계산머루술 등 여러 종류의 지역특산주가 존재한다. (월간중앙, 201902호)

평양의 번화가인 창광거리라든지 고려호텔 앞의 음식점 같은 데 가면 술을 한 컵씩 따라주는 식당이 있다. 그러나 식당에 가서 외식하기가 쉽지 않기 때문에 주민들은 집에서 많이 마신다. 직장에서 회식할 때도 음식점에 가서 하는 것이 아니라 종업원들이 각자 쌀, 돈, 술을 준비하고, 음식도 직접 해서 집에 모여서 한다.

과거에는 술집이 거의 없었는데 2000년대 들어서 생기기 시작했다. 술집이 생기기 전에는 주로 음식점에서 술을 마셨다. 술값은 비싼 편은 아니지만, 일반 노동자 월급으로 자주 마시기에는 벅찬 수준이다.

평양에는 북한에서 생산하는 술이 잘 전시되어 있지만, 지방에서는 상대적으로 일반 상점에서 술을 잘 팔지 않는다. 그러다 보니 술을 사려면 장마당에 나가야 한다. 그 외에는 명절날에 공급용으로 한두 병씩 당국에서 주는 술을 친지나 친구들끼리 모여서 같이 마시기도 한다.

장마당에 나오는 술은 전부 밀주이다. 북한에서는 밀주를 백성 민 자를 따서 '민주(民酒)'라고 한다. 농민들이 쌀로 만든 술이란 뜻으로 '농주'라고도 하고, 몰래 만들다 보니까 정상적인 술에 비해 알코올 도수가 떨어지고 물 냄새가 난다고 해서 '농탱이 술'이란 별명이 붙기도 한다. 또 동네에서 만들어 마시는 술이기 때문에 '동사무소 술'이라고도 한다.

민주는 주로 일반 주민들이 만든다. 집에서 가마뚜껑을 엎어놓고 그 위에다 얼음덩어리를 올려놓는 방식으로 만드는데, 어떤 집은 술 기계를 이용하기도 한다. 그런데 술 기계를 이용하다 당국에 적발되면 기계를 압수당한다. 그러나 주민들이 워낙 돈이 없으니까 적발이 되었다고 해도 따로 벌금은 없다.

민주는 양심적으로 만드는 사람은 도수가 한 20%로 만들고, 보통은 18% 정도이다. 보통은 물내가 상당히 나서 북한 사람들은 민주를 사다가 부뚜막에 놔뒀다가 따끈따끈하게 해서 마신다. 일반적으로 북한 주민들은 도수가 높은 술을 좋아한다. 하지만 알코올 함량이 40%나 50% 되는 술들은 비싸고 구하기도 힘들어 지위가 높은 사람들이 마실 수 있다. (김상수, 「북한 사람들에게 듣는 북한 이야기」, 참조)

북한에서도 폭탄주를 마신다. 다만 남한처럼 양주를 구하기가 쉽지 않아서 양주 대신 맥주에다 소주를 탄다. 술을 좋아하고 경제적으로 여유도 있는 주민 중에는 맥주통을 집에 갖다 놓고 마시는 일도 있다. 남한에서는 '원샷'을 자주 하는데, 북한에서는 비워진 만큼 붓는 첨잔을 자주 한다. 술 먹는 구호는 '쭉 냅시다', '쭉 다 내자'라는 말을 많이 쓰고 공식적으로는 '이 잔을 듭시다'라는 말을 사용한다. 일반적으로 상대방의 술잔에 술을 부어주는 행위는 하지 않는다.

북한에서도 음주 후 많은 사고가 발생한다. 술을 먹고 계속 실수하면 다른 지방으로 보내는 등 인사상 불이익을 주기도 한다. 하지만 무엇보다도 체제에 대한 비판이나 최고지도자에 대해 비판을 하면 정치범 수용소로 끌려가는 일도 있다. 남한에서 강사를 하는 탈북자도 러시아에서 보드카를 먹고 북한 체제를 비판한 것을 친구가 신고하여 남한으로 어쩔 수 없이 왔다고 말한다.

23. 사회주의적 생활양식

　2021년 2월 25일 자 노동신문은 '자기 자신과 가정, 후대들을 위하여' 제목의 기사에서 "우리 식 생활양식은 우리 민족의 고유한 미풍양속에 바탕을 두고 우리 인민의 투쟁과 생활 속에서 형성되고 공고화된 가장 건전한 생활양식이며 사회와 인간의 발전에 참답게 이바지하는 우월한 생활양식이다"라고 밝혔다. 여기서 '생활양식'이란 어떤 사회 또는 집단의 구성원이 자연환경과 사회적 환경에 적응하면서 생활해 나가는 특유한 행동 양식 및 사고방식이다. 북한은 사회주의 국가 건설 이후 지난 70여 년 동안 우리 민족 고유의 미풍양속을 바탕으로 한 북한만의 생활양식을 유지해 오고 있다.

　신문은 북한의 생활양식과 관련해 "고난과 시련이 겹쌓여도 비관과 동요를 모르고 혁명적으로, 전투적으로 살며 일하는 것, 온 나라가 하나의 대가정을 이루고 서로 돕고 이끌면서 화목하게 사는 것, 어렵고 힘든 속에서도 항상 정서적으로 건전하고 문명하게 사는 것 등은 모두 우리 인민 고유의 생활방식, 사회주의 생활양식이다"라고 구체적으로 설명했다.

　신문은 또 "반동적이며 이색적인 생활양식의 침습을 각성 있게 대하지 않고 그와의 투쟁을 강화하지 않으면 혁명의 전취물을 잃게 되는 것은 물론 매 사람들과 가정, 후대들의 운명에도 커다란 후과를 미치게 된다는 것이 세계 사회주의 운동사가 새겨주는 피의 교훈이다."라고 각인시켰다.

그러면서 북은 "전체 인민이 사회주의에 대한 신념, 자기의 것에 대한 사랑과 믿음을 굳게 간직하고 우리 식의 고상하고 문명한 새 생활을 창조하고 발전시키며 사회주의 생활양식에 어긋나는 현상들과의 대중적 투쟁을 강력히 전개하여야 한다."라고 주문했다.

그동안 북한은 모든 사람이 옷차림과 머리 단장, 언어생활을 비롯한 일상생활을 문화적으로 할 것을 요구해 왔다. 지금은 사망한 북한의 김정남이 한때 김정일의 후계자로 거론된 적이 있다. 하지만 그의 용모나 복장만 보더라도 그가 후계자가 아님을 알 수 있다. 북한 주민은 사회주의 생활양식으로 남자들은 수염을 항상 깨끗이 깎아야 하고 머리도 단정하게 해야 한다. 2004년 11월 16일 조선중앙방송을 통해 평양에서 방송된 '사회주의적 생활양식에 맞게 머리단장을 하자'는 텔레비전 프로그램도 있었다. 용모를 단정하게 하는 것이 북한의 생활양식인데, 후계자가 수염이 덥수룩하고 옷도 자본주의식으로 입고 다닐 수가 없다.

북한 길거리에서 남자가 반바지를 입고 다니는 모습을 보지는 못했을 것이다. 원래 여자도 작업할 때를 제외하고는 거리에서 치마를 입고 다녔다. 하지만 김정은 시대에 들어와서 길거리에 여자가 바지를 입고 다니는 것을 문제 삼지는 않는다고 한다. 그러나 복장은 단정해야 하는 것이 북한 주민의 상식이다.

김정은의 자녀가 언젠가는 후계자로 거론될 때가 있을 것이다. 그때 옷차림이 단정하지 못하고 머리나 수염을 손질하지 않는 자녀는 후계자로 보면 안 된다. 머리나 수염을 깔끔하게 깎고 옷차림이 단정한 상태에서 언론에 등장하는 사람이 후계자일 가능성이 크다. 특히, 김정은이 현지지도를 갈 때 북한에서 '쯔메리'라고 불리는 인민복을 착용하고 동행한 자녀가 후계자이다. 북한에서 최고지도자가 공식적인 행사가 아니라 인민들을 지도하러 나갈 때 정장을 입지는 않는다. 아마, 김정은이 김일성처럼 정장을 입고 나타난다면 그의 후계자는 김일성 시대의 김정일처럼 인민복을 입고 다닐 것이다. 그 때쯤이면 북한의 권력승계는 마무리되었다고 볼 수 있다.

24. 교통수단

    2018 남북정상회담 당시 김정은은 북한의 도로 사정이 열악하다고 직접 말하였다. 북한의 도로 총연장은 26,196km (2019년 기준)으로, 남한의 약 5분의 1 수준이다. 게다가 간선도로는 포장률이 20%가 채 되지 않은 것으로 알려졌다. 그리고 1급 도로부터 6급 도로까지 별도의 관리체계가 있다. 차량도 많이 낙후되었고 시외버스 터미널이 있기는 하지만 남한과 비교하면 그냥 공터에 허름한 건물 하나 세워 둔 수준이다.

    북한의 최초 고속도로는 평양-원산 간 고속도로로, 우리나라 최초의 고속도로인 경인고속도로보다 10년 늦은 1978년에 완공됐다. 당시, 총연장 196km, 4차선의 콘크리트 고속도로라고 한다. 이후 약 5개의 고속도로가 추가로 건설됐으며, 고속도로 대부분이 수도인 평양을 중심으로 건설되었다. 북한의 고속도로 총연장은 727km로 (2017년 기준), 남한의 약 7분의 1 수준이다. 하지만 보수가 안 되는데다가 남한과 달리 휴게소 찾기도 어려울뿐더러, 중앙분리대가 없는 구간도 많고 부실하다.

    항공사는 국가에서 운영하는 고려항공 하나밖에 없다. 해외 취항지도 중국의 베이징, 선양시, 러시아의 블라디보스토크가 전부이다.

한때는 태국 방콕, 말레이시아 콸라룸푸르, 싱가포르, 쿠웨이트 등지로 가는 노선도 있었으나, 이들 국가가 모두 대북 제재에 동참하면서 고려항공의 입항을 거부하는 바람에 단행되었다. 공항은 평양순안국제공항, 원산국제공항, 청진공항, 선덕비행장, 해주공항, 삼지연공항 등이 있다.

국제선은 해외로 나가는 외교관, 사업가, 노동자, 유학생들의 수요가 일정 수준 있고, 또한 해외에서 오는 관광객들도 있어서 생각보다 수요가 많지만, 제재가 걸려 있어 노선망 확충에 어려움을 겪고 있다. 순수 민간여행객이 국내선을 이용하는 경우가 거의 없으나 공적 임무를 수행하는 여객을 위하여 평양~함흥~청진 노선이 정기적으로 운행되는 것으로 알려져 있다. 그리고 기타 해외 여행객 및 물자수송 등을 위한 비정기 국내 항공노선이 운행되고 있다.

택시는 등장 시기가 1987년도로 몹시 늦은 편이지만 의외로 활발히 잘 돌아다니는 편인데, 주로 돈 있는 사람들의 전유물이라는 인식이 강하며, 일반 주민들은 가격대가 세기 때문에 잘 타고 다니지는 못한다. 그래도 2010년대 중반 이후로는 북한에 무역 및 건설로 돈 번 사람이 많아서인지 평양과 주요 도시에는 택시가 많이 돌아다니고 있으며, 일반 평양 시민들도 어느 정도 여유가 있으면 타곤 한다. 택시비가 비싸서 그만큼 수익이 많이 나며, 짐을 나르는 일도 종종 맡아서 부수입을 얻을 수 있기도 하고, 더운 날에는 시원하게, 추운 날에는 따뜻한 환경에서 일할 수 있기도 한데다, 무엇보다도 외국인 손님이 탑승하면 외화를 만질 수 있어서 북한에서 택시 기사는 인기 직종으로 손꼽힌다.

남한과 비교해서 가장 차이가 나는 것은 자전거가 주민들의 주요 교통편이라는 것이다. 지방에서는 자전거가 남한의 자동차 역할을 하고 있다. 필자가 금강산 관광을 갔을 때 당시 북한의 자전거에는 번호판이 부착되어 있었다. 자전거도 자동차처럼 기관에 등록된 물품이었다. 특이한 것은, 2017년 6월 평양의 광복거리 시내버스 정류장과 지하철역 주변에 공유자전거 보관소 50여 개가 설치되었다. 공유자전거는 '려명'이라는 자전거 카드를 발급받은 후 보관소에 있는 인식기에 카드를 인식시켜야 이용할 수 있다. 암호는 0-9까지 10개 숫자와 A-D까지 4개 영문 알파벳으로 구성되어 있다. 반납은 다른 보관소에서도 가능하고, 오전 6시부터 자정까지 연중무휴로 사용할 수 있다.

북한은 대북 제재로 인해 석유가 만성적으로 부족한 상태이고 휘발유값이 비싸서 자가용을 마음껏 끌고 다닐 수 있는 계층은 적다. 그래서 자동차는 돈주 또는 고위급 당원들이나 몰 수 있는 사치품이며 자가용 대부분은 국가기관의 소유이다. 운전면허도 최소 6개월 이상 운전수양성소를 나와야 받을 수 있다.

평양에서 음주운전을 하면 차를 빼앗긴다. 빼앗긴 차는 평양 보통강 구역에 있는 낙원다리 아래에 보낸다. 그런데 사고를 치지 않으면 운전한 사람은 별다른 형사적 처벌을 받지 않고, 당적 경고, 사상투쟁회의에 올라가는 등 행정적 처벌을 받는다. 하지만 사고를 내면 면허취소, 지방 추방, 감옥에도 간다. 특히 최고지도자의 안위와 관련된 사건을 일으키면 엄중한 처벌을 받는다. 반면에 지방에서는 음주 단속을 거의 하지 않는다고 알려져 있다.

북한의 지하철은 평양에만 있다. 평양 지하철은 평양주민의 주요 대중교통수단이자 그 내부 시설이 웅장해서 "지하궁전"이라 불린다. 한국전쟁 시기에 행해진 미군의 폭격으로 평균 깊이가 지하 100m일 정도로 깊고 역에는 에스컬레이터가 설치되어 있다. 총 3호선(혁신선, 천리마선, 만경대선)이며 혁신선과 천리마선 노선이 동서남북으로 연결되어 있는데, 만경대선은 천리마선의 연장구간이며 모두 열일곱 개의 역이 있다. 총길이가 34km로 남한 지하철 길이의 1/10 정도에 지나지 않는다.

일제시대부터 평양에는 전차가 운행되었으나, 휴전 후 평양시 복구작업과 함께 종전의 전차 노선을 전부 제거했다. 그리고 1961년 북한은 무궤도전차 설치계획에 따라 평양 화물자동차 수리 공장에서 무궤도전차선 가설을 추진했다. 현재 평양에만 평양-공업농업전람관 구간을 비롯해 평양역-연못동, 평양역-서평양역, 황금벌-송신역, 평양제1백화점-사동구역, 문수거리-낙랑구역, 모란봉-광복거리, 연못동-평성, 팔골동-대동강역 등 10여 개 노선의 무궤도전차가 운행되고 있다. 평양 이외에도 청진, 원산, 함흥 등 주요 도시에도 무궤도전차가 운행되고 있다. 그런데 평양에는 궤도전차도 운행되고 있다. 궤도전차는 기차처럼 레일 위를 달리는 것으로 1990년대에 평양 시내에 2개 노선을 건설하여 운행 중이다.

북한 주민이 자기가 사는 지역을 벗어나 다른 지방에 갈 때는 대개 기차를 이용한다. 숨을 쉴 틈 없이 타고도 모자라 지붕에까지 매달려 가기도 하는데, 배차 시간을 잘 지키지 않아 그렇게 신뢰할 수 있는 교통수단은 아니라고 한다. 최근 북한에는 석유 부족으로 목탄차까지 등장하고 있는데, 농촌이나 지방에서는 이를 대중교통수단으로도 많이 이용하고 있다고 한다.

북한수송체계의 특징은 철도를 근간으로 하고, 도로와 해운, 항공은 이의 보조적 수단으로 국한되고 있다. 북한의 부문별 수송 분담률을 보면 철도가 전체 화물수송의 90%, 도로는 7%, 해운은 3% 등 철도의 비중이 압도적이며, 여객 수송도 철도 62%, 도로 37%를 차지하고 있으며 해운 수송은 1% 미만에 불과하다. 북한 철도의 용도는 여객 수송보다는 공업용 원자재와 농수산물을 수송하는 산업철도의 역할에 치중하고 있음을 알 수 있다.

북한 국내로는 서부 철도망인 경의선(개성-신의주), 동부철도망인 평라선(평양-나진), 평양 중심 철도망인 평의선(평양-신의주), 평원선(평양-원산), 평양-혜산, 평양 -난포, 평양-만포, 평양-사리원-평산, 평양-나진/무산 등이 있다. 외국과 연결된 철도망은 중국과 6개 노선, 러시아와 1개 노선이 있다.

IV. 문예

1. 홀로서기가 불가능한 문예

    북한에서 문예라는 용어는 '문화예술'의 준말이 아니라 '문학예술'의 준말이다. 문학을 다른 장르의 앞에 내세우는 것은 문학이 다른 예술의 서사를 창조하기 때문이다. 문학은 모든 장르의 기본이 되는 이야기를 창조해 낸다는 점에서 모든 예술의 기본으로 인식된다. 북한의 문학예술은 사회주의적 사실주의를 기본적으로 바탕으로 하고 있기에 모든 예술은 반드시 당대 사회현실을 토대로 한 구체적이고 세부적인 사건이 있어야 한다. 그리고 그 사건 속에서 주인공은 사상성을 깨닫고 사상적으로 성숙한 인간으로 발전해야 한다.

    북한의 문학과 예술의 종류는 꽹장히 범위가 넓다. 영화, 드라마, 음악, 미술, 무용, 교예, 문학, 연극, 가극 등등 많은 분야가 있고 그 세부적인 영역은 이루 헤아릴 수 없다. 그런데 사회 특성상 개인적이고 개별적인 갈등과 고민보다는 집권자의 통치 수단 또는 공산주의적 혁명과 건설을 다그치기 위한 수단의 역할을 한다. 그래서 문예의 소재도 함부로 선택할 수 없다.

    북한의 문학예술이 하는 역할은 온 사회를 유일사상화 하는 데 이바지하는 것이다. 북한에서 문학예술은 수령 중심론을 핵심적 종자로 두고 전형적인 인간형을 창출하여 인민들에게 직간접적인 영향력을 행사하고 있다. 정치사회화를 위한 이념화의 핵심은 사회정치적 생명이 수령으로부터 이루어지고 수령의 혁명사상에 의해 이끌어 간다는 수령 중심론이다. 수령 중심론은 유기적으로 연결된 정치사회화 방법과 매체 등을 통하여 반복적으로 그리고 전 생애적으로 이루어지고 있다. 권위주의적 가치체계가 가정을 비롯한 북한 사회전체를 운영하는 기본 틀이 되었으며, 이 과정에서 강조되는 권위에 대한 복종은 초 정치적 존재로서 수령에 대한 복종심을 개인 내부에 구조화하는 하나의 틀이 되고 있다. 문학예술은 사회주의제도가 승리한 상황에서 가장 힘 있는 군중 교양 방법인 '사람들을 긍정적 모범으로 감화'시키는 수단이다. (전영선, 「북한의 문학과 예술」 제1부 참조)

북한은 1960년대 초 한설야 숙청 이후 작가 동맹을 완전히 행정지도 기관으로 변모시켜 개별적인 작가에 이르기까지 작가 동맹을 통해 당 선전선동부에서 장악하고 지도·통제·감독하는 체제를 만들어 놓았다. 이는 1960년대부터 시작된 김일성 유일지배체제 구축을 위해 작가들의 사상 무장을 강화하고, 이들을 보다 효율적이고 체계적으로 통제할 목적에서 비롯됐다. 이러한 배경 속에서 작가들의 창작활동을 노동당이 요구하는 방향(김일성 유일지배체제 강화)과 일치하도록 지도·통제·감독하는 「대작창작지도그루빠」를 조직하게 되었다.

이 조직의 사업은 주로 장편소설 창작에 대한 지도였는데, 작가로부터 주제와 줄거리를 서면으로 접수하고 창작 여부를 결정하며 창작 가능한 내용을 제출한 작가를 개별적으로 불러 이 조직의 집체적 의견을 제시한다. 지도 대상으로 선정된 작품에 대해서는 구상·구성·초고 집필 등에서부터 구체적으로 지도·검토해 수정안을 제시하며 그 수정과정을 감독하는데, 수정해도 시원치 않은 작품은 지도 대상에서 제외한다. 특히 초고 집필 후의 수정은 5~7회나 거듭되어 무서운 정신적 고통을 강요당하며 이 과정에서 작가의 스타일과 개성은 철저히 무시되고 당의 문예 정책에 입각한 작품으로 획일화된다. 이 조직을 모태로 김일성 관련 문예물(수령형상작품)을 전문적으로 창작하는 창작단이 탄생했는데, 「4・15문학창작단」(문학작품), 「백두산창작단」(영화작품, 예술영화촬영소 산하 조직) 등이 그것들이다.

북한에서 문학예술이란 유일사상체계의 형성을 위한 도구인 셈이다. 문학과 예술이 그 자체로 별도의 장르로 구분되어서 자유로운 소재를 사용할 수 있는 남한과 많은 차이를 보인다. 김정일은 예술 및 문예를 선전, 선동의 차원에서 이용해 왔다. 그래서 북한의 예술가들은 기본적으로 주체사상에 무장되어 있지 않고는 창작활동에 전념할 수 없다.

북한의 예술가들이 창작하는 모습이 남한의 예술가들과 비슷할지라도 머릿속까지는 비슷하지 않다. 얽매임을 싫어하고 자유로움을 추구하는 남한의 예술가들과는 달리 북한의 예술가들은 유일사상을 확립하기 위한 전사들로 살아가고 있다.

2. 문예이론

(1) 주체문예이론

1975년에 발간한 「주체사상에 기초한 문예이론」에 의하면 주체문예이론이란 "혁명과 건설에 나서는 모든 문제를 자기 인민의 이익과 자기 나라의 실정에 맞게 자체의 힘으로 풀어나갈 데 대한 주체사상의 요구를 구현하여 자기 나라 인민과 자기 나라 혁명을 위하여 복무하는 인민적이며 혁명적인 문학예술을 발전시켜 나갈 방향과 방도"이다. 즉 문학예술의 창조와 수용과정에서 주체사상의 요구를 일관되게 따르는 이론으로, 주체사상에 기초한 문예이론이라고도 한다. 주체문예이론은 단순히 문예이론 차원을 넘어 이념 또는 실천의 영역까지 철저하게 규정하고 있다. 주체문예이론이 다루는 것은 문학예술의 일반이 아니라 주체적인 사회주의 문학예술을 대상으로 하고 있어 대상 자체가 한정되어 있다. 따라서 북한의 문예 창작에서는 다음의 세 가지 현상이 나타났다.

첫째, 모든 문예 작품과 이론에 수령과 그 후계자의 주장이나 모습을 어떤 형태로든지 다루지 않으면 안 된다. 그러므로 창작의 많은 부분이 수령에 대한 칭송과 예찬을 위해 바쳐진다. 둘째, 수령의 절대화·우상화에 따라 수령의 가계도 신성한 차원에서 묘사되지 않으면 안 된다. 셋째, 수령에 철저히 귀의, 순응, 복종, 실천하는 인간상의 구현이다. 곧, 모든 인간과 사회현상은 수령과 그 후계자의 의지대로 이루어져야 한다.

또한, 주체의 문예이론은 당성, 계급성, 인민성 이 세 가지 요건이 반드시 충족되어야 한다. 이는 김일성의 혁명사상을 토대로 주체사상의 관철을 위해 투쟁해야 하고 혁명 투쟁의 관점에서 노동계급의 이해관계를 철저하게 반영하며 인민대중의 사상 감정에 맞게 혁명사상으로 무장시켜야 함을 의미한다. (한중모·정성무, 「주체의 문예리론의 기본」 p.130) 여기서 당성은 조선노동당의 이념을 작품에 구현해야 한다는 것이고, 노동 계급성은 노동자계급의 이해를 작품에 대변해야 한다는 것이며, 인민성은 작품들이 북한 주민들에게 호응받아야 한다는 것이다.

주체문예이론은 민족적인 정서와 감정을 중시하는 문학예술의 형식을 추구한다. 그러므로 예술적 형상성을 높이기 위해서는 민족적인 문예형식을 현대적인 느낌으로 완성하는 것이 필요하다. 그러나 주체문예이론은 이러한 예술성만을 중요시하지 않고 노동계급의 혁명사상을 구현하고 사회주의적 이념을 뚜렷하게 표현해야만 그 의미가 있음을 주장한다. 즉 민족적인 형식을 바탕으로 삼고 거기에 사회주의적 내용을 지녀야 한다.

(2) 종자론

종자론은 1973년 4월 김정일의 영화예술론에서 제시된 이론으로 "사업에서 근본을 이루는 핵을 틀어쥐고 근원적 문제부터 혁명적으로 풀어나간다면 사업 전반에서 변혁을 성공적으로 이룩할 수 있다."라는 이른바 종자 중시 사상을 말한다. 여기서 종자란 작품의 사상·예술적 핵으로서 작가가 말하려고 하는 기본문제이자 북한 사회가 공동의 이념과 가치로 규정하는 모든 가치체계이다. 또한 종자란 작품 속에 담겨 있는 가장 핵심적인 미적 요소이자 사상적 요소라고 할 수 있는데, 이 두 가지 요소 가운데 사상성의 문제가 더 중요하게 취급된다. 그래서 "종자의 선택에 있어 가장 중요한 것은 수령님의 교시와 그 구현인 당 정책의 요구에 맞는 것"이라고 못 박고 있어, 종자론이 바로 '김일성주의'의 실천이론의 하나임을 밝히고 있다.

주체문예이론이 미학원리라면 종자론은 예술창작에 임하는 실천강령이다. 좋은 종자를 고르려면 "사물 현상을 정확히 볼 수 있는 높은 정치적 안목"을 가져야 한다고 지적한다. 종자론이 등장한 시기는 북한에서 유일사상체계가 세워지면서 주체사상의 이론적·실천적 틀이 잡혀가고, 김정일이 후계자로서 입지를 강화하는 시기였다. 이런 의미에서 문화예술 부문에서 종자를 잘 심어야 한다는 것은 북한 사회의 이념과 가치체계, 즉 수령과 그 후계자를 중심으로 사회주의 사상이 전일적으로 관철되어야 함을 의미한 것이다.

한편 종자론은 원래 문학예술 부문에서 시작되었으나, 지난 2000년부터 통치 이론적 차원에서 새로운 지위를 부여받았다. 다시 말해 개혁·개방을 추구하면서부터 농업·경제·과학 등 모든 부문에서 확산 적용되기 시작하였다. 「종자론을 튼튼히 틀어쥐고 나가자」(노동신문, 2001.3.4)를 보면, 종자론을 '김정일의 사상이론'이라고 정의함으로써 김정일 시대의 통치 이론적 지위를 부여하였다. 사회주의 혁명과 강성대국을 건설하기 위해서는 근본적인 변혁이 이뤄져야 하는데, 그 핵심은 종자론에 근거해야 한다는 것이다. 이는 종자론에 예술적 형상의 비결, 종자 혁명의 방도, 대중을 조직·동원하는 영도예술, 군사적 지략도 있음을 의미한다.

(3) 군중예술론

군중예술론은 예술의 본질이 독창적이고 창조적인 개인에 의해서가 아니라 집단에 의해서 창조되고 향유되는 것을 말한다. 이는 곧 창작의 주체가 개인보다는 군중이나 집단임을 의미하며, 한편으로는 대중의 참여를 고무하는 이론이다. 군중예술론은 문예 창작이 타고나거나 선천적인 것과 같은 재능의 문제가 아닌 사회적 실천의 산물이라고 주장한다. 또한, 창작은 신비한 것도 아니며 단지 혁명적 세계관으로 튼튼히 무장하기만 하면 된다고 주장한다.

군중예술론은 문학예술에서 전문가 중심주의는 금지·파괴되어야 하고, 군중적으로 발전해야만 하며, 선천적인 재능이 필요한 신비주의의 소산이 아니라 중학교(우리의 중·고등학교)만 나오면 누구나 가능한 작업임을 강조하고 있다. 하지만 이는 결과적으로 북한의 문학예술 수준을 하향 평준화시키는 데 큰 역할을 하였다.

(4) 주체사실주의

원래 해방 이후 북한의 창작 방법은 사회주의적 사실주의이다. 사회주의적 사실주의는 1930년대 소련의 스탈린 정부에 의해 주도된 예술 경향으로 북한에서 창작원칙으로 인정되고 있다. 내용상으로는 사회주의를 표현기법으로는 사실주의를 채택한 것이다. 북한에서 사회주의적 사실주의 창작방식을 유일한 창작방식으로 인정하는 것은 사회주의적 사실주의 발생과 발전이 산업사회와 연관되기 때문이다.

산업사회가 시작되면서 노동계급이 발생하였고, 산업사회의 모순을 통한 계급 갈등이 축적되고 마침내 계급투쟁을 통하여 사회주의가 완성된다는 것이 역사발전의 합법칙적 과정이기 때문에 그 역사발전의 연장선에 있는 주체 시대에 사는 삶의 모습을 그리는 창작방식으로는 사회주의적 사실주의가 당연하게 받아들여지는 것이다.

사회주의적 사실주의의 특징은 첫째, 전형성이다. 현실을 단지 사실적으로 그려 보여주는 것이 아니라 도래할 사회주의사회의 당위성을 제시한다. 둘째, 당파성이다. 당이 채택한 노선이나 정책에 절대적으로 순응하여 그것을 작품으로 형상화한다. 셋째, 대중성이다. 내용 면에 있어서 프롤레타리아 계층을 작품의 중요한 소재로 취급한다. 넷째, 이상성이다. 사회주의적 이데올로기를 강조하는 태도로 예술을 통해서 사회주의의 이상을 제시한다.

북한의 사회주의적 사실주의에서는 민족 문제가 중요하게 다뤄지는데, 민족적 형식에 사회주의 내용을 담는 것을 의미한다. 다만 북한 사회에서 '주체'가 강조되면서 민족적 형식이란 일제강점기 김일성에 의해 지도·창작된 문예 형식이며, 사회주의적 내용은 김일성의 혁명사상으로 변화하게 됐다. 결국, 사회주의적 사실주의가 '주체사실주의'로 대체되었다. 주체사실주의는 사회주의적 사실주의 창작방식을 따르되 현시대가 주체 시대인 만큼 모든 문제를 주체의 틀 안에서 고민하고 해결하는 인간형을 그려야 한다는 것이다.

주체사실주의는 사람을 중심으로 하여 현실을 보고 그리며, 인민대중을 중심으로 하여 사회와 역사를 보고 그리는 창작방법이다. 사람이 모든 것의 주인이며 모든 것을 결정한다는 주체의 철학적 원리에 기초함으로써 사람을 세계의 지배자, 개조자로 내세우고 세계의 모든 변화발전과정을 사람을 중심으로 하여 그리며 사람의 존엄성과 가치를 형상할 수 있게 한다는 것이다. 이는 주체의 문예관에서 보듯이 주체사상의 기본명제를 그대로 창작방법에 대응시킨 것이다. 북한은 주체사실주의를 이전까지의 사회주의 리얼리즘과 질적으로 구별되는 새로운 창작방법으로 '우리식의 사실주의'로 선전한다.

3. 비극은 없다

　북한은 김일성의 항일무장투쟁을 문학작품의 소재로 많이 활용했다. 대표적인 것이 「불멸의 력사」 시리즈이다. 70년대 초부터 발표된 이 시리즈는 총 15권으로 첫 번째 작품은 「1932년」(72년, 권정웅)이고, 주요 작품으로는 「혁명의 려명」(73년, 천세봉) 「대지는 푸르다」(81년, 석윤기) 「준엄한 전구」(81년, 김병훈) 「백두산 기슭」(81년, 최학수) 「닻은 올랐다」(82년, 김정) 「은하수」(82년, 천세봉) 등이 꼽히고 있다.

　항일혁명문학의 혁명적 전통을 계승·발전시키는 것을 가장 중요한 과제로 내세우는 북한의 문학은 늘 '승리'를 서술해야 한다. 김일성의 과거도 늘 승리의 역사였으며, 앞으로 이루어질 조국 통일의 과업도 반드시 승리해야 한다. 기타 문학작품도 혁명 과업을 반드시 완수한다는 포맷으로 그려져야 했다.

　그러나 이러한 혁명성과 사상성의 강조, 문학예술의 선전·선동 기능을 강조하는 특징으로 인해 구성과 인물 성격의 형상화에서 고정된 틀을 되풀이하는 결과를 가져왔다. 혁명적 영웅이 주인공으로 등장하고 노동계급에 적대적인 인물형상화가 천편일률적이며 선악의 도식적 대립, 김일성과 주체사상에 대한 무조건적 찬양, 행복한

결말 등이 도식성의 예라 하겠다.

혁명을 소재로 하는 문예뿐만 아니라 일상적인 생활을 담는 문예도 고대 소설의 특징인 권선징악(勸善懲惡)적인 요소가 많다. 착한 사람은 잘 되고 나쁜 짓을 하는 사람은 벌을 받는다는 단순한 스토리가 많다. 그리고 대부분의 북한 문예에서는 선정적인 장면은 잘 등장하지 않고 소재도 혁명성에 기초하여 단순한 편이다. 그리고 결말은 좋은 쪽으로 난다.

남한의 문학작품이나 대중매체에서는 삶의 어두운 부분, 비극적인 결말, 판타지 등등이 많이 나온다. 그러나 북한에서는 문예가 선전·선동의 중요한 매체로 인식된다. 어떤 사람의 긍정적인 모범을 일반 사람들에게 교화시키는 형태로 문학이나 예술이 표현되기 때문에 긍정적이지 못한 모습을 보여주지 않으려고 한다.

북한 주민들은 사는 것이 힘들더라도 문예는 밝은 모습을 보여주어야 한다고 생각한다. 비록 오늘이 힘들더라도 더 나은 내일을 위해 노력하는 모습을 당연히 그려야 한다고 느낀다. 과거 우리의 대한뉴스나 국정홍보영상에 익숙한 사람들이라 생각하면 된다. 그래서 지금 남한에서 방영되는 영화는 북한 주민들에게 작지 않은 충격을 줄 것이다. 감추어야 할 일들이 여과 없이 등장하는 남한의 영상물이나 사람들의 호기심을 자극하기 위한 선정적인 제목이 난무하는 신문을 보고 북한 사람들은 무엇을 느낄까? '재미'의 측면에서는 만족할지 몰라도 과연 남한 사회를 바람직한 사회로 바라볼 수 있을까?

적어도 언론 보도만 보면 북한은 인민의 천국이요 남한은 인민의 지옥일 것이다. 각종 사건 사고가 매일 쏟아지고 비도덕적인 일들이 버젓이 자행되는 남한은 사람 살 곳이 아니다. 북한은 늘 수령님의 은덕에 감사하는 장면만 나오니 인민들의 낙원이 당연하다. 하지만 드러나는 모습만 가지고 판단할 수 없음은 굳이 긴 설명을 요구하지 않을 것이다.

4. 웅장함과 가벼움

　북한의 문학예술은 인민들이 쉽게 이해할 수 있고 그들의 감성에 맞는 인민성에 근거하여 인민대중의 참여를 강조하고 있다. 따라서 북한 주민들에게 어렵게 느껴지는 작품은 만들어지지 않는다. 그래서 북한의 미술작품에는 주제가 난해한 추상화는 없다. 누구나 그림을 주제를 쉽게 이해할 수 있는 정물화가 대다수이며, 조선화도 과거 양반들이 누렸던 어려운 주제를 그리지 않는다.

　그리고 북한의 소설도 난해한 기법을 쓰지 않는다. 중학교 학생들도 이해할 수 있는 수준으로 창작된다. 김일성도 "글 쓰는 것을 신비화하는 것은 옳지 않습니다. 중학교만 나오면 누구나 다 자기가 느끼고 생각하는 것을 쓸 수 있습니다."라고 지적하여 글 제일주의를 배격했다.

　북한의 노래들도 그리 어렵지 않게 따라 부를 수 있도록 만들어진다. 특히 보천보전자악단의 등장 이후 이들이 부른 노래는 북한 주민들에게도 신선한 충격으로 와닿을 정도로 대중성을 확보했다. 과거의 북한 노래와는 다르게 정치색이 거의 없이 흥겨운 리듬을 간직해서 대중들의 폭발적인 호응을 얻었다. '휘파람', '반갑습니다', '내 나라 제일로 좋아' 등등의 노래는 남한에서도 많이 알려진 노래이다.

전체적으로 북한의 문예는 평범한 북한 주민들에게 어렵게 다가가지 않는다. 노동자, 농민이 쉽게 접하고 따라 배울 수 있는 것들이 대부분이다. 북한 문예의 이러한 흐름에 대해 문학과 예술을 하향평준화 시켰다는 비판을 하는 사람도 있지만, 인민대중과 괴리되지 않는 문예를 창작했다는 긍정적인 면도 있다.

하지만 이러한 흐름은 수령이나 북한 체제를 그릴 때는 정반대의 흐름을 갖는다. 북한 체제를 상징하는 모든 작품, 그리고 김일성, 김정일, 김정은을 소재로 삼는 작품은 크고 웅장하게 만든다. 문학작품에서도 김일성이나 김정일을 드러내는 단어는 굵게 써야 하며, 그들의 교시는 다른 글들과 구분돼야 한다.

북한의 문예정책은 1967년을 기점으로 해서 큰 변화를 가져왔다. 북한에서 주체사상이 확립되면서 문예이론 또한 김정일에 의해 주체적인 것과 혁명적 투쟁의식을 중시한 '수령형상문학'과 '항일혁명문학'으로 정립되었기 때문이다. 특히 김정일이 후계자로 등장한 이후 김정일의 직접적인 지휘 아래 수령형상문학을 중심으로 수령형상 작품이 대대적으로 창작됐다.

수령형상문학은 '수령형상창조이론'에 근거하여 그려지는데, 수령의 위대성을 높은 예술적 경지에서 그려내는 것이다. 수령형상창조이론은 수령의 혁명역사와 공산주의적 풍모를 예술적으로 형상화하는 이론을 의미한다. 이것은 나중 1980년대에 가면 기존의 수령형상문학이 혁명가의 전형 수준에서 여러 혁명가 중 한 사람에 불과하도록 그려진 것에 대한 비판이 제기되어, 수령의 형상화는 공산주의 인간학의 최고 전범으로서 인물 묘사 중 가장 높은 지위를 가져야 한다는 점이 강조되었다.

수령형상 창조의 기본적인 원칙은 첫째, '수령의 위대성'을 형상화

둘째, '수령·당·대중의 3위 일체'에서 수령의 형상화(사회정치적 생명체의 중심으로서 수령의 형상화), 셋째, 수령의 혁명역사와 업적의 형상화, 넷째, 수령 후계자의 위대성을 형상화(수령에 대한 절대적 충실성, 지도자로서 풍모와 업적을 형상화)하는 것이다.

수령형상화의 모든 원칙은 주체로부터 출발하여 주체로 귀결되며, 수령 외의 인물형상화 역시 수령형상화를 위한 인물, 즉 주체시대 공산주의적 인간으로서 당과 수령에 대한 충성을 다하며 이를 온몸으로 실천하는 인간으로 형상되어야 한다는 것이다.

백두산창작단은 초기에는 '피바다' 같은 김일성이 만들었다는 항일작품들을 영화로 각색하는 데 중점을 두었다면, 1980년대 들어서는 '조선의 별'처럼 김일성의 항일무장투쟁을 소재로 영화를 제작했다. 수령형상작품으로 김일성과 그 가계를 형상한 작품은 수도 없이 많다. 김일성을 절대적인 존재로 묘사한 대표적 예술영화로 '조선의 별'(1-10부)과 '백두산', 김정일의 생모인 김정숙을 주인공으로 김일성이 등장한 '사령부를 찾아가는 길에서', 김일성의 동생을 주인공으로 한 '누리에 붙는 불' 등을 꼽을 수 있다. 소설로는 김일성을 주인공으로 그의 항일투쟁을 그린 시리즈 '불멸의 역사', 김일성의 어린 시절을 그린 '배움의 천리길', 김정일을 주인공으로 내세운 장편 시리즈 '불멸의 향도' 등을 꼽을 수 있다.

김정일은 후계체제 구축 과정에서 김일성의 항일투쟁을 미화한 문예작품을 대대적으로 만들어냈다. 김정일은 후계자로 내정된 이후에도 혁명가극 창작 전반을 지휘했다. 특히 북한의 혁명가극 중에서 가장 작품 완성도가 뛰어나다는 '피바다', '꽃파는 처녀', '당의 참된 딸', '밀림아 이야기하라', '강산의 노래'등 5대 혁명가극은 김정일이 직접 현지에서 가극 창작 전반을 감독했다. 김정일의 예술적 취향과

정치적 야심이 만들어낸 결과물인 셈이다.

1990년대 이후에는 추모문학, 단군문학, 태양민족문학, 그리고 선군혁명문학 등 4개의 새로운 문학개념이 나타났다.

추모문학은 문자 그대로 김일성의 사망을 추모하는 문학으로서 김만영의 서사시 '위대한 수령님은 언제나 우리와 함께 계시네'가 여기에 속한다. 단군문학은 90년대 '조선민족'의 우수성과 민족 정통성을 강화하는 차원에서 단군릉을 발굴·복원하는 가운데 나온 것이다. 태양민족문학은 1995년 김정일을 '주체의 태양'으로 묘사하면서 나타난 신개념의 문학으로 "백두산 3대 장군(김일성, 김정일, 김정숙)의 위인상을 최상의 사상·예술적 경지에서 형상화한" 문학이다. 그리고 2000년에는 선군혁명문학이라는 개념도 등장했다. 이는 특정한 문학작품을 일컫기보다는 수령형상 문학을 잇는 개념으로써, 김정일의 선군혁명업적을 문학작품에 반영하려는 것이다. 이에 따라 '선군정치'를 미화시키기 위해 전우애를 강조하거나 강성대국 건설을 군이 선도해야 한다는 내용을 표출하는 작품이 눈에 띄고 있다.

북한의 문예는 웅장함과 가벼움을 동시에 포함하고 있다. 오락 시간에 흥겹게 부를 수 있는 노래도 있고 공훈국가합창단이 엄숙하게 부르는 '동지애의 노래'도 있다. 인민대중이 쉽게 이해할 수 있는 조그마한 포스터도 있고 엄청난 위압감을 주는 거대한 김일성의 동상도 있다. 외부 사람들은 이것을 혼동하면 안 된다. 가벼울 때는 가벼워도 되지만 웅장함 앞에서는 엄숙해야 한다. 김일성의 동상을 누워서 찍었다고 내일 아침 떠나라고 협박하는 북한의 가이드가 이해되지 않는다고 불평하기 전에 북한의 문화를 알아야 한다. 수령을 형상화하는 웅장한 문예 앞에서는 반드시 엄숙해야 하며 가벼운 행동을 하면 절대 안 된다.

5. 피바다

　'피바다' 하면 과거 반공교육이 한창일 때 한 번쯤은 들어본 단어 이다. 내용은 모르지만, 북한에서 공연하는 가극이라고 그 시절 사 람들이 어렴풋이 기억하고 있다. 피바다는 북한의 5대 혁명가극(꽃 파는 처녀·피바다·당의 참된 딸·금강산의 노래·밀림아 이야기 하라) 가운데 하나이다. 원래의 제목은 김일성이 1936년 8월 만주 만강 마을에서 만들었다는 '혈해(血海)'라고 알려져 있다. 1971년에 피바다가극단(1946년 창립)이 첫 무대에 올렸으며 7장으로 구성되 었다.

　북한에서는 피바다를 김일성의 주체적인 문예사상을 온전히 나타 낸 북한 최고의 혁명가극이라 한다. 피바다는 1969년에 최익규 감독 이 조선예술영화촬영소에서 영화로도 제작하였고, 1972년에 4·15 문학창작단에 의해 2부작 장편소설도 나왔다.

　줄거리는 북간도지방에서 일제강점기 때 일제와 지주에 반대하며 투쟁하다가 결국 일본군에게 잔혹하게 학살당한 윤섭의 아내가 자 식들을 항일혁명 투사로 훌륭히 키우고 자신도 또한 항일 투사가 된 다는 내용이다. 단조로운 곡조를 계속 반복하는 절가(絶歌)와 주인 공의 정신세계나 극적 정황, 극 진행을 무대 밖에서 설명·보충하는 절가 형식의 노래인 방창(傍唱)이 많이 사용된다.

북한식 오페라라 할 수 있는 가극은 북한에서 생활을 문학, 무용, 음악, 미술을 적극적으로 반영하는 종합예술로 특별히 중시되고 있다. 북한은 혁명가극을 종래의 가극의 낡은 탈을 부수고 새로운 가극 창작원칙과 방식이 구현된 북한식의 '주체 가극 예술'로 정의한다. (전영선, 「북한의 문학과 예술」, 서울:연락, 2004 참조) 북한은 혁명가극을 만들기 위해 기존 가극의 취약점을 철저히 파악하고 새로운 형식과 내용을 통해 주민들에게 더 선동적이고 감성적으로 접근하는 방법을 모색한다. 이러한 가극 혁명의 원칙에서 가장 중요한 방침은 주체를 철저히 세우는 것이었다.

북한의 혁명가극은 시작에서부터 주체사상과 밀접히 연결되어 있었다. 가극 혁명은 주체사상의 등장 시기에 본격적으로 시작되어 1970년대 김정일의 주도로 주체사상의 영향력을 북한의 예술계 및 사회 전반에 극대화하기 위한 작업의 일환이었다. 그리고 가극 혁명에서 제시된 기본 방향의 하나는 주어진 내용, 즉 사상성을 예술성과 올바로 결합하는 것이다. 가극은 음악, 무용, 연극, 미술의 다양한 장르의 특성을 통해 효과적으로 전개할 수 있다는 장점이 있어 감정적 자극을 높일 수 있는 방향으로 가극 혁명을 진행하였다는 점을 시사한다.

북한 주민들은 어릴 적부터 혁명가극을 보면서 수령에 대한 존경심과 체제에 대한 자부심을 교육받고 있다. 이론적 측면으로만 수령에 대한 존경심을 배우는 것이 아니라 영화, 음악, 문학, 무용 등등 문예 전반을 통해 수령을 따르도록 배우고 있다. 그러니 북한 주민들이 단지 머리로만 북한 체제를 찬양하고 있다고 생각하면 오산이다. 민경부대에서 훈련을 받고 비무장지대에 막 배치받은 군인이 대북방송에서 김정일의 존칭어도 붙이지 않고 비방하는 소리가 나서 본능적으로 국군 초소를 향해 총을 쏘았다는 일화는(주성일, 「DMZ의 봄』, 서울:시대정신, 2004 참조) 북한 주민들이 어느 정도까지 수령에 대한 충실성을 교육받고 있는지 잘 말해주고 있다.

6. 내면의 목소리

1970년대 수령론의 본격적인 전개와 더불어 북한의 소설들은 소재에 있어 제한을 많이 받아왔다. 사회주의 혁명과 김일성이 한 항일무장투쟁의 틀에서 벗어날 수 없는 한계 때문에 '재미'와는 거리가 먼 작품들이 많았다. 하지만 1980년대 이후에는 당대 현실을 사실적으로 그린 작품이 많이 나왔다. '사회주의 현실'을 소재로 한 사실주의 작품은 이전처럼 영웅적인 인물의 형상화라는 창작지침에서 벗어나 일상생활 속에서 평범하고 진실한 인물을 그려내자는 '숨은 영웅 찾기'에 주력한다. 이를 긍정적으로 해석하면 개성과 철학적 심도를 지닌 '사상예술성'의 강화가 창작에 적극적으로 반영되었다고 볼 수 있다. 이 시기 대표작으로 남대현의 「청춘송가」(1987), 림종상의 「쇠찌르레기」(1990), 백남룡의 「벗」(1987)」, 박찬은의 「해빛」(1985), 김봉철의 「그를 알기까지」(1981), 변희근의 「뜨거운 심장」(1984) 등이 있다. 문학 본연의 내적 자율성과 체제 유지를 전제로 한 자기반성이 어느 정도 허용되자 남녀 간의 애정, 직장 갈등, 이혼, 도농 격차, 세대 갈등 같은 예전 혁명 영웅과는 거리가 있는 일반인들의 일상사에 더 많은 관심을 기울이게 되었다.

그리고 80년대 후반부터 민족주의가 강조되면서 김정일이 역사

주제 소설 창작을 주체적으로 발전시키는 방안에 대한 기본 방침을 직접 제시하기도 하였다. (1987. 3. 13) 이 방침에서 국가 간의 관계를 고려하여 취급하지 못했던 을지문덕, 연개소문. 강감찬 등 애국 명장들을 그린 역사물들을 창작할 것에 대한 문제, 우리나라 왕권 내부의 알력과 당파싸움을 비롯한 봉건 지배층 내부의 권력 쟁탈전을 현대성의 견지에서 취급할 것에 대한 문제, 동족 싸움을 고려하여 취급하지 못한 고구려, 신라, 백제 통치자들의 전쟁을 고구려의 강대성을 보여주기 위하여 취급할 것에 대한 문제 그리고 역사자료를 작가들이 마음대로 이용할 수 있도록 하는 문제 등에 대해 상세하고 과학적인 해명을 하였다고 북한 이론서들은 강조하고 있다. 즉 이 방침은 북한 특유의 사실주의적 역사소설을 대량으로 창작할 것을 사실상 주문한 것이라고 할 수 있다. 이 결과 장편소설 「높새바람」, 「이순신장군」, 「개화의 려명을 불러」 등의 장편소설과 「울릉도」 등의 중편소설이 쏟아져 나왔다. (박태상, 대훈에서 출판한 「황진이」 해설 부분 참조)

하지만 1990년대 중반 '고난의 행군'으로 지칭되는 사회주의 체제 붕괴 이후 1980년대 같은 문학적 다양화, 유연성이 사라지고 체제 옹호적 이념성이 다시금 강화되었다. 그러나 2000년대 들어서 북한 문학은 과거에는 상상할 수 없었던 면을 보이게 된다. 2002년 북한에서는 기존의 고정관념을 깨는 소설이 등장하였다. 벽초 홍명희의 손자 홍석중이 쓴 「황진이」가 출판되었다. 소설은 빼어난 미모와 교양으로 양반사회를 농락하는 황진이의 이미지를 그대로 살리되, 황진이와 머슴 놈이의 비극적인 사랑 이야기를 뼈대로 삼았다. 이들의 사랑에 어깃장을 놓는 것은 조선시대 억압적 신분제도인데, 둘은 여기에 맞서며 양반사회의 모순과 위선을 폭로하는 '문제적 인물'들이 된다.

이 소설은 북한소설로는 보기 드물게 성애장면이 거침없이 묘사되어 있다. 한국방송통신대 박태상 교수는 "황진이에는 북한의 문학작품에서는 상상할 수도 없었던 노골적인 성애장면이 여러 차례 나온다. 황진이는 이런 장면들이 등장하는 최초의 북한소설일 것이다." 라고 말하고 있다

> 놈이의 순결이 가빠졌다. 후들후들 떨리는 그의 손이 진이의 몸을 더듬었다. 진이는 깜짝 놀라며 그의 손을 뿌리쳐 버리려고 했으나 이미 그럴 힘이 없었다. … 진이는 달빛 속에 누워있었다. 굳은살이 박인 놈이의 거친 손이 그의 부드러운 살결을 쓰다듬으며 점점 아래로 내려왔다. 진이의 온몸이 불덩이처럼 달아올랐다. 입에서 신음소리가 저절로 새어 나왔다. 문득 가슴이 무거워졌다.

소설 황진이는 이처럼 이제까지 북쪽에선 상상할 수조차 없었던 진한 성애장면이 거침없이 묘사되었다는 점에서, 또한 북쪽 작품으로는 최초로 남쪽의 '만해문학상'을 수상했다는 점에서(2004년), 그리고 북쪽에서 발행된 소설이 정식 출판권 계약에 의해 남쪽에서 새로운 모습으로 출판됐다는 점에서, 그동안 갈라졌던 남북의 문학을 한데 아우르며 문학적 통합을 매개한다는 점에서 그동안 국내외 언론들의 비상한 관심을 끈 바 있다.

그리고 북한 사회에 개방 분위기가 싹트면서 솔직한 생활감정을 노래하거나 서정성이 짙은 시들이 새로운 문학적 경향으로 등장하기 시작했다. 계간 「시인세계」 여름호가 특집으로 꾸민 '오늘의 조선시와 조선시인들'은 최근 북한 문학에서 엿보이는 이러한 변화의 조짐과 새롭게 형성되고 있는 시문학 경향을 전하고 있다. 특집은

북한 시인들의 근작시를 조총련계 시인 김학렬(69)씨의 평론 '최근 조선 시문학의 한 단면'과 함께 싣고 있다. (이하 연합뉴스 2004. 5. 17 참조)

김학렬씨는 "조선 시문학의 기본 흐름은 나라의 정책적 요구에 따라 '반제반미의 날카로운 외침' '선군혁명정신' '수령형상제일주의의 표백' 등으로 이루어지고 있다"라면서도 "2000년대 새 조선 시문학은 진실하고도 참신한 생활감정에 기초한 시적 감흥, 시적 서정을 사람들의 심금을 울릴 수 있는 시적 언어와 시적 율동으로 표현하는 데 한창 힘을 기울이고 있다"라고 소개했다.

김씨는 "아이들이면 로인들이라면/지켜야 할 삶을 놓고/풀죽과 소금국 앞에 얼굴을 돌릴 수 있었던가"라고 써 내려간 농민 시인 리진협의 시 '잊지 않으리라'에 대해 "경제봉쇄의 광풍 속에서 친근한 사람들의 죽음도 눈앞에 보고 피눈물을 떨구던 비장한 생활감정을 사실적으로 토로했다"라고 평했다.

과거 북한의 문학이 혁명을 완수하는 인간의 모습을 그렸다면 최근의 흐름은 인간 내면에 숨어있는 것들을 드러내는 경향이 있다. 북한판 신세대를 겨냥한 소설인지는 모르나 딱딱하고 무거운 것보다 개인의 감정을 솔직하게 그리는 작품이 등장하고 있다. 이것이 변화하는 북한 주민의 성향을 드러내는 간접적인 증거가 될 수도 있다.

대표적인 것으로 림형미는 시에서 여성의 생활 정서를 자연스럽게 표현하고 있다. "아름다운 행복의 옷은 녀인이 뜬다네/기쁨과 때로 아픔이 엉킨 생활의 실토리/녀인의 작은 두손에 풀려나가네/인생은 다시 풀 수 없는 뜨개질 같아/만약 한 코를 놓친다면/불행의 흠집은 날로 커지리"(녀인의 노래 중)

그리고 홍철진은 "내 어린 시절/그림공부 시간에/크레용으로만 그려 본/군사분계선 표말뚝아"로 시작되는 '군사분계선 표말뚝과 하고 싶은 말'이라는 시에서 "너와 말을나누자고/백두에서 판문점까지/부르기조차 뜨거운/피같은 언어들이/얼마나 굽이쳐흘러왔는가"라며 병영에서 체험을 통해 얻은 사색을 격정적 시어로 표출해 낸다.

홍철진은 또 다른 시 '우리는 이사를 간다'에서 "얼마나 먼길을/이렇게 떠나 곤했던가/동해에서 서해로/서해에서 중부로/이웃집마냥 넘나든/그 지경들을/작은 손으로야/어찌 다 꼽으랴//그 길에서/낯설었던 학교는 얼마였으며/우리의 이사짐/따라서지 못했던/사연 많은 편지들은 그 얼마랴"라며 군인이던 아버지를 따라 잦은 이사를 했던 기억을 애틋한 감정을 넣어 들춰 보인다.

이제 북한의 문학도 변하고 있다. 꼭 무겁고 어려운 주제보다 일상사에서 일어나는 솔직한 감정을 그리고 과거에는 상상도 못 했던 파격적인 성애까지 묘사하기 시작했다. 이것은 '장마당'으로 대표되는 북한경제의 변화와도 밀접하게 관련이 있다. 개인주의적인 성향의 등장이 집단 속의 개인보다 개인 그 자체의 감정을 비교적 솔직하게 드러내는 문학적 흐름을 창조했다고 볼 수 있다.

7. 인민배우를 향하여

북한에서 예술인(연예인)이 되기 위해서는 '2·16 강계예술학원' 등 각 도에 있는 예술학교를 나와야 한다. 남쪽에서 학원은 특정 과목을 가르치되 일반 학교 설치 기준의 여러 조건을 갖추지 못한 사설 교육기관이지만, 북의 학원은 일반 학교의 기준을 완벽하게 갖추고 있으며 특정한 대상을 교육하는 전문 교육기관이다. 예술학교는 6년제로 영화, 연극, 음악, 무용 등을 가르치는 특수학교이자 연예인이 되는 첫 관문인 셈이다. 예술학교를 나와 바로 연예인이 되기도 하지만, 대부분 평양연극영화대학이나 평양음악무용대학 등에 진학한다. 또 '조선예술영화촬영소'에서 자체 교육을 통해 연예인을 양성하기도 한다. 그리고 직장에서 소질이 있어 연예인으로 발탁되기도 한다.

요즈음은 각 도에 설립된 예술전문학교(예전)에 소학반(초등학교 과정)을 설치, 어릴 때부터 뛰어난 예술적 재능을 가진 어린이를 선발해 전문 예술가로 키우고 있다. 이 학교 졸업생들은 도 예술단과 예술선전대에서 전문 예술인으로 활동하는가 하면 도·시·군의 간부로 활약하면서 지역의 선전·선동 및 문예 분야를 이끌고 있다. 또 이들 중 전도유망한 학생들은 평양음악무용대학 등 중앙예술대학에 진학하거나 중앙예술기관으로 진출할 수 있어 예술전문학교는 예술가를 꿈꾸는 어린이들에겐 선망의 대상이다. 현재 예전은 소학반, 중학반(중·고등학교 과정), 전문반(전문학교 과정) 체계를 갖추고 성악, 민족·양악 기악, 무용과 미술 등의 전문 교육을 하고 있다.

북한에서 가장 유명한 예술인 양성 기관은 평양 만경대구역 금성동에 있는 금성학원이다. 금성학원 1989년 5월 만경대학생소년궁전이 설립되던 이듬해 9월 금성제1고등중학교로 출범했다. 2002년 북한의 고등중학교 명칭이 중학교로 전부 바뀌면서 금정제1중학교로 잠시 변경했다가 2003년 현재 이름으로 바뀌었다. 전문부(4년제)가 생기면서 7세부터 22세까지 학교에 다니게 되니 중학교란 이름이 어울리지 않게 된 것이다. 현재 예술적 취미를 가진 학생을 어렸을 때부터 키울 수 있게 소학반·중학반, 컴퓨터 수재반, 전문부 학부로 구성되어 있다.

북한에서는 영화나 음악, 무용, 연극, 교예 등 문화예술 부문에서 활동하고 있는 배우들을 대상으로 등급 제도를 시행하고 있다. 이 등급은 크게 배우(예술가)-공훈배우(공훈예술가)-인민배우(인민예술가)로 나누어지고, 배우(예술가)도 8급에서부터 1급까지 부여된 등급에 따라 국가로부터 월급을 받고 있다.

배우들은 무급에서부터 시작해 각 등급을 거쳐야만 공훈배우와 최고 위치인 인민배우로 올라갈 수 있다. 학력 수준에서 보면 일반 영화 서클 출신 배우는 무급에서부터 출발하는 반면, 전문대학 출신은 8급, 정규대학 출신은 6급에서부터 배우 생활을 시작한다고 한다. 각 등급의 평가와 승급은 2, 3년에 한 번씩 이루어지고 있는데. 등급 간 급여 차이는 15~20% 정도라고 한다.

인민배우와 공훈배우는 예술인들에게 수여되는 국가 영예 칭호의 하나로, 북한 최고의 대중 예술인들만이 얻을 수 있는 지위이다. 원칙적으로는 1급 또는 2급 이상의 배우나 예술가만이 공훈 및 인민 칭호를 받을 수 있다. 인민배우나 공훈배우가 되기 위해서는 20~30년 동안 꾸준히 인기를 누려야 하고, 당에 대한 충성과 혁명사상이 투철해야 하므로 그 숫자가 극히 적은 편이다.

북한에서 인민배우는 내각의 부상(우리의 차관급) 대우를 받는다. 인민배우는 부상급만 갈 수 있는 병원인 평양의 남산 진료소나 봉화 진료소에서 치료받을 수 있다. 물건을 살 때도 어려움이 없고, 아파트를 배정받을 때도 다른 주민들보다 먼저 받는다. 보수 면에서도 생활 수준이 남한의 장관급이며, 월급이 노동자의 평균 월급보다 50배 이상 많은 것으로 알려진다.

인민배우보다 한 단계 낮은 것이 공훈 배우이다. 공훈 배우는 내각의 국장급 대우를 받는다. 북한 주민들이 인민배우나 공훈 배우까지는 아니더라도 연예인을 부러워하는 것은 연예인들에게는 옷이나 생활에 필요한 물건이 잘 공급되고 있기 때문이다.

남한에서는 배우들이 한 편의 영화가 흥행에 대박을 터트리면 주가는 급속히 올라간다. 더욱이 몇 편의 영화가 계속해서 흥행에 성공하면 최고 배우의 대우를 받는다. 연예산업은 철저히 시장원리에 의해 좌우되기 때문에 한순간에 몰락할 수도 있고 뜰 수도 있다. 하지만 북한에서는 국가를 위해 오랜 기간 헌신한 공로로 인민배우가 되었다고 생각하면 된다. 물론 1988년 3월 보천보전자악단에 들어간 이후 1992년 인민배우 칭호를 받은 전혜영 같은 특별한 예도 있지만, 극히 이례적인 경우다.

남한에서는 '국민가수'라는 표현을 쓴다. 전국민적으로 폭넓은 사랑으로 받는 가수를 의미하는 국민가수가 북한의 인민배우와 가장 근접한 표현일 것이다. 그러나 북한의 인민배우는 국가로부터 혜택을 받는다. 그래서 국가에 대한 헌신이 중요하게 생각된다. 남한의 올림픽 금메달리스트와 유사하다.

　남한에서는 연예인이 젊은이들의 우상이 된다. 연예인들의 움직임 하나하나가 사회적으로 영향력을 미치고, 연예인의 공연을 보기 위해 학교를 오지 않는 경우도 생긴다. 하지만 북한에서는 그런 일이 있을 수 없다. 예술인들은 국가를 위해 헌신하는 사람들이기에 예술인들 때문에 국가에 해가 되는 행위를 할 수가 없다. 북한에서도 유명한 배우나 가수에게 팬레터를 보내는 일도 있고 이들의 공연을 기대하는 사람들도 많다. 하지만 좋아하는 연예인을 보기 위해 근무지를 이탈하는 것은 당에 대한 도전행위이기에 그런 행동을 할 수는 없다.

8. 집단이 창조하라!

　북한에도 여러 가지 특별한 것들이 있어 기네스북에 올라 있는 것들이 있는데, 이중 북한이 자랑하는 것 중의 하나가 아리랑 공연이다. 10만 명이 한 치의 오차도 없이 일사불란하게 움직이는 이 공연은 2007년 8월에 기네스북에 세계 최대 공연으로 등재되었다.

　지난 2002년 김일성의 90회 생일을 기념하기 위하여 시작된 아리랑 공연은 집단체조와 예술 공연을 혼합한 북한 특유의 집단 공연으로서 불빛을 활용할 수 있는 저녁 시간에 1시간 20분 동안 공연되는데, 다른 나라에서는 감히 흉내조차 낼 수 없는 특별한 공연이다. 참가인원 10만 명이라는 전대미문의 규모, 그리고 그 10만 명의 인원이 1시간 20분의 공연 시간 동안, 마치 한 몸이라도 된 듯 일사불란하게 움직이는 사실 앞에서 많은 사람은 넋을 잃게 된다. 특히 동영상을 보는 듯한 착각을 일으키는 2만 명의 매스게임(카드섹션)은 보는 사람의 눈을 의심하게 만든다.

　아리랑은 북한 예술의 특징을 잘 보여준다. 그것은 한 개인의 개인기를 통해 예술을 창작하는 것이 아니라 집단이 움직여서 예술작품을 창조한다는 것이다. 이것은 집단주의를 추구하는 그들의 이념에 의한 것이다. 집단적 창작은 김일성이 제안하고 김정일이 주도했다는 이른바 '삼위일체 체제'에 입각하여 이루어진다. 삼위일체 체제란 당·행정기관, 그리고 문학·예술인 혹은 그 단체가 공동으로 창작과정에 참여하는 제도이다.

당은 작품의 내용이나 작가의 활동을 감독하며, 문화성과 같은 행정조직은 창작 여건을 조성하는 역할을 수행하고, 창작가들은 조선문학예술총동맹에 소속되어 작품을 창작한다. 이에 따라 문학 예술가들은 자발적으로 작품을 창작하기보다 기관에 종속되어 있으며, 예술작품 구상단계에서부터 소재의 선정, 작업기간이나 분량 및 작품평가에 이르기까지 문화성과 '문예총' 산하 해당 동맹을 통해 하달되는 당의 지시에 따라야 한다.

창작의 집단화를 대표하는 제도로는 조선문학예술총동맹이 있으며, 북한의 모든 작가·예술인들은 이 단체에 소속돼야 작가·예술가로서의 대우를 받을 수 있다. 문예총은 작가동맹·미술가동맹·음악가동맹 등 분야별로 문학·예술인 단체를 산하에 두고 있다. (통일교육원,「북한이해 2005」참조)

특히, 북한에서는 수령형상작품은 집체적으로 창작되어야 한다.

"수령을 형상하는 해당 주체로서 작가는 수령의 혁명성과 인간성을 평가하기에는 능력이 부족하다. 작가 개인의 역량이 부족한 것은 개인으로서 창의적 역량이 부족한 것이 아니라 수령의 정치성과 인간성이 비범하기에, 그 혁명성과 인간적 풍모를 작가 한 개인이 그리는 것은 사실상 불가능하다. 이처럼 작가의 역량은 수령의 혁명성과 인간성을 올바르게 형상화하기 어렵다. 그렇다면 현실을 반영하기 위해서는 어떻게 하여야 하나? 당으로부터 올바른 사상적 지도를 받아야 한다. 또한, 특정한 개인의 힘으로 수령을 형상하는 수령의 정치적 위대성과 인간적 풍모를 올바르게 그릴 수 없기에 창작과정에서 집체적으로 진행함으로써 개인이 범할 수 있는 잘못을 줄이는 것이다. 북한 문학예술이 집체창작을 원칙으로 하는 것도 이런 이유이다. 작품 창작에서는 개인의 책임성과 창발성을 최대한 높이면서도 집체성을 보장하여, 계급투쟁, 혁명 투쟁 속의 삶을 그려냄으로써 문학예술 작품들이 전투적이고 혁명적인 것으로 만들어야 한다."(김정일, 「4·15 문학창작단을 내올 데 대하여」, 1967. 6. 20.)

남한 사람들은 예술가라고 하면 왠지 고독하고 자기만의 독특한 취향이 있는 사람을 떠올린다. 풍류도 적당히 즐기면서 약간의 퇴폐적인 문화도 떠올린다. 하지만 북한의 예술가는 집단 속에서 창작한다. 노동계급이 속한 집단을 떠나서 관념적인 창작을 하는 것을 허락하지 않는다. 물론 개인의 창발성이 중시되지만, 그것은 어디까지나 집단 속에서, 당의 방침이 허락하는 선에서 가능한 것이다.

카프 계열로 활동하다 월북한 한설야는 초기 북한 문단을 주도했다. 1947년 북조선문학총동맹 중앙위원장이 된 후 인민위원회 교육국장, 북로당 중앙위원회 위원 및 문화부장을 거쳐 최고과학기술평의회 위원직도 맡았다.

한설야의 집은 넓었고 놀기가 좋아서 항상 많은 문화일꾼이 모여서 회의도 하고 토론도 했다. 남쪽에서 올라온 문화일꾼들이 그를 중심으로 모이곤 했는데, 모인 사람들은 한설야와 무용가 최승희, 최승희와 안막 사이에서 난 안성희, 만담가 신불출(申不出) 등이었다. 그들은 매일 저녁 모여서 남쪽 고향을 그리워하고, 여느 간부들은 건강을 위해서 '술 안 먹기 운동'을 하는 데 반해, 그들은 양주를 먹으면서 금지된 일본 노래와 남쪽 노래를 부르기도 했다.

그런 그들이 김일성을 비방하는 말들이 녹음되어 숙청당한다. 그 이후로 예술가들이 분위기 좋은 술자리에서 삶을 논하는 분위기가 북한에서 사라졌다. 사회주의적 관점에서 볼 때 퇴폐적인 분위기를 풍기는 행위는 숙청 대상에 해당하는 것이 되었다. 그리고 집단과 동떨어진 문인들만의 세계는 존재하지 않았다. 오직 집단 속에서, 집단과 함께, 집단을 위한 창작가만 존재할 뿐이다.

9. 모란봉악단

　서울대학교 통일평화연구원이 '통일과 평화, 시대와 세대 앞에 서다'라는 학술회의를 열고 '북한에 대한 인식' 조사 결과, 모란봉악단을 알고 있다는 응답이 88.1%로 가장 높았다. 다음으로 주체사상(79.5%), 천리마운동(78.0%), 고난의 행군(70.0%), 선군정치(66.7%), 장마당(66.6%) 순으로 조사됐다. 2016년부터 북한 사회 인지도 1위를 달리고 있는 모란봉악단은 2018년 92.7%, 2019년 91.4%, 2020년 92.6%였으나 자취를 감추면서 88.1%로 떨어졌다. (「시사주간」 2021.10.07.)

　20대 여성으로 구성된 북한의 경음악 밴드 모란봉악단은 전자악단으로서 2012년 7월 6일 첫 시범 공연을 했다. 첫 무대에서 모란봉악단은 전기 바이올린 3명과 전기 첼로 1명의 현악 4중주단을 중심으로 전기 기타/베이스 각 1명, 드럼 1명, 색소폰 1명, 피아노 1명, 전자건반악기(신디사이저) 2명의 연주자와 가수 6명으로 이루어진 공연을 선보였다.

　이때 모란봉악단 공연이 주목받은 것은 그 화려한 조명과 무대장치, 현대적 전자악기, 여성 단원들의 패션과 헤어스타일 등 기존의 북한 공연과는 뚜렷한 차이를 보였기 때문이다. 또한, 영화 '록키' 주제곡과 '마이웨이'를 연주하고, 미키 마우스와 백설 공주 같은 미국의 만화 주인공들이 출현하는 등 내용적인 면에서도 파격적인 무대를 보여주었다. 미국을 '원쑤'의 나라로 적대시하던 과거에는 상상할 수 없는 일이었다.

모란봉악단은 그동안 '북한판 걸그룹', '북한판 소녀시대' 등으로 불리며 수년간 유명세를 떨쳤다. 모란봉악단 단장 현송월은 2014년 5월 17일 로동신문 기고에서 악단의 이름 모란봉은 김정은이 직접 지어준 것이라고 밝혔다. 물론, 북한에는 2015년 창단된 청봉악단도 있다. 청봉악단은 김정일 시절부터 인기를 누린 왕재산예술단의 연주자들이 다수 포함되어 있으며, 바이올린 같은 현악기에 색소폰, 트럼펫 등 금관악기를 더한 경음악과 여성 가수들의 노래를 무대에 선보이고 있다. 하지만 인지도 면에서 모란봉악단을 넘지 못한다.

일부에서는 모란봉악단의 파격적인 행보를 김정은 시대는 달라질 수 있다는 변화의 메시지로 해석하기도 하였다. 하지만 첫 공연 이후 외국의 클래식 음악을 제외한 미국의 상업 음악들은 다시는 연주되지 않았다. 외국 클래식 음악도 지금까지의 30여 차례 이상의 공연에서 3~4번 정도 볼 수 있을 정도로 축소되었다. 그 비워진 공간에는 당과 영도자 그리고 체제를 찬양하는 노래들로 채워졌다.

2013년 12월 21일 노동신문은 1면 전면에 김정은을 찬양하는 노래 '그이 없인 못 살아'라는 신곡 악보를 김정은 사진과 함께 컬러로 실었는데, '우리의 운명 김정은 동지, 그이 없으면 우린 못 살아'라는 비장한 가사로 끝나는 노래 악보에는 '절절하게 부르라'는 주문이 쓰여 있다. 또한 노동신문은 다음 날에는 1면에 이 노래에 대한 반응을 보도하였는데, 노래가 김정은을 지칭하는 '경애하는 원수님'만을 하늘처럼 굳게 믿고 사는 천만군민의 민심을 반영했다고 주장하였다. 파격적인 행보로 젊은 지도자가 새로운 정책을 펼 수도 있다는 기대감을 안겨준 모란봉 악단은 결국 최고지도자와 체제 홍보의 수단으로 활용된 셈이다.

최근에는 모란봉악단이 북한 언론에 나타나지 않고 있다. 2020년 새해맞이 공연, 그러니까 2019년 12월 31일에서 2020년 1월 1일로 넘어가는 밤에 열린 무대가 마지막이었다. 물론, 악단에 속한 개별 가수들은 계속 무대에 서고 있다. 하지만 '모란봉악단'의 이름으로 공연을 하지는 않고 있다.

이에 대해서 여러 가지 해석이 등장하고 있다. 앞으로 모란봉악단이 다시 등장할 수도 있고 어쩌면 대형 공연에 밀려서 사라질 수도 있다. 그런데 북한의 기본 문예 정책은 변화하지 않을 것임을 모란봉악단은 여실히 보여주었다. 비록 악단이 형식적인 면에서 과거와 달라질 수는 있으나 본질적으로는 최고지도자와 체제 찬양을 위한 도구로 활동할 뿐이다.

이경식

대학 입학 이후 통일운동을 하는 동아리에 가입하여 북한에 관심을 가지게 되었다. 그리고 입대 후 비무장지대에서 마이크로 북한 정치 군관과 대화하는 대면병 생활을 하면서 북한 이해의 지평을 넓혔다. 전역 후 북한을 계속 연구하여 박사학위를 받았고 부산대학교에서 「북한정치론」, 「북한사회의 이해」, 「한국정치론」 등을 강의하였다.

제12기 민주평화통일자문회의 자문위원으로 위촉된 이후 16기 자문위원까지 10년 동안 활동하였으며, 제17기 통일부 통일교육위원으로 활동하였다. 그리고 북한, 통일 관련 논문과 책을 틈틈이 저술하였으며, 현재는 경남의 양산제일고등학교에서 교사 생활을 하고 있다.

새로 쓴

북한의 생각
북한의 생활
북한의 사람들

초판인쇄   2022년 01월 31일
초판발행   2022년 01월 31일

지은이   이경식
펴낸이   채종준
펴낸곳   한국학술정보㈜
주소   경기도 파주시 회동길 230(문발동)
전화   031) 908-3181(대표)
팩스   031) 908-3189
홈페이지   http://ebook.kstudy.com
전자우편   출판사업부 publish@kstudy.com
출판신고   2003년 9월 25일 제406-2003-000012호

ISBN   979-11-6801-302-5 93380